世界经济简史

[德]马克斯·韦伯 著 郑太朴 译

GENERAL ECONOMIC HISTORY

贵州出版集团
贵州人民出版社

图书在版编目（CIP）数据

世界经济简史 /（德）马克斯·韦伯著；郑太朴译. -- 贵阳：贵州人民出版社，2022.12
ISBN 978-7-221-17338-6

Ⅰ．①世… Ⅱ．①马… ②郑… Ⅲ．①经济史－世界 Ⅳ．①F119

中国版本图书馆CIP数据核字（2022）第182008号

世界经济简史
SHIJIE JINGJI JIANSHI

[德] 马克斯·韦伯 / 著　郑太朴 / 译

责任编辑	程林骁
装帧设计	王　鑫
出版发行	贵州出版集团　贵州人民出版社
地　　址	贵阳市观山湖区会展东路SOHO办公区A座
邮　　编	550081
印　　刷	涿州汇美亿浓印刷有限公司
开　　本	787mm×1092mm　1/16
印　　张	16
字　　数	207千字
版次印次	2022年12月第1版　2022年12月第1次印刷
书　　号	ISBN 978-7-221-17338-6

定　价　69.00元

编写说明

《世界经济简史》是德国著名经济学家和社会学家马克斯·韦伯的经典代表作。韦伯一生著作颇丰,研究领域几乎遍及十九至二十世纪的整个西方社会科学体系,诸如经济学、社会学、管理学、历史学、政治学等,他划时代的研究成果被视作现代社会学的发轫之作。他本人在西方被认为是古典社会学的主要奠基人之一、现代比较文化研究的先驱人物,并且与卡尔·马克思、埃米尔·涂尔干并称为当代社会学的三位神明。

本书作为他早期的重要作品,以时间为轴,回溯欧洲经济发展的整个过程,总结出欧洲近代资本主义诞生的背景、前提与深层根源,深刻地揭示了资本主义的精神实质。

二十世纪初,韦伯的思想在西方引起巨大轰动的同时,也为中国近代知识分子开拓出一片新的社会学视野。尤其是他在本书中解决的一个重要问题——为何近代资本主义能兴起于西方,而未在东方形成气候——引起了中国社会学界广泛重视。本书原作为德文,语言结构繁复微妙,行文带有韦伯逻辑严密、措辞考究的语言风格。一个好的译本能够在字里行间重现韦伯清晰而深刻的洞察力,以及他对近代欧洲资本主义兴起过程的天才式演绎。郑太朴先生的译本便应时而生,一经面世即受到学界认可，数度再版，经久不衰。

郑太朴先生是我国著名的翻译家，他精通德语、英语，曾就读于德国哥廷根大学，攻读数学和物理学，回国后，先后任职于商务印书馆、同济大学、交通大学、中华工商专科学校等。他译著和编著的作品共达20余种，代表作有《科学与方法》《自然哲学之数学原理》等。

郑太朴先生《世界经济简史》的译本是根据韦伯德文原著直译而来，语言流畅自然，简洁明快，不仅高度展现了原著思想的精髓，而且充分还原了韦伯的思维历程。此次出版，为保持郑太朴先生译本的原貌，保留了原版习惯用字、通假字和标点用法，仅对文中明显的编校错误进行了必要的订正。其中涉及的经济学专业术语名词、时间表述方式、地名、人名等，与今日表述有不一致的，已在页尾作注释加以说明。

本书写于一百年前，距今较为久远，因此书中的一些概念并不完全等同于我们今天所理解的概念。同时，值得注意的是，韦伯在本书中的看法并非是完全中立客观的，任何著作都很难摆脱时代背景和身份环境的影响，韦伯亦然。他的许多看法也有其局限性，部分内容并不一定适用于当下。并且限于时代局限和各种其他原因，韦伯在书中对古代中国的认知会存在一定误解。

但作为一本百年前的著作，韦伯在书中论述的观点有助于我们认清经济和文化发展的关系，这或许是本书给我们最大的启发。由于编著水平有限，如有编辑不当之处，欢迎读者朋友批评指正。

概念的解说

一、基本概念

甲 凡属一种行为,其目标在营求所欲的效用或处分此项效用之机会者[1],我们就可称之为"经济的"。各种各样的行为都可有经济的目标,例如艺术家的行为固可如此,即以战事而论,倘其准备及作战上有经济的目的及手段,则亦如是。但就此字之本来的意义而言,则所谓"经济者",仅能为处分力之和平的施用,此项处分力原以经济为目标者。处分力之一个特征系自己的劳动力之处分。被驱策于鞭笞之下的奴隶只是主人的工具,为其经济手段,并非为自己而经济的。工厂中之劳动者,亦是如此,当其为自己的家计时虽为经济的,但在工厂中只是技术的劳动工具而已。和平性之特征,亦是必要而不可少的。因为,各种事实上的暴力(如掠夺、战争、革命之类),虽亦有

---

[1] 物财不在所论之列,吾人恒就其使用之可能性而言,例如其引力、撞力、载力等等。效用恒为个别的:例如以马而论,"马"——在此种关系及此种意义上——非为经济之对象,仅其个别的效用是对象。为简单计,可将物的效用叫作"财",人的效用叫作"用"。

以经济为目标者,但须受其他的法则之支配,与用和平手段之营求不同。不过,征诸历史的经验,每种经济背后,必得有强制而后可——其在今日为国家的强制,在古时则有身份阶级的强制,将来的社会主义或共产主义经济制度实现时,对于其计划之实行仍须用强制亦未可知。然而这种暴力,我们不能称之为"经济的事",只是经济的经营之手段而已。又,经济的事常常与手段之稀少性相俱,且于此有其目标,这亦是重要的:要满足求效用的欲望必须将有限多的手段经营运用之。[1]因之,就有经济行为合理化之倾向(虽然未必恒能彻底)——如是,说到末后,可知所谓经济者,是出于自己的处分力而归于统一的行为,此行为被营求效用及效用机会所决定。于此,"经济统一体"(经济团体),当其行为出于对外多少为自成的团体时,就恒为一种自律的团体,此即是,能决定其统率人物而原以经济为目标的团体,其动作不带有偶然的性格,而系出之连续不断者。就中最重要的,是原为经济目标的这一个属性,这也就是使经济团体获得其特征之处。其他的团体即与此不同,虽亦"侵入""经济生活",但本身并非为经济团体。此项团体中,有的原以其他为目标,经济目标仅为附带者而已(有经济作用的团体);有的则本身全无经济的事,但其所从事者,在使他人的经济行为遵从一般的规律,即"形式的规律化之"(秩序的团体);或具体的侵入经济行为而"实质的统制之"(经济统制团体)。同一的团体可因其所处情形属于此项几种形态之内。

乙 经济行为所营求者可有下列诸事项:(一)将可以处分的效用,(a)就现在与未来之间,(b)就现在各种可能的使用方法之间有计划的分配之;(二)将不能直接享用但可处分的财用有计划的造成

---

[1] 因之,"经济的事"之意义,常常是指:比较各种使用目标而作一选择。但技术上的设计,则在为某种已定目标选择手段。

之（此即是"生产"）；（三）在他种经济之处分力下的效用，不问其是否已可享用，设法取得对于此之处分力或共同处分力。在末后这个事例方面，倘要适合于经济的意义而出之以和平方法，则其手段在组织一经济统制团体（以有处分资格的人组织之），或用交换亦可。经济统制团体可有种种。其一为管理的团体（计划经济）。此语之意义，系指一统一的经济指导机关，亦即是，经济统一体所成的一集团，在一个干部之有计划的指导之下，而所谓有计划者，则系对于效用之获得、使用或分配而言（如世界大战时之"战时经济"的组织，即其实例）。各个个别的经营，参加了此团体后，其行为即以此干部之计划为目标而进行。其二是统制的团体。这个团体对于各个个别的行动虽无统一的指导，但仍统制各个经济团体之经济的事，使其间无相互竞争发生。对于此之最重要的方法，是消费之合理化以及获得之合理化。如渔业合作、畜牧合作、种植合作、同业组合等，均为合理化之实例，其中有关于原料者，亦有关于销售机会者，因而间接为消费之合理化——这样的例当然很多。近代的同业联盟，亦常属于此类。

交换可分为二种：其一是偶然的交换，这是交换之最古的形态了。此即是，将剩余物偶然的拿出去交换，但生活之重心，仍在于自己所生产的物品。其二为市场交换，其趋向可见于此事实，即全部都为着交换而供给，同时亦全部都为着交换而需要。换言之，其目标在于市场机会之存在。凡市场交换支配经济之处，我们就称之为交通经济之所在。

一切的交换，均基于人与人间之和平的斗争上，此即是，基于价格的斗争、机巧（对于交换之对方者）以及竞争（对于处在同一交换企图下之人者）上，而向一种协调进行，此种协调使参与者中之一方或数方有利，而斗争乃终结。

交换可受形式的法的统制，如自由资本主义的经济之下，即系如此；但亦可受实质的统制（真正受统制的交换），其统制者可为同业组合、独占的企业家、君主等，其观点相互间全然不同（例如价格之调节，为人民的生活计，等等）。

交换可分为自然交换与货币交换二者。到了货币交换时，将行为完全趋向市场机会之事，在技术上始为可能。

丙 交换手段，系一种物体，以特殊的形态（即循环不断而且大量的）于交换的时候为人们所接受，因为大家都预见到，此物可再用于交换。交换手段与支付手段，并不是无条件一致的。因为支付手段，最先是偿付义务，即履行债务之一定的手段而已。但是各种债务，不一定都由买卖交换而发生的，如租税、纳贡、妆奁、礼品等债务，便是其例，过去经济史上所曾有过的各种支付手段，并不每种都是交换手段。例如在非洲是支付手段，但不是交换手段。在交换手段当作支付手段通行的地方，亦不是一切的交换手段，都可无限制的当作支付手段。蒙古之可汗命令其臣民使用纸币，但在租税上，纸币是不收受的。对于各种各样的报效，亦不是每种支付手段，都可作支付手段用。如奥国[1]曾有某种铸货，只能对于关税支付可以使用。征诸历史上，各种交换手段，亦不能对于所有的交换，都可作为交换手段而使用之。例如在非洲，用贝壳货币，不能购买到妇女，只有用牛，才能买到。

货币是一种支付手段，在某一人群中亦为交换手段，因可按其各自价值而分割之，故形成为可以计算的支付手段。但是这种技术上的作用与货币所有的特定的外形，是没有关系的，如汉堡（Hamburg）的银行货币之准备金，实脱胎于中国之某种设施，只要有银准备便可，至于银的形态怎样，这是不须过问的。但基于此而发行的汇票，则为货币。

---

[1] 奥国，即奥匈帝国。——编者

没有货币使用的经济,叫作自然经济,反之,有货币使用的经济,叫作货币经济。

自然经济,可以是一种不用何等的交换而能充足其需要之经济。例如地主所需要的可用转嫁于各个农民经济的方法以得之,或者如自足的家庭经济（Oikos）,亦是如此。但是纯粹的自然经济,已成为很少的例外。自然经济之中,亦可具有经济的交换,但完全无有货币,此即为自然的交换经济。这种经济形态,绝没有完全形成过,常常只有近于此者而已。在古代埃及有时候曾施行过与自然交换并行的货币计量经济。这就是说,在物对物的量的交换之前,先把两物用货币来计量过,然后作交换。

货币经济,能把交换中的授受,就人与时分离之,使物的交换手段相互间之调和的问题,得以解决,因此,市场扩张即市场机会之扩张才有可能。由现在以预测将来的市场状况,使经济的行为,不致受一时的情况之束缚,此事亦须把交换授受的机会,用货币来估计后,才能办到。货币之此种机能,即,使计算可能,因而吾人有一共通的标准,可将一切的财货,都以此为准则,这是其最大的意义。为什么呢?因为要由货币,而后行为之计算的合理性（rech verische Rationalität des Handelus）,才有了前提,"计算"才有可能性。计算之事一方面能使"营利经济"完全以市场机会为目标,同时对于"家计"方面,亦可使其"经济计划"（关于可处分的货币额之使用者）按照此项货币额之"限界效用"尺度以施行之。

丁　一切经济之两个基本形态,为家计与营利,这两者常因许多中间阶段而得以互相结合,但就其纯粹的形态而言,则于概念上为对立者。所为家计,是以充足自己的需要为目标的"经济的事",不问其为充足国家之需要、个人之需要,或消费团体之需要均可。反之,所谓营利则其目标在利得之机会,尤其在于交换的利得机会。家计的范畴，在货币经济存在时为财产及所得。当然，我们亦可提出自然所得与自然所有。但所得与财产，必须能用货币来估计后才有一种公分母。而且我们必须以交通经济（货币经济为其目标）为基础，而后能将当作统一体的财产提出来。就这种意义而言，可知所谓所得是指能用货币估计的特定的财货分量，在一定期间内得以处分之的机会，反之，财产的意义，则为有货币价值的财货所有，可供家计上之长久的使用，而且可用之以获取所得者。最后并可知所谓企业者，系为获得交换利益而把市场机会当作目标而进行的一种营利经济。在这种意义上，"企业的事"，可为偶然的企业，例如个别的一次航海，是资本主义组合化之初期中兴的形态康孟达（Commenda）契约，即系由此产生出来的；或则为继续的经营。一切的企业，其目标都向着收益之可能性。换言之，在营求为企业而用的手段之货币价值以上的利余。企业的事，进行时亦必作资本计算，即由贷借对照表作扣除清算各个的方策，亦以此而成为计算的对象，即成为交换利得机会之计算的对象。何谓资本计算？这就是把财货按其货币的估计价值，拿到企业之中，到企业终结后或一个决算期之末（把资本之最初的价值和最终的价值相比较），用货币来确定利得或损失。资本计算，成为普遍后，财货的交换与生产，即以资本计算作为目标而进行，因而亦即以市场机会作为目标而进行。

　　家计和营利经营，现在已分离而成为各别的连续行为。当十四五世纪时，例如在麦第奇[1]（Medici）之家内，家计和营利经济的分离，还没有实现。但在今日，两者的分离已成为原则。而且家计和事业经营，不单在外形上已分离，此事在阿刺伯[2]国家的Veyiren方面，已是如此。在记账上，即计算上，其分离尤为严

---

[1]　麦第奇，今作美第奇。——编者
[2]　阿刺伯，即阿拉伯。——编者

明，贷借对照表的格线上，必须有利得表现出来乃能流入各个的家计方面，这无论在个人的企图或在股份公司上都是如此的。营利经济与家计，根本上不相同，因为营利经济，不像家计那样以限界效用为目标，而是以收益可能性为目标的（收益可能性之本身，则亦倚于最后的消费者之限界效用间的相互关系）。因此，家内经济上之货币计算，结局和营利经营同样的须依市场机会，即，依于人和人间之平和的斗争。因之，货币不像其他的测定用具那样，为毫无危险的尺度，而货币价格乃成为从市场上斗争机会中产生出来的协调，资本计算上所不可缺的评价标准，于是仅能从市场上人和人的斗争中得之，所以货币经济有"形式的"合理性，与一切"自然的"经济（不论其为自己经济或交换经济）都不相同。所谓货币经济之形式的合理性，即是最大限度的"计算可能性"，对于已实现或在将来能期待的利得机会及损失机会，有完全的计算可能性。资本计算所有形式上之合理的作用，无法用他种的计算方法以代替之，而且就用将"普遍的统计"代替计算——这是社会主义方面所提出来的非常发达的自然计算——亦不能代替之。如欲将资本计算废止，则其合理之处，必须发明一种技术的手段以代之，俾货币及货币价格在使用所尽的很便利的公分母之任务，亦可由此手段以得之。

二、经济的功用编制之类型

现代经济生活之根本事实，在于职业编制，亦即在于人类之按照职业的分化（一切"已进步"的经济生活，亦均如此）。

在经济科学上，职业的意义，是指以生计或营利为基本，由一个人将功用继续地施展出来之谓。职业可在一个团体（如庄园、乡村、都市）的内部行动，亦可为市场（如劳动市场、财货市场）的交换而进行。职业编制，未必常常存在，纵然有之，亦未必有今日这样大的范围。

以经济的目光来观察，人类的贡献，可分成为统理的贡献及实行的贡献二者。我们把后者叫作劳动，把前者叫作对于劳动的统理。劳动统理的种类有种种。若由技术上来观察，则各个的贡献（在一种经济内）之如何分配于各个的劳动者及其相互的关系，可为分类之根据。更从经济上来观察，则贡献之如何分配于种种的经济及其相互的关系可为根据。[1]

甲 劳动贡献之技术的分配及结合（分工及协力），其可能性可按个人人格内所具备的贡献之种类而区别之，亦可按多数人的协动关系之种类区别之，或亦可按物的获得手段（例如生产手段、运输手段、需要手段）与劳动者的协动关系之种类而区别之。

（1）各个劳动者的贡献，可为合化或分化。所谓合化，即是同一的劳动者能有性质上不同类的贡献（例如农业劳动和工业的副业，农业劳动和巡回劳动）。所谓分化，则指性质上不同的贡献，由不同的人供给之，这个分化，还可分别之，按其最终结果的性质如何而分化可以成为"贡献的专门化"（例如中世纪的手工业），或则如近世的工场成为向着"补充贡献"的特化，此即是把统一的贡献，分割成为互相补充的部分（劳动分能）。

（2）结合不同的贡献以得一全体，则所得虽为同一样的结果而因其可为同种的贡献之结合，或不同质的贡献之结合，故此结合可称为"贡献之累积"或称为"贡献之结合"。无论在哪一种的情形下这都是关于技术程序的，不问其为并行的（即相互独立各自进行的贡献），

---

[1] 前者于诸侯的家内及工厂内亦是如此，在这里各个的贡献在各个的劳动者中已专门化，但不分配于各种经济。后者之例则为 Verlag，其在纺织业方面之组织，即在于将贡献分配于各种经济。

或已在技术上成为统一的全体贡献。[1]

（3）若从物的获得手段、生产手段之结合的种类来区别，则有纯粹的劳动贡献，以及财物之出产、采办或输送的贡献。将财物加工制造时，总须有固定设备（自然所给与的，或机械化的动力设备，至少亦须有如工场那样的劳动设备），以及工作用具、器具、机械等劳动手段才行。工作用具即系一种劳动补助手段，可以适应人类之有机的功用者。反之人类所"使用"的劳动手段，须将其自己的功用与之相适应者，我们即称之为器具。而所谓机械，则为机械化的即自动的器具（其已完成者，即为"自动机"）。器具之作用，不仅在其脱离有机的劳动条件而独立的特有功能，尤在于其功用之可以计算，这一层，对于以资本计算为归宿的经济，是非常重要的。机械化的劳动器具之使用必须以经济上有效的利用为前提，换言之须以有购买力的大量需要为前提。机械化的劳动器具，只有如斯大量的需要存在，才能有力地利用。

乙 劳动进程之统理方面的经济可能性有多种，可按照其如何将效用分配于各种经济以别之，亦可按照其如何将经济的机会分据之（即如何形成所有秩序）以为区别。[2]

功用结合与功用配分在经济方法上的情形，正和其在技术方法上的情形相类似。功用结合，可在一个有技术特化与技术合化的统一经济内举行。这个统一经济，可为一个家计，但系一大家计（例如南斯拉夫的家族共有体，即 Zadruga[3] 偶然间也有和外面相交换的，

---

[1] 关于贡献之集团化，吾人可举实例以明之。例如数人合力负担或拖引一重物，这是劳动之累积，又如音乐队则为劳动之结合。

[2] 例如其问题在于工作位置之是否世袭，是否可随时辞退或为终身者，是否物的获得手段已成为私有，以及属于谁，等等。

[3] Zadruga，斯拉夫人一种独特的社会组织形式，称为"扎德鲁加"，即建立在氏族血缘基础之上的父权制大家族。——编者

但普通大都在其内部已有技术上的特化），或亦可为一营利经济（例如作为统一经济的工厂，在其本身的内部，实行功用特化与功用结合；或如较此更进一步，将炭坑业和冶铁业相联合以成所谓混合事业；又如企业同盟系以营利为主旨的几种经济之结合，多少受金融独占者之统一指挥的）。但此亦可成为几个多少自律的经济间之特化的功用分配。于此，或可有各个经济之完全的经济自律性成立（此即是完全自律的经济间之功用特化，十九世纪的流通经济，便是其标准形态），或可有部分的他律性成立，此即是各个经济，对于许多的问题，虽是自律的，但其经济的行为，却是以在其上的团体之秩序为目标的。对于这个上级团体，亦有种种可能性可区别，须观其有家计的特质，或营利经济的特质而定。在第一种情形下，这种团体，是以满足其团员之需要为观点而经营的。于是其体制，就可成为合作式的，例如印度的乡村，便是如此，其手工业者，没有自律性，不过为受有乡村组合之土地的雇工而已，其劳动工作，有全然无报酬的，或则给与一定额的补助。要不然，则为支配式的，如中世纪的庄园制度，便是如此。在庄园制度上，领主占有优越的地位，可支配经济上的某种效用，领主的家，成为庞大的家计。反之，倘在上的团体，为营利经济，则其功用结合的特质，仍可有合作式的与支配式的二者。例如在一个企业联盟（就此语之广义而言）的内部，是合作式的，但如一个领主的营利经济在农民与手工业者的经济之上，则即成为支配的。

丙 私有，即所有秩序与所有形态。

在经济学上，所有之意义与法律上的概念不能全同。例如可以承继、可以买卖、可以分割的主顾关系，对于经济科学而言，亦是所有。而且事实上，这个主顾关系，在印度的法律上确是看作为所有之对象的。

因此，劳动机会，即劳动地位，及与此相结合的营利机会，都可以私有，而且物的获得手段，以及企业家之指导的地位等，亦都可私有。换言之，上述的几种，都可以作为所有秩序之对象。

（1）在劳动地位的私有方面，有以下的诸极端：其一是劳动地位无有何种的私有，各人可将其劳动力自由出卖，因而有自由的劳动市场存在。其他是将劳动者的人格当作物象，系属于劳动地位，即被一个所有者所私有，因此，劳动者就变成为不自由的劳动者或奴隶。在第二种的情形下，亦有种种的可能性。例如在十六世纪之前的西欧方面，有利用不自由劳动作家计的，或如古代的领主，给与奴隶以劳动自由及营利自由时，要从奴隶征收租金的，这就是把不自由劳动当作利源而使用之。更有如迦太基与罗马的栽培殖民，美国的黑奴的移植，是利用不自由劳动当作劳动力的。但在此等极端之中间，尚有无数的中间阶段。此外，劳动者亦可将劳动地位私有。但其中有为各个劳动者所私有的，亦有为一种团体（统制的劳动团体）所私有的。此种团体，可有各种程度的排他性，并可按其对于所希求的功效及机会之统制的方法如何，以各种程度，使各个的劳动者专有各个的劳动地位。此事之最大限度，是世袭的私有，例如印度的种姓阶级内之手工业者地位，宫廷内的用人，庄园内的农民地位，便是如此。其最小限度，则可防止随时的解雇（近代的经营委员会制度，可说是工场劳动者对于劳动地位有一种"权利"之开端）。除了劳动地位以外，此团体还可以统制种种其他的事，如劳动过程（例如中世纪的同业组合之禁止拷打学徒）、劳动资质〔如在十九世纪以前卫斯特法楞（Westfalen）的麻织业方面者〕、代价（价格之评定，大抵为免除竞争起见，规定最低价格）、利用经营（烟囱扫除人的巡回区域）等种种。从这个极限起，亦排列有无数的中间阶段，以至于贡献义务及机会之统制完全没有为止。

（2）物质的获得手段之私有，可将其分开如次：即

（a）物的获得手段之私有，属诸劳动者，其中有属于各个的劳动者的，亦有属于劳动者之团体的。前者即个别私有，其作用有种种，可按其如何使用此获得手段为自己需要而用于家计（尤其是在典型的小资本制度方面），抑为市场而用于营利以区别之。团体专有，则可按其利用的效果之是否分配于各人，或相与共同之，而分为股份的与共产的两者。但两制度大抵是混合起来的。于此，其利用仍可为家计的或营利的〔例如俄罗斯的密尔（Mir）方面是以共有的形态而为家计的，而在古代日耳曼的农业制度下，则附带股份的私有。但在俄罗斯的 Artiel 方面，则为营利的；Artiel 是欲使劳动者私有生产手段的〕。[1]

（b）专有亦可落入一个所有者之手中，此所有者并非即为劳动者。在这样的情形下即发生劳动者与获得手段之分离了。于此，亦可因专有的获得手段，如何被所有者所利用而发生种种的区别。所有者可在自己的家计内，行家长式使用〔例如在埃及新国家内法老（Pharao）之大经济，便是如此，他是寺院财产以外一切的土地之所有者。〕反之，所专有的获得手段亦可在自己的企业内当作资本财而利用于营利方面（例如以获得手段之私有为基础的资本主义的企业）。最后，亦可利用之于贷借，这种贷借，有对于家计的（例如古代的庄园领主，对于所隶属的小农），亦有对于追求营利目的之人的。在这种情形下，获得手段可当作指定给债主的劳动手段而委让于其本人（例如用具之对于小农以及奴隶的特别财产），或委让于作资本主义之利用的企业家亦可。如是则所有者和企业者各各分离了。

（3）除劳动地位及物的劳动手段之专有外，尚可有指导地位之专有。这个专有，常与劳动者之离开获得手段相伴而行，其所有虽仅为贷

---

[1] 因而营利原则未曾去掉，故为一种社会主义，将新的所有者之阶级代替了原有的。

与式的，但能使企业者的机能成立，同时可将劳动者（奴隶）亦成为私有。

基于所有者和企业的指导者之关系而发生的可能，为人格性之分离与合一。在第一种的情形下，所有者可将其所有运用于家计，而成为财产的利害关系者，——其中可为典型的，是近代的所谓"收利生活者"——或者如银行一样，可将在其处分下的手段之一部分投资于实业的企业，而成为营利的利害关系者。

但无论在何种情形下，指导的地位既为所有者所专有，结果必发生家计和营利经营的分离。此两者的分离，是近世经济制的特质，而且亦有被法律所强制而行之的。在此情形下，营利经营之准则在于其目标之向着收利性原则。但因营利经营之别一面，尚有获得手段之专有，故其结果则个人财产利害（从营利关心来看为非合理性的利益），遂置议于营利经营之办法。此事在企业者和所有者分离之时，其发生更为显著，因为在此情形下，专有的获得手段，可以成为私的投机之对象，或成为投机的银行政策与企业同盟政策之对象，因而此处复有非合理的影响发生，虽其性质为营利投机的。

三、经济史之特质

根据上面所述，则经济史之任务如何，已可得若干结论：第一，经济史之任务，在考究各时代之效用配分与效用结合的性质之第一个问题，是某一个时期之经济的效用系如何配分、如何特化、如何合化，而且须就技术上、经济上言之，并顾及所有秩序，且与所有秩序相联结。这个问题，同时就是阶级的问题，并及于一般的社会构成之问题。其次，第二个问题，是研究在此情形下，专有的功用与机会，是家计的利用之或营利的利用之？于是复有第三个问题，即经济生活上之合理性和非合理性间的关系问题。现时的经济制，因簿记的通行，已进于高度的合理化。所以全部经济史在某种意义上和某种限界上说来是站在计算基础上而今日已成功的经济合理主义之历史。

经济的合理主义之程度，在古代是各不相同的。最初是传统主义，即保存旧来的习惯，凡先前所传下，虽早已丧失原义者，仍传之于后代。此状态之成为过去，为时极渐，所以经济史对于没有经济性质的诸要素，亦不能不计及，属于此项经济以外的种种要素，如力求获得神圣财的魔术要素及宗教要素，力求权力的政治要素，以及力求荣誉的身份阶级上之利益，等等。

今日的经济，就营利经济而言，在原则上，已有经济的自律性，只以经济的观点为主旨，且有高度的计算上之合理。但是实质的非合理性，常常仍搀入于此形式的合理性之中，其来由于所得之分配，盖此事在某项情形下，引起（从财的实质上最善的生产来观察）实质上非合理的财之分配，或由于家计及投机上的利益，此由营利经营之立场来观察，亦属非合理的性质。但形式的合理性和实质的合理性于以斗争的文化领域，亦不仅限于经济。法的生活方面，亦有形式的法之适用和实质的公正感念之斗争。[1]（这事情在艺术上亦是同样有的，即如古典的艺术和非古典的艺术之对立，其所抗争者实际上由于实质的表现需要与形式的表现手段间之冲突。）

最后还有一点亦须提出，即经济史（特别是阶级斗争的历史）并不如唯物史观所要使人相信的那样，简直与一般文化的历史全相同。一般文化的历史既不是从经济史所产生，亦不仅仅为其函数。其实经济史，是一种下层构造——倘若不懂经济史即无法研究任何一个广大的文化部门。

---

[1] 腓特烈大帝和他的法律家之争论，即因法律家的形式论，反驳了大帝之便宜主义（就行政及一般的利用上而言）观点下的裁断而起。

目 录

第一章 家计、氏族、村落及庄园制度——农业状态

第一节 农业组织与农业共产制的问题 / 001

第二节 财产制度与社会团体——氏族 / 017

第三节 领主财产制的成立 / 035

第四节 庄园制度 / 044

第五节 资本主义侵入以前欧洲各国的农民状况 / 050

第六节 庄园制度之资本主义的发展 / 053

第二章 资本主义发展开始以前之工业及矿业

第一节 工业的经济组织之主要形态 / 077

第二节 工业及矿业之发展阶段 / 081

第三节 手工业基尔特 / 090

第四节 欧洲的基尔特之起源 / 095

第五节 基尔特之崩坏及委托工作制度
（Verlagssystems）之发达 / 101

第六节 工场生产——工厂及其先驱者 / 107

第七节 近代资本主义形成以前的矿山业 / 118

第三章　前资本主义时代的财货及货币之流通

　　第一节　商业发达之出发点 / 128

　　第二节　商品运输之技术的先决条件 / 130

　　第三节　商品运输及商业之组织形式 / 132

　　第四节　商业经济的经营形式 / 146

　　第五节　商人基尔特 / 150

　　第六节　货币及货币史 / 154

　　第七节　前资本主义时代之货币业务及银行业务 / 165

　　第八节　前资本主义时代之利息 / 172

第四章　近代资本主义之起源

　　第一节　近代资本主义之意义及前提 / 176

　　第二节　资本主义发达之外部的事实 / 178

　　第三节　最初的大投机恐慌 / 182

　　第四节　自由趸卖（批发）商业 / 186

　　第五节　十六世纪至十八世纪之殖民政策 / 189

　　第六节　工业经营技术之发展 / 192

　　第七节　市民阶级（Bürgertum） / 200

　　第八节　合理的国家（Der rationale Staat） / 215

　　第九节　资本主义精神的发展 / 224

第一章　家计、氏族、村落及庄园制度——农业状态

第一节　农业组织与农业共产制的问题

我们如先就古德意志民族十八世纪时所通行的农业状态（Agrarverfassung）来观察，由此进而论到还没有充分文献资料可资考征的古代状态，则我们须将眼光移注于原为德意志人所居住的地域。因此，我们要把下面三个地点除外：其一是易北（Elbe）河及沙尔（Saal）河以东，即旧时斯拉夫人所居住的地域；其二是利末（Lime）的对方，从前系罗马人所居住的地域，即莱茵地域，其位置在赫森（Hessen）境界至拉根斯堡（Begensburg）附近的境界线以南的日耳曼；其三则为威塞尔（Weser）河左岸原为克勒特（Kelt）人所居住的区域。

日耳曼人原始住居地方的部落，是村落式而非为孤立圃舍式的。村落和村落间相通的道路，开始时是完全没有的，因为各个村落，在经济上系本身独立的，绝无与邻村相结合的必要。后来虽有道路但并非正式开辟，而系按照需要自然踏成的蹊径，故仍随时灭迹，直至经过数世纪之久，才成立了于各个的地段上维持原有道路的义务。因之，

此种地方，就现今的地图方式来看时，呈现一种不规则的纲目之观，其节结为村落所在之处。

第一，最内部的圈域内，为完全无规则的圃舍房地，其间有迂回曲折的连络道路。第二圈内，系用篱垣围绕的园圃，即所谓wurt者，其数之多与圃舍之多相若。第三圈内为农耕地。第四圈是牧场（Almende）。各家户都有权将同样多的家畜在牧场饲养。但此牧场亦非为共产制的，各有一定的部分，故仍为各自专有的。第五圈是森林，其情形亦是如此，但此森林不必是村落的附属物。关于伐采木材、蒿革、豚饲料等之权利，亦平均的赋与村落居住者。家屋圃舍及个人对于园圃、农耕地、牧场、森林之主权总称为田宅权〔Hufe 此字语源与 habe，haben（有）相关联〕。

耕地面积系分割为许多部分，即所谓班给地（Gewaune）。班给地，更区分为地带，而此项地带其宽不必相同，且有狭小得令人惊异的。村落中的每一农民，在每班给地内得有这样的一地带，因而各个的地面主权，原为平等的。将耕地区分为班给地，其理由是在尽量使大众对于各土地的土质肥瘠，平等的分享其得失利害。因此理由而发生"分散的所有制"。尚有其他一种利益，即遇到天灾，如降雹之际，大家一样蒙其损害，因而各个人所受的危险较小了。

将耕地区分为长地带（与罗马人之专采用方形的土地不同）是与日耳曼人的犁之特质有关的。犁是一种钩状的器具，最先无论何处都是用手来使用的，其后，则利用动物来拉引，专为掘土作田沟而用。因之，凡没有超过使用钩状犁阶段的民族，若想土壤成为松柔，则非将耕地纵横的犁开不可。于是最适当的耕地分割法，即为方形的分割，此方法在意大利恺撒[1]（Caesar）以后即已可看到，而且现今

---

[1] 恺撒，即凯撒。——编者

仍可见之于坎判纳（Campagna）的地图，其外形特征亦可让其为各个地面间的境界线。反之，德意志的犁，以我们回忆所及者言之，是将土壤垂直掘开的犁刀，水平穿过土壤的犁铲，以及把土壤翻转而在右边装置的拨土板，用此种犁即无须再作纵横犁法了。对于此种犁的使用上，最为适当者，即将土地分割为长地带。在此情形下，各个地带之大小限度，大概以一头牛一日间可不致疲劳的工作分量为标准〔故有 Mocgen（一朝间的工作）、Tagwerk（一日耕）等表示一单位之用语〕。

此种土地分割法，日久即发生非常的不便，因为犁之右边装置有拨土板，故动辄有逸向左方的倾向。因此，田径就变成不规则，而因各耕地间，开始时并没有境界线，所以他人的地带部分，就容易被侵占。原有的界线，于是须重新划出之。最初是由耕地裁判者（Feldgeschworene）用杆为之，后来则用所谓 Sprungyirkel（附着弹机的两脚器）。在什列斯威好斯敦（Schleswig-Holstein）方面则用测量绳（Reelbning）法为之。

因为各个的耕地面之间，没有道路可通行，所以耕地之耕种，只能按共同计划，而且只可同时行之。其法通常为三圃式的经营。此种经营形态，虽不能说是日耳曼之最古者，但可说是最广的。其采行，至少可远溯至八世纪时，因为当七百七十年之顷，莱茵地方之洛尔须（Lorsch）僧院的古文书内，已将其视为当然的事了。

所谓三圃式的经营，是将全体村落耕地划分为三个区域，其中第一区域耕种冬谷物，第二区域耕种夏谷物，第三区域则作为休闲地，而不耕种，让其吸收肥料，此种区域，年年顺次变更其使用法，今年种过冬谷物的区域，明年就种植夏谷物，到后年就为休闲地，其他区域亦与此同样的轮流着。家畜之饲养，冬天在屋内，夏天则于草地放牧。各个人都要遵守此种经济秩序，绝对不能与村落中其他的共同成员有耕种上的差别，因而各人之行动被强制的遵从此秩序。村长确定播种与收获的时期，使人在耕种谷物之耕地四周编篱，以与休闲地为境界。收获终了后，立即将篱除去。在共同收获日而尚未收获的人，必须把牲畜赶到已经割过了的稻田去，以免践损了他自己的谷物。

田宅不特为各个人所私有，而且亦可继承。此种田宅其大小可极不同，差不多各村都不相同。普通的正常标准，是四十亩（tagwerk）的面积，可给养一普通的家族。在田宅之内的圈舍地和园圃地交给各人自由经营。家庭，是小家族，即两亲与小孩，有时候成年的儿子，亦住在一起。又，各人的耕地，亦当作私有。但野地则属于 Hüfner（田宅的享用者）的共同团体——即具有完全资格的村落同人所成的公共团体。凡在此三个土地面的各部分，有几分的所有者，均属于此团体内，完全没有土地或在每一田圃都没有一分者，即无田宅享用者的资格。

所谓马克体（Mark）包含有森林与荒芜地等，但牧场则不在内。此体不属于村落团体的私有，而属于比此更大的团体，即多数村落所成的团体。马克体结社（Markgenossenschaft）之发生，与其原始的状态，已不可考，但无论如何，总在喀罗林（Karolinger）[1] 王朝将土地区划为区（gane）之前，而且与百人组（Hunderkeliaft）亦不是同样的。在马克体内，有一最高的统治机关（Obermarkeramt），与一特定的世袭的圈舍相关，此机关寻常由君主或庄园领主自己兼领之。此外更有所谓"森林裁制所"（Holzgericht）以及一由参加马克体的村落中田宅享有者之代表所组成的会议。

因之，在此种经济制度内，各成员间，理论上本有严格的平等。但此平等，常因子孙多少之差异，当分割继承之际，愈益发生裂痕。结

---

[1] 喀罗林王朝，今作加洛林王朝（法语：les Carolingiens，旧称 Carlovingiens，中世纪拉丁语：Karolingi）是自公元 751 年起统治法兰克王国的王朝。——编者

果，则除完全的田宅享有者而外更发生半田宅享有者及四分之一的田宅享有者了。并且田宅享有者亦不是村落中之唯一的居民。他们之外，尚有其他的人口部分，如次男、三男等不得继承圃舍地的人。此等人可以居于村外，占据那些远没有被人占有的地方，亦可获得家畜饲养之权，但须交纳租金与牧地租金（hufengeld, weidegeld）。他们的父亲对于他们亦可于其园圃地上划些土地，给其建筑家屋。手工业者与其他的劳动者则来自外面，不在田宅同人的团体之内。因此，同一村落的住居者间，发生了农民和其他阶级之区别，后者在南日耳曼称为佣工（seldner 或 häusler）；在北日耳曼则称为 brinksityer 或 kossaten。后者因他们尚有一所家屋，故亦属于村落之内，但对于耕地的主权，则丝毫没有。然如有农民经村长或领主（开始时为氏族的酋长）之同意将其耕地之一部卖给他们或有人将牧地之一部分割让于他们，则他们亦可获得所有权。这样的部分，叫作分让耕地（walzendeäcker），可不受田宅所有物之特殊的义务之束缚，亦不受庄园法庭的裁判，得以自由买卖。反之，其所有者也不能享受田宅享有者所有的权利。像这样的人其数却不少，村落耕地，往往有半数成为此项分让耕地的。

因之农民人口，最先由于土地所有的种类，可区分为二个不同的阶级层。一方面是内部亦有种种范畴的完全田宅享有者，他方面是在其团体外的人们。但在完全田宅享有者之上面，尚有一种特殊的所有阶级。此种阶级，一方面领有土地，同时又立于田宅享有者之团体之外。当日耳曼的农业状态之初期，土地尚有多余，各个人可从事开垦，且可将其获得的土地围起来。此种绕地（bifang），在他耕种期间，成为他的所有物，否则，即归之共同的马克体。如是的围绕地，须先有大宗的家畜与奴隶方能有之，因此，此事大概只有对于国王、诸侯、庄园领主，才有可能。此外，国王对于马克体的管区，因自己握有最高的权柄，故可由其管区内土地赐予臣民。但此赐予和所有地的授与，不能在相同的观点下并看的，因为后者在森林地域有确定的境界，先须开垦，方能耕种，但是，因此之故，其地域不受耕地之强制义务，故在比较有利的法律关系下。当测量之际，须使用特别的面积尺度，即所谓王领田宅者，系四十八以至五十公顷的方形地面。

旧日耳曼（田宅制度）的部落形态，曾越过易北河与威塞尔河之间的地域，作更向前的扩张。此种形态，所包括的地方如次：（一）斯干的那维亚[1]（Skandinavia）〔至卑尔根（Bergen）为止的挪威，至台尔厄尔夫（Dal-Elf）为止的瑞典〕、丹麦诸岛及哥德兰（Gütland）；（二）盎格鲁萨克逊人与丹麦人定住后的英国（所谓Openfreldystem）；（三）几乎全部的北部法国，比利时的大部分，特别是不拉奔（Brabant）〔但北部比利时、法兰德斯（Flander）以及荷兰之一部则属于佛兰克（Franku）人的地域，有一种不同的部落形态，参照下面〕；（四）其在南日耳曼方面则有多脑（Donau）、伊拉（Iller）与犁区（Lech）河间的地域，巴登（Baden）、符腾堡（Württemberh）并上巴威略（Oberbagern）之一部分，门兴（Munchen）的周围，尤其是爱伯令格（Aibling）的地方。因日尔曼人[2]之殖民，古代日耳曼之部落形态曾越过易北河而向东扩张，但因为想竭力收容多数的移民，故其形态亦合理化了，且在便利的所有权下，以及尽可能大的经济自由下，建设大的"街路村落"。圃舍地于此亦不再为不规则的乱置，而沿着村落街路分立于其左右，在每个田宅上各有其一，成为长地带的田宅，亦彼此并立。但在此处，班给地分割及耕作强制，仍照常通行。

日耳曼人部落形式之越过原来地域而向外扩张，发生了很显著的差别。其最显著者，在卫斯特法楞方面，卫斯特法楞被威塞尔河区区

---

[1] 斯干的那维亚，今作斯堪的纳维亚。——编者
[2] 日尔曼，即日耳曼。——编者

分为截然不同的二个部落地域，日耳曼的部落样式，在河流的沿岸，有突然的停止；其河的左岸，已可见有孤立圃舍的部落形式。村落和牧地，都没有了，混淆地亦只有限的存留着。孤立圃舍参入原为未开拓的土地之共同马克体内。开垦后的新耕地，仍以长地带的形式赋与各参加者，即所谓 Erbexen 者是。在此马克体内，因细分及转让之故，又有其他的住居者加入了。此等住居者犹之东部的 Kcssäten，为手工业者、小农、劳动者等；他们对于 Erbexen 为佃户的关系，或在他们下面靠劳动生活。平均约有二百亩（morgen）地的卫斯特法楞之 Erbexen 因部落性质之关系，在经济方面比较混淆地的农民，要独立些，孤立圃舍制沿着威塞尔河直达到荷兰的海岸，而且萨尔佛朗克人（SalischeFranken）的主要地域，亦包括在内。

德意志的部落地域，在东南方面，接连于山地经济的地域与南斯拉夫人之部落。

山地经济，完全为家畜经济与草地之利用所成，牧地有极重要的意义，故一切的经济规则，均出于统制（stuhlung）的需要，即统制各有资格者平分利用牧地的机会。所用统制法，系将山地分割为许多的部分（stösze），即一年之间，饲养一头家畜所必需的草地分量。

在古代时，塞尔维亚（Serbia）、巴纳特（Banat）、哥罗西亚（Kroatuia）等地的南斯拉夫人之经济单位，非为村落共同体，而是大家族（zadruga），其年代至今仍聚讼未决。它是一种扩大的家庭，在家长的指挥之下，直包含至曾孙，往往已婚者亦一起同居，全家人数由四十人至八十人，经济生活以共产为基础。他们不限定住在同一的屋内，惟在经营与消费方面，则出于同一的家族共同体。

日耳曼的农业状态，在西南方面与罗马的土地分配法之遗物相接触。后者在农夫（kolone）之隶属的小田场之间，也可见领主的地产。下巴威略（Niederbayern）、巴登及符腾堡的大部分都有此两制度之部分的混合。日耳曼制在高原地、丘陵地，尤有微弱之势，但亦有与此相反的混淆地，即村落中之耕地，分割成为自成的区域，各人之所有，都分配在其中，不计及分配的平等，或且没有一般的合理原则。至于麦全（Meitzen）氏之所谓"小村落分配之起源亦不明确"，或者起源于"以土地给予无自由的人"一事。

日耳曼特有的农业状态之起源，已不可考，此种制度，可证明其在喀罗林王朝时代，已经存在。但将班给地分割为均等的地带，这是极有系统的事，非原始时代所能有。据麦全氏的论证，谓先前曾有所谓中心亩（lagemorgen）的分割法，所谓中心亩者，即一个农民，用自己的家畜午前所能耕的土地面积，但此面积须按土质、耕地的位置离住家的远近等，定其分量上之差异。它是班给地的基础，而班给地亦因此种分割法之存在，故无论何处，都呈现不规则的形态，与后世均等面积的分割法，即给与班给地以几何的形态者大不相同。[1]

德意志原始的部落样式，现时已没有存在，其崩坏在极早时已开始，然此非由于农民之自立的规制——因为他们没有此种能力——而由于上面的干涉所致。农民对于一个政治的领袖，或封建领主，早已成立一种隶属的关系。如果他们是平常的田宅主，无论经济上及军事上都比较王领所有地方面的田宅主为弱。长期的和平，贵族们的兴味

---

[1] 近来有人想证明，日耳曼的农业制，曾以军事为基础的（见 S.Rietechel, *Untersuchungen zur Geschichte der germa-nische Hundelrtschafi* 与 C I.Frhr.von Schwerin,*Zur Hundertschaftsfrage* 间之争论）。按其理论，此制度系由百人组出发，而百人组则为一战斗的统一体，约为一百个田宅享有者所组成，其所有的田宅至少有后来的国民田宅之四倍的大小。此制度之成员，既借其农奴为生，处于坐获其利者的地位，故不能不有军事上的自卫。田宅为一种观念上之负担的统一体，如后来盎格鲁撒克逊的田宅（hyde）那样，武装的骑士，服役之义务，由此种田宅制度，后来以系统的方式，产生国民田宅，其法出于大田宅主之田宅渐分割成为小的。但是有一种事实，却常常与此理论不相容，是即德意志的国民田宅制度，并不是以系统的方式产生，而是由"中心亩"产生出来的。同时，在他方面，此困难亦仍存在，即在北部法国方面，只有萨尔佛朗克人所侵到的地方，才有田宅制度，其原住的地域内却反没有。

开始逐渐转移于经济方面。由此引起的一部分贵族管理庄园的活动破坏了向来的农业组织,此在南日耳曼尤为显著。例如肯白敦（Kempten）国立僧院,在十六世纪时已着手所谓"圈地"（Vereinödungen）,至十八世纪时,尚继续进行。于是,新辟的耕地重新再分配过,而农民只要实际上可能便把他的圈围的圃地（Einodhof）置于新耕地的中央。北德方面,当十九世纪之际,曾用国家的权力,以废止旧来的耕地分配法。在普鲁士,并曾用残酷的强制以施行之。一千八百二十一年之《共同地分配条令》（Gemeinheitsteilungsordnung）在用强迫手段以达到变换耕作,其施行乃出于反对混淆地制、马克体制及共同牧地等的自由主义观念之影响。于是共同地（即混淆地）用强迫方法取消,牧地则分给农民,因此,农民在高压力之下,不得不作个人的经营。南德的人们也就将"耕地整理"认为满足了。各个的耕地上,先敷设了道路网,而将耕地连接。各个土地之交换,亦曾屡屡施行。牧地仍留存,但因后来通行了马房饲养,故好多牧地改变为耕地。此种新耕地,对于各个的村落同人,可用于求得副收入,或亦可用于赡养老人。此在巴登方面,尤为发达。在此地方,为人口维持确实的生计之目的,常占优势。因此,结果就形成特别稠密的部落。甚至还给予移民以奖励金,最后造成了一种情势,在村落团体内有把土著的牧地享用者与新进的享用者之间作一区别的企图。

人们屡屡视日耳曼的农业制度中存有原始的一切民族都曾行过的农业共产主义之余光,并欲搜求实例,而由日耳曼的农业制度,追溯至于历史上已经不明了的阶段。在此种努力研究中,人们曾相信与日耳曼此种制度多少相类似者,有喀洛登（Clloden）之战以前的苏格兰农业制度,即Runridge制度,并欲由之推论到苏格兰农业制之前阶段。在苏格兰方面,耕地亦曾分为地带,以成为混淆地制。而其牧地亦为共有,与日耳曼极相类似。但此等的地带,每一年间或在一定的时期间，须重新用抽签法分配，故成为微弱的村落共产制。此与基于最古的，而且可直接观察的日耳曼耕地分配制上之"中心亩"全然不同。与此制度并行，且屡屡与此相关连者，有高卢与苏格兰地域的Cyvvar，即共同犁耕之习惯。长久荒芜了的土地，须用八头牛拉大犁来耕耘。为达到此目的起见，牛之所有者与大犁之所有者（大都是锻冶匠）殊有合作之必要，于是使犁者和使牛者，乃可共同耕种。至于谷物的分配，有在收获前行之者，亦有在共同收获后，按成数而行之者。除此以外，苏格兰之农业制度与日耳曼制，尚有下面的区别，即苏格兰的制度将耕作地之外圈，更分作二圈，内圈使用肥料，且行三圃式农法耕种，至于外圈则区分为五分至七分，其中只不过有一部分犁耕，其他的部分，任其生草，作为牧地之用。看作为"野草农法"（Feldgraswirtschaft）的此种农业制度之特质，可说明各个的苏格兰农民，何以在上述的内圈中，固与日耳曼农民同样经营个人经济，而在另一方面，则常常形成犁耕合作。

苏格兰的农业制度，是极近代而且表示出很高级的耕作发展，我们如欲知更原始的克勒特（Kelt）人的农业制应在爱尔兰求取。在那里，农业最初完全限于畜牧方面，因为那里的气候，一年之中家畜都可以在户外生存。草地，系（称为Tate的）家族共产体所私有，其酋长，常常饲养三百头以上的家畜。到了公元六〇〇年之际，爱尔兰的农耕，有显然的衰落，经济制度遂发生变化。但其土地依然照常的不永远给与个人所有，最多仅能及于一代。土地的分配，系由酋长执行（称酋长为Tanaist），一直至十一世纪时尚如此。

我们所知道的最古的克勒特人之经济，完全限于家畜经济，故由此制度及苏格兰的Cyvvar制不能对于日耳曼的经济之最古的阶段，找出何等的结论。因为我们所知之典型的日耳曼农业经济，必发生于对于农地经济与家畜经济两者有均等需要的时代。此种日耳曼的经济制度，或系凯撒时代所成立，《野草农法》在塔西佗（Tacitus）的时候，很为流行，惟罗马著作家尤其塔西佗之好事铺张，这是吾们所要注意的。

与德意志的农业制度成为最显著的对立者，首推俄罗斯密尔（Mir,Opschtschina）。此制盛行于大俄罗斯，但亦只限于内部的诸省，乌克兰（Ukraine）和白俄罗斯，即没有此制存在。俄罗斯之密尔的村落，是街路村落，往往极其庞大，有人口三千以至五千者。园圃和农耕地，位于圈舍的后方。新成立的家庭，住在所划土地之末端。耕地之外，尚有共同牧地之利用。耕地分成为班给地，班给地更分歧地带。在俄罗斯的农业制度方面，此项土地不是对各个的圈舍作固定的分与，而须计及其所在的人口或劳动力，此点与日耳曼的方法不同。因人口数与劳动力之多寡，所分与的地带数，即有差异。因此，所谓私有者，不是固定的，不过是一时的所有而已。虽在法律上，曾规定十二年为调换的期间，但实际上大抵没有那样久，往往是三年、六年或甚至有一年者。对于土地的要求权（即 Nadjel），是各个人所专有，但此以村落共产体为对象，而非以家庭共产体为对象。此种要求权，系永久存在的，工场中之劳动者，虽其祖先在数代以前，已移住于都市，但他无论何时归回家乡时，仍可行使其原有的权利。反之，无论何人，不经过共同体的承认，亦不能离开而移居他地。对土地的要求权之内容，可自对于定期分配之要求权见之。但所谓一切村落同人都是平等的话，大都只不过是纸上的空谈，因为重行分配上所必要的多数，事实上几乎是不能得到的。对于新的分配，特别是人口数增加极多之户，最有要求，但同时却有与他们相反的其他利害关系。密尔之决议，只不过在表面上是民主的，其实恒为资本家所决定。因为，由于家财用具上之需要，个别家庭遂不能不向所谓村中有产者或富农（kulaki）负债，此种有产者，即以贷与货币之法，将无产者群众完全收集于自己的支配之下。富农即于其债务者之是否当依然贫乏，或当继续获有其土地之二者中决定其自己的利害关系，支配着发生重行分配问题时密尔的决议。

关于密尔制对于经济生活上之影响，至其崩坏为止，在俄罗斯方面曾发生二种对立的见解。第一种见解以为此与个人主义的农业制度相反，能使人得经济上的安宁幸福，且因离开村落的劳动者，仍得再行回村，行使其要求之权利，故其中存有解决社会问题之关键。主张此种见解的人，虽亦承认一切农业技术的，或其他的进步改良，因此而被妨碍，只能极缓的施行，但以为由于对土地的要求权使各个人均能得到进步之惠。反对论者则无条件的以密尔制为一切进步之障害，并将其看作为俄皇政府反动政策之最顽强的拥护者。二十世纪初期社会革命家的权力有威胁性的伸张时，密尔制即被破坏。司徒联宾（Stolypin）于其一九〇六年至七年之农业改革立法内，将权利赋与农民，使其在一定的条件下，可与密尔脱离，而且可要求后来的重行分配，不得将其原有的所有地参入。所有地当作为一块统一的地面，因而与日耳曼阿尔干（Allgän）的圈地之原则相同，村落分散，各个的农民居住于自己的土地之中央，而且形成个别的经济。于是国务大臣韦德（Witte）伯爵从来所热望的密尔之崩溃已实现了，这是自由党派未尝一度敢妄想的。至于俄国宪政民主党员（Kadetten）则固不相信其有改革之可能者。司徒联宾的农业改革之直接的结果，是使其资本力量比家族人口数占有多量土地的较富裕的农民，退出密尔，而将俄罗斯的农民，分裂成为二阶级。此二阶级中之一为富裕的大农业者，分离出去而成单立的圃舍经济，其他一阶级因人数较众而见遗，其所有土地本感不足，现在更丧失了重行分配之可能性，因此，他们遂长此成为无希望的农村中无产者了。第二阶级，深恶第一阶级，视为密尔神圣原则之破坏者，因此之故，此第一阶级被迫至无条件地支持现行政府。假使没有今次之世界大战，他们对于俄皇政府必将成为一种新拥护与护卫队。

关于密尔的成立，俄罗斯学者之意见，亦未一致。但照一般公认的说法，密尔并非原始的制度；而是租税制度与农奴制之产物。至一九〇七年为止，密尔的各分子，不特对于村落要求有土地的权利，反转来村落对于各分子之劳动力亦有无疑问的要求权。甚至分子经村认许而离去，而且已有全然相异的职业后，村长在任何时候，仍可将他召回，合其参加共同负担。此项负担主要的是农奴制废止时之赎金及国税之一定额。在良好的土地上，农民可于自己定额的纳贡之外，获得剩余；所以都市劳动者，虽没有被召回，而希望复归村落者亦颇不少，在这种的情形之下，为放弃土地使用权起见，村落屡有支付赔偿金者。但在租税总额过大、另作他图利益较大而把人口吸去时，则村落团体负有连带责任，租税负担，对于留在村落者即非常增大。这样的话，密尔便强迫其分子返归村落，回复农民地位，因而，所谓连带责任，是把各人的迁徙自由限制了。因此已被密尔所废止的农奴制重复继续着，不过农民现在已非一个领主的农奴，而为密尔的农奴了。

俄罗斯的农奴制，非常严酷，因此，农民备受痛苦。监督者，年年使达于成年者结婚，给予他们土地。对于领地之领主，只有依照其传统的权利，完全没有可以实行的法律。领主无论对谁，都可任意叫他到自己的家中来。当农奴制时代，曾实行过土地的重分法，在土质劣的地方，系按照各农户内劳动力之数分配，在土地优良的地方，则按照人数。农民对于土地的义务，比较对于土地的权利更重。无论何时，村落团体，对于所领地之领主，在纳税义务上负有连带的责任。同时俄罗斯之所领地领主的经济，即至现代，其自身可不备何等的农具，即以农民所有者使农民耕作耕地，以榨取农民。此项土地或者贷与农民或则征发农民之犁耕劳役，遵照领主的账房的监督而耕作。对于庄园领主与农奴制之连带责任，自十六七世纪以来已渐次发生。耕地之一变换，亦由此发生出来。

耕地变换制，在乌克兰，及十六七世纪时不在莫斯科王国支配之下的俄罗斯各地方，特别在其西部，并没有发生。在此等地方，个别的圃舍，已成为土地的私有者。

荷兰东印度公司之经济，在其所有领地内，亦用和上面同样的连带责任之原则。公司责令村落团体（Desa）对于米与烟叶的贡纳，担负连带责任。此项连带责任之结果，使村落团体强使各个人留居村落之内，以共同负担租税。十九世纪时，连带责任制崩溃后，强制性的村落团体，亦允废止。那时已有两样的种稻法：一为干田种（tegal），一为水田种（sawah）。前者收获较少，后者乃于耕地筑堤围绕，在其内部划分为各个的部分，以防止其所引的水或贮蓄的山水之流出。凡耕种水田者，有世袭的所有权，无论何人，不得夺去。在旱田方面，恰似苏格兰的野草经济那样施行游牧化的农耕。全村落共同开垦，但由个别去耕种，个别的各自收获。开垦之地，在三年以至四年间，可有收获，但自此后，即须任其荒芜。因此，村落为开辟新的土地起见，移转其场所。从比此更古的状态来观察，荷兰东印度公司只有用掠夺制及暴力制，乃能施行重分配之法。

此公司所采用的制度，至一八三〇年时代，已代以所谓 Kulturstelsel 的制度。在这种制度之下，各人所耕种的土地之五分之一，是为国家的，且所要耕种的作物，亦预先指定给他。此种制度，亦在十九世纪中消灭，而改用比较更合理的耕作法。

按之中国古籍，类似于上面所述的制度，亦曾有一时在中国施行过。其法在将耕地划为九个方形的地面，其外部的地面，让给各户，中央之一地面，则为皇帝的，各户只有利用土地之权，户主死亡后，即重行分配。此种制度，不过只有一时的意义而已，而且只在能用灌溉种稻的大河流附近，方能成立。在此事例方面，农业共有制亦由国家的强制所成，出于财政的观点而非自然产生的。原始的中国经济制度，可于至今仍残留于中国农村内的氏族经济中见之。氏族有其祖先之祠厅，以及塾校，共同的经营或共同的耕种土地。

外表上表现"共有"的农业制之最后的实例，是在印度。印度有两种不同的村落制，两者之共通点，在有村落园地（wurt）（此地相当于德意志农业制中 Söldner 和 Häusler 所居住的地面）。凡手工业者、寺院僧侣（对于婆罗门教徒而言，其地位较低）、理发匠、洗衣铺及其他村落中之手艺的劳力者，都住于此。他们根据于一种"神意的"基础，对于他们的工作，不支付工资，除受土地，或收获分额外，无其他报酬（附注：马克思以为印度的状态之稳定性，可由此制度得其类型，这是不对的，其实这种稳定性之于种姓制度，亦犹中国之于氏族经济然）。由土地所有者方面来看，村落之间可有种种区别。在 raiyatwari 村落方面，有个人的土地所有与个人的纳税义务。村落的支配者为村长。农民对于王（Radjah）所直属的共同马克体，没有何等的主权。凡欲开垦者，须得到王的许可付给某种报酬。属于其他类型的村落，有在一个团体（即若干特权领主之团体，或完全田宅主之村落贵族政治）之下者，于是即没有村长。此等的农民，贷出土地，但共同马克体，则属于他们；所以他们地位介于实际的耕作者和王之间。在此种范畴之中，尚可区别出二种村落。其一，为 Pattidari 村落，土地是确经分配及利用的。主权所有者死亡后，其所有乃按其嫡系传于子孙，每经一次继承，即分配一次。其他为 Blayachara 村落，土地按照个人所有主之劳动能力，或按其地位而分配。最后还有由一个人兼任租税包办者与领主地位而支配一切事权的 Zamindari 村落。由此种村落之分割，其结果发生 Pattidari 村落。如是租税领主和农民之间，有许多的利益获得者介于其中，因此发生租税包办者更有以此转给他人包办之事，这是印度情形之特质。四五个利益获得者成为连锁关系，这是常有的事。在此收利生活者和大农业者阶级之内部，乃有形式的共有制发生。在有赋役义务的农民作共有的经营时，他们仍只能分割收获，而不得分割土地，所得则分配于有主权的所有者之间。因之，此种农业共产制之成立的根据，亦在于财政之性质方面。

在德意志方面，当伦伯拉赫特（K.Lamprecht）氏明了此农业共有制之本质以前，大家亦都认为原始的农业共有制之遗迹，这可于摩塞尔（Mosel）地方之 Gehöferschaft 中见之。Gehöferschaft 现在所包括的最主要的虽为森林，但从前亦包括牧场与耕地，依照班给地的样式，更加以重新分配与抽签法而成。但这种规制并非为原始的，而出于庄园的政策。在原始的时候，此为庄园领主的农业圃，由马克体内分子的小农的劳力耕种之。庄园领主为骑士后，要自己来指挥经营，已不可能，而且将农民的利己心唤起，反比较有利些，因此他们遂规定一定的地租将其土地委让于农民。故在此处，我们亦可见有连带责任的原则存在。于是马克体中同人，就可采用确定的分割，或定期的重新抽签法。

由以上诸例而言，可知拉维雷伊（Laveleye）的理论，以为农业共产制（不特就土地专有的意义而言，亦且指共产的经营——此二者本来须充分区别的），曾在社会进化之最初时期实现过，实在没有何等的证明。事实并非如此，农业原来并不即是共产的。对于此点，有种种的见解，互相对立。社会主义的论者，认为私有财产制是堕落，但自由主义的学者则想推其原至于人类原始祖先之时代。其实关于人类之原始的经济生活，实在没有确定的可说。我们即以今日尚未和欧洲文化相接触的民族之情形为根据，进而求解答，亦不能发现何等的统一性，只在各处看到其显然相反之状况而已。

在最原始的农业制方面，有所谓耨耕。其时犁和兽尚都没有。[1]农耕器具只有把一端作尖的棒而已。男子用此种棒，环走耕田掘成洞穴，而由女子把种子撒播于洞穴中。但同样的耨耕法，可以有全然相异的组织体制。如巴西内陆之委佗人（Guatos），虽似没有采取其他的劳动制度之必要，但却成立了各个的家内经济之个别经济，且此等家内经济间，并无特化的分工，而在各个的家计内，则有有限制的劳动专化。此外，又曾行过有限的部落间之交易。与此最极端的相对立者为大家族内之劳动集积，如易洛魁人（Irokese）之连房。他们的女子均在女酋长的指挥之下，一起同住。此女酋长将劳动及劳动收益，分配于各户。男子当战士，或猎人，担任其他开垦、建筑、饲养家畜等困难的工作。家畜之饲养，因在使畜类驯服之时需要力量和技巧，故本来视为一种荣誉的职业。后来之尊重此事，便成了传统的及习惯的。类似此种的状态，地球上到处都有，尤其以黑人种族间为最多。在黑人种族间，田园工作，无论何地，都由女子所担任。

第二节　财产制度与社会团体——氏族

A 专有之形式

专有之形态，和农业制之外表的形态同样的有多种。专有之所有者，无论何处在原来都属于家族共同体。但此处所谓家族共同体，是否如南斯拉夫人的 Zadruga 之为独立户，或如易洛魁人的连房，为更

---

[1] 欧洲与亚细亚诸处农业经济上主要的不同处，在原始时有一事实，即中国人与爪哇民族都不知榨取牛乳，但在欧洲方面，则当荷马时代，已有牛乳之经营。他方面，印度自其中兴纪以来，即禁止宰牛，至于今日，印度的高等种姓，仍不吃肉。所以在亚洲，有好多地方都没有乳牛和宰牛。

大的团体，则各不相同。专有可以有二种不同的基础为根据：其一，是将物质的劳动手段，特别是土地，当作为劳动用具看待的。于是此项手段往往为女子的氏族所专有。或者，其二，则祖土地为"枪地"（speerland），由征服所获得的土地，因而受男子保护。在此情形下，土地即为一个男系氏族，或其他的男子团体所专有。无论如何，原始的专有与劳动分配之样式，不仅单由纯粹的经济的观点所决定，还包纳有军事的、宗教的及魔术的动机。

各个的人，在过去时候，须得继续不断的与其所属之多数团体发生关系。此项团体有种种，可揭之如次：

（一）家族团体。其构造有种种，但普通皆是消费团体。生产的物质工具，尤其是一般的动产，亦可为此家族团体所专有，而其内部，更各自行其专有。例如武器及男子方面的用具，即为男子所专有，依照特别的继承次序授与男子。其他的装饰品，及女子方面的用具，即为女子所专有，属于女子。

（二）氏族。氏族，亦为各种专有的所有者，它可以拥有土地。无论如何，氏人对家族共同体之所有常有特定的权利，如要求权或贩卖时的先买权等等，这都可视为原始专有法之遗迹。同时，氏族保障各个人的安全，有复仇义务及执行复仇的法则。它有分享杀人罚金及氏族中所属女子之共同处分权，因而对于迎娶时之采金亦有权利分取一份。氏族有男系氏族与女系氏族之别，如果财产及其他权利属于男子的氏族专有，则为父系制度，否则即为母系制度。

（三）魔术的团体。此中之最重要者为图腾（Totem）氏族，此系在万有精神的信仰最盛行之时代所产生。

（四）村落团体与马克体。此在经济上的意义颇重要。

（五）政治的团体。此种团体，保护村落所在处的土地，因而对于定住在此土地上者有种种的权利，此人，尚可对各人要求军事上及裁判上之服役，同时给予他们以相应的权利；并执行封建的赋役与租税缴纳。

各个人有时还须与下列的团结关系有关：

（六）与庄园领主。若各人所经营的土地，不属于自己所有时即须发生此种关系。

（七）个人所属的主人若一个人人格方面不能自由，而属于他人之所有时，即有此关系。

每一个日尔曼的农民，以前都须依属于庄园领主、农奴领主及裁判领主。此等领主，对于农民的服役，各有不同的要求权。因各种领主之为各别的人或同属一人之差别，农业的发达，遂因而形成种种的不同，在前者的情形下，因领主们互相竞争，故对于农民之自由上为有利的，但在后者的情形下，则使农民趋向于隶属关系。

B 家族共同体与氏族

现代普通所谓家族共同体或家族，都是小家庭，即双亲和子女所成的家庭家计。它是以合法的而且预备永久的一夫一妻制为基本，此种小家庭的经济，其本身现在为消费经济，至少在名义上与生产组织不同。在家族共同体的内部，一切财产的权利，属于家长个人，但对于妻及子女之特别财产，则其权有所限制。血族关系，由父方及母方计之，但此种意义，除有时发生继承权的问题外，几乎不关重要。古代意义上的氏族概念，现时已不存在，仅可于旁系血族的继承权上略见其痕迹而已，即在此点上，亦常发生关于此项关系之起源及成立的疑问。

社会主义的理论，系由假定婚姻之种种发展阶段而出发。照此理论，原始的状态，为群团内全无秩序的性的乱婚，即族内婚，与私有财产之全然缺如之事实相一致。这个假说之证据，以为可由原始状态之各种遗迹中见之。例如原始人群中之带有狂欢乐宴性质的宗教制度，餐肉礼、饮酒礼、吃烟礼等，当此之时性的关系之制限，完全废除；又如好多民族方面，女子于婚前有性的自由；在古代东方，神前侍候的奴隶间，亦有性的乱婚，于此，无论何人均可无分别的参加。此外，好多地方都可以看到的——以色列人亦然——所谓兄终弟及制（Levirate），即族内兄弟有与死者之寡妇结婚因而作其继承者之特权与义务，亦可视为佐证。据社会主义的理论，第二个演化阶段即为群婚。此即某特定的集团（氏族或部落）和其他的集团，成立婚姻关系，因而某一集团之各男子，即为其他集团的各女子之夫。此事之证据，以为可自美洲之印第安种族方面于此除父及母以外，无有其他的亲族关系推论而得。印第安人长成至一定的年龄时，便毫无甄别地受这样的称呼。又如南太平洋群岛往往有此事实，即许多男子，与一个女子或许多女子，作同时的或更迭的性交，成立婚姻关系，亦被视为佐证。社会主义的理论，并将母权制（Mutterecht），视为一种基本的次于此而起的过渡阶段。据此理论，当性交和生产间之因果关系，尚未为人所知的时代，家族共同体非由家族而成，乃由母之集团而成，只有母系的团体，有仪礼的及法的地位。此种阶段，系由世界上极通行的舅权制（Avunkulut）制度推论而得，在这种制度之下，母之兄弟，是女子的保护者，由她的子女继承他。母权制亦被认为次于此之一般的过渡阶段。于此，酋长的地位，在各共同体方面，绝对的为女子所有，尤其是为家族共同体之经济事务的领袖。从此，又经过掠夺婚姻制之阶段，乃向父权制推移，这是任何地方都是如此的。其原因由于经过一定的演化阶段，乱婚的仪礼的基础被非难申斥了，族内婚原则上渐代以族外婚，性的关系乃限于相异团体的分子，包括用暴力从外面去掠取女子，买卖婚姻，于是亦发生了。此种进化过程之佐证，只需一看结婚仪式便可知道，盖在许多早已行契约婚姻的文化民族间，仪式上尚模仿一种暴力的诱夺形式。此后才向父权制（Vaterrecht）及合法的一夫一妻制推移，依照社会主义者的理论，则此与私有财产制的产生以及男子之要求合法的承继实有密切的关系。于是其结果遂发生大大的堕落；从此以后，一夫一妻制和卖淫制乃相与并存。

以上为母权论及以此为论据的社会主义之理论。此理论虽有不能成立之点，但就全体来观察，对于本问题之解释自为有价值的贡献。对于此理论，我们亦有"聪明的误谬，比较愚钝的正确更于科学有益"之感。关于此之批评，第一，当在卖淫制度之发达方面，着手于此，须将一切道德的价值判断置于论外，那是不待说的。

所谓卖淫制，我们指为营利，或当作营利经营而实行的一种有报酬的性的牺牲。在此意义上，所谓卖淫绝不是一夫一妻制及私有财产制之产物，其来源已极古了。此种制度无论在哪一个历史时代，或哪一个进化阶段，都可发现，但卖淫制在回教民族间极少，在若干自然民族间，则全然没有。然即在社会主义理论家所指出的未有私有财产制的自然民族间，亦有卖淫制以及对于同性的或异性的卖淫制所规定的惩罚。无论在何处，娼妓都处在一种身份上为特种的地位，大批为一种下贱的地位，只有庙妓（sakraler prostitution）是例外。在此种营利的卖淫和多种的婚姻制之间，可有许多长久的或一时的性关系之中介形态，且此项形态也不一定在道德上和在法律上加以非议。其在今日，夫妇以外的性的享乐之契约，虽属无效，但在普托勒米王朝之埃及（Ptolemaischen Agypten），尚承认性的契约自由，妻虽委身于他人后，对于扶养费继承要求权及其他的权利，仍有诉讼上之保障。

而且，卖淫之表现，其形式不仅为无约束的性的牺牲，亦可为仪礼的卖淫，有宗教上规定的形式。例如，印度及古代东方的神前侍候奴隶之卖淫。更有所谓寺院奴婢者，她们不得不作侍候之事，狂欢宴饮中即由她们的一部分充当。神前奴隶亦可有偿的将身供与任何人。神前奴隶的制度，可追溯其源至于宗教的来源，以及具性的特质之万有精神的魔术，此种魔术常常于逐渐达到狂喜的境地后引人入于性的狂乱。

视为祈祷丰年的魔术形式之一的交合行为，在农业民族间，极为盛行。为欲想到丰收，甚至于就在耕地上举行性的狂欢饮宴。在印度方面，因参加此种欢宴的行为，就发生了舞妓的职业。舞妓为自由的娼妓，在印度的文化生活上，曾有过重要的任务，与希腊的娼妓相同。她们虽然有优越的生存条件，但其本身仍被视为卑贱者，故如印度之舞妓戏剧中所表的那样，倘能由一种神秘的奇事而获得既婚妻地位，则虽生活至苦，亦即感无上幸福。除庙妓制之外，在巴比伦及耶路撒冷（Jerusalem）等地，尚有真正的寺院卖淫，她们的主要顾客，是旅行商人。她们自脱却宗教的或狂欢宴会的性质后，仍保持其职业，寺院亦因营利害关系予以种种便利。起而抗议合法的卖淫和其根源（即狂欢宴会制）者，是以普度众生为目标的大宗教之僧侣及预言者，查拉修斯脱拉（Zarathustra），祆教的创始者、婆罗门教徒，及《旧约圣书》之预言者等等。他们的抗争，一部分根据于道德的和理性的理由。他们的出发点，在使人类的精神生活深刻化，且以为在宗教动机之效验性上为莫大的障害者，即为放纵的色欲。除此以外，宗教派别之竞争心，亦有重要的作用。古代以色列人之神系山神，而非为 Baal 之为支配下界之神，故预言者等认为 Baal 的狂欢饮宴，是其可怕的竞争者。在此论争中，无论何处凡民族的国家已成立的地方，尤其是罗马警察恒和僧侣携手，因为他们深恐热情的激昂随狂欢饮宴的现象而起，致发生下层阶级之革命运动。但自将受国家怀疑的狂欢饮宴废除后，卖淫制的本身仍旧存在下去，不过人人都贱视之，且以为不合法者。当中世纪时，虽然已有教会的教理，但卖淫制仍得到公认，且有同业组织。在日本方面，即至今日，茶馆中侍女之偶然卖淫，不特不被贱视，而且使她们成为更合期望的婚姻对象。卖淫制运命之没落，起于十五世纪之末期，法国查理第八（Heereszug Karls Ⅷ）攻纳泼尔（Neapel）军，被花柳病猛烈传染以后。自此以后，已得准许可继续存在的不洁卖淫，即被迫聚居于一指定的处所。新教派以及其先的喀尔文（Calvin）教派之禁欲主张兴盛后，亦反对卖淫制，但后来旧教教会之态度，却倒温和深虑些。其后的结局，正与当时对狂欢饮宴制作抗争的回教徒和犹太经传（Talmud）著作者之结局相类似。

关于夫妇以外的性的关系之分析，须于卖淫的女子之性的自由之间，作一区别。性的自由，从前对于男子方面，都认作为当然之事，自三大一神教起，才加以申斥，在犹太教方面直至《犹太经传》以后方加禁止。原来女子与男子同等的性的自由，可以由下面诸点知道，例如当摩哈默德[1]的时代，阿剌伯人虽已有公认的永久结婚，但同时亦有为扶养费的"暂时结婚"以及"试婚"（试婚在埃及人及其他的地方亦有之）。尤其是高等家庭内的女儿，因为不愿委身于父权婚姻之下严格的家族服从，要保持其性的自由，故宁留在父母的家庭内，随己之所欲，或在种种的可能范围内，和男子结合。除此种个人的性的自由之事例外，更有氏族的女子，为营利的目的而被利用，或为扶养费而被租借。此外尚有所谓性的欢侍者。此即对于尊敬的客人，将妻或女去侍奉的义务。最后，蓄妾制亦曾发展，其与结婚制之区别，在于子女之法律的地位，不能有完全的效力。当身份阶级的族内婚盛行时，蓄妾制往往为身份阶级所决定，并发达成为横越阶级界限的共居。罗马帝政时代，蓄妾制完全为法律所认许。尤其对于曾被禁止结

---

[1] 摩哈默德，即穆罕默德。——编者

婚的兵士，及因身份关系而难得结婚机会的贵族。此种制度，在中世纪仍通行，至一五一五年第五次拉脱命（Laterm）教会议时始宣告绝对禁止。但在改革派教会内起初就加以禁止，从此以后，这种在法律上公认的制度，才在西方渐渐绝迹了。

将社会主义的母权说加以更深的研究之结果，可知其所说的性生活之阶段，都不能证明会在一般的演程上存在过，纵使有此种阶段亦不过在完全特殊的前提下发生而已。乱婚制假使曾发生过的话，如不是带有狂欢饮宴性质之偶然的现象，那便是古时严格的性交限制之堕落的产物。对于母权说我们自须承认，按之万有精神的宗教史所示，在原始时代，生殖行为和生产间之因果关系，是不知道的，所以父和子女间的血统关系当时并不承认，犹之今日私生子之在母权下生活一样。但子女把父亲除外，只和母亲一起生活之纯粹母集团，不是一般所能普及者，只有在完全特定的前提下才有之。家族内兄弟姊妹之族内婚，如普勒托米王朝，为用意在于保存血统纯粹的一种贵族制度。氏族的优先权，即女儿嫁给外人时，须向氏族中之亲属献身，或出钱收买他们的要求权，可以用财富的分化以说明之，而且是对财产分裂之一种防御手段。兄终弟及制亦非由原始的状态而发生者，其理由乃在避免男姓支系在军事或宗教关系上中绝。自有身份的分化发生以来，即有一种身份的族内婚，将女儿保留给一定的政治或经济团体的分子。此种制度，在希腊的民主政治时代，曾经大规模的运行，其用意在不使财产流出市府之共同团体以外，且在限制"完全市民"之增加，俾完全市民得独占政治的机会。又如在印度的种姓制度下，因有非常严格的身份上之分化，像印度那样故族内婚成为超婚制（Hypergamie）。上级种姓的男子，对于下级的女子可以恣意往来且可结婚，但女子则不能如此，因之下级种姓的女子，可用金钱买卖，但上级的女子，则当年少的时候，已须求配偶，且常出资求得丈夫。这样的丈夫，可同时和许多的女子结婚，受她们的供养，由这一家到另一家。此种状态，后来由英政府对形式上的丈夫要求给其妻子们生活费，始被废止。此外，行族内婚的地方，我们只能承认其为堕落的现象，不是进步的阶段。关于家族的族外婚，除少数的例外而外，无论何处，总是通行的。它起于极力防止家族内男子们之妒嫉心，或由于看出共同长大不能使性的冲动充分发动而发生。外婚制成为氏族的外婚时，常与此属于图腾制度的万有精神的观念有关。不过，图腾制是否通行于全世界，而且即使全然无关系的地域（如美洲之与东印度群岛）同样的有之，亦不足即谓为已经证明。掠夺婚，无论在何地都认为是对该氏族之不法行为，该氏族可作流血的复仇，或有受杀人罚金之权，但同时，此事却也被认为一种战士的冒险行为。

基于父权的合法的结婚之特征，是这样的，即，从一特定的团体之立场来看，只有该男子一个特定的妻之子女，有完全的资格。此种团体，可分为种种如下：（一）家族共同体：只有正式婚姻的子女，才有继承权，旁妻和妾之子女则无之；（二）氏族：只有正式婚姻的子女，才有对于流血复仇、杀人罚金及氏族同人的继承权之权利；（三）军事的团体：只有正式婚姻子女，有武装，以及分享战利品，或征服的土地，及分配土地的权利；（四）身份的团体：只有正式婚姻的子女身份上才有完全的资格；（五）宗教的团体：有完全资格的子孙才可祭祀祖先，神祇也只受他们所献的供奉。依照父权法律，合法的结婚有下面三种可能的规制：（一）纯粹的母集团。认作合法酋长的父是没有的。只承认母和子女之间以及母的亲族间有亲属的关系。纯粹的母的集团，尤其于男子联盟存在时见之；（二）纯粹的父的集团。同一父亲的子女，无论其为正妻、旁妻、妾、婢所出，都有同样的地位。妻子儿女须服从他的无限权力。由此状态发展出根据父权的合法结婚；（三）虽两亲的家族共同体均存在，但通行母系制。子女属于母的氏族，不与父的氏族有关。此种状态，存在于图腾制盛行的地方，为男子集合制之遗迹。

C 家族发达之经济的与经济外的条件性

为理解家族发达之条件性起见，须对原始经济生活先作一般的考察。

自来科学讨论上所用的三个阶段之分法，即狩猎、牧畜及农耕，实在是不可用的。纯粹的狩猎民族或游牧民族，彼此间没有交换且不与经营农耕的种族相交换而生活者，即使有之，亦不能说是原始的。反之，耨耕和狩猎相结合而游牧化的农耕，才是原始的。所谓耨耕，即没有家畜的农耕，尤其是没有力兽的农耕。犁之使用，实代表着趋向现代化农耕的过渡。家畜的驯养，需要极长的时间，最初从事者，或为力畜，随后，才有乳用家畜（但至今日，特别是在东亚尚有地方不知榨乳者）。再后始有宰食的家畜。以偶然现象而言，屠宰当然是很悠古的事，其后乃成为餐肉狂欢饮宴之对象而以仪礼的形式出之。最后以军事为目的而驯养兽类。自纪元前十六世纪以来，已即有马，为草原上之乘用兽，此外无论何处，均当作为曳引的牲兽。由中国、印度以至于爱尔兰共同于一切民族间的骑士的车战时代，亦于此开始。

耨耕，可由小家族个别的经营，亦可由在家族共同体的联合之下，甚至多到数百人集合起来以多数的劳动而经营。后者的农地耕作方法，已为技术改良后之结果。狩猎原始时本必须是共同的经营，虽则此共同化是出于环境的结果。家畜饲养，可个人的经营之，而且不能不如此；无论如何，此外之共同体是不能太大的，因为散播广大的兽群需要广阔的地面。最后宽耕的农业可以用种种的形式经营，惟在开垦，须赖共同的协作。

两性间之分工，与经济形态上之区别相交错。原始时候农地耕作与收获，主要为女子的任务。到了实行艰重的劳动（以犁代替耨耕的劳动）时，男子才参与此事。家内劳动之重心，在纺织工作，完全由女子担任。男子的劳动，为狩猎、家畜的饲养（小家畜亦为女子之事）、雕刻金属之加工制作以及战争。后者是男子最重要的劳作。女子是继续不断的劳动者，男子不过是偶然的劳动者而已，其后随着工作的逐渐困难及剧变，使他不得不作继续的劳动。

此项情形互相结合之结果，发生了下面二种共同化的类型：一方面发生了家内劳动及耕种劳动之共同化，他方面则发生了狩猎及战争之共同化。关于第一项，女子操有决定的重要性，根据于此，她常占有优越的地位；具有绝对的指挥权者亦非罕见。女子集合所，原来是一个劳动场所，而狩猎及战争之结合，则产生男子的组合。不过无论家长之为男子者，或如印第安人那样属于女子，总存在有一种传统的束缚性，及家内的家长地位。反之为狩猎及战争的缘故而成立的共同化，则在为此目的而选出的首长之指导下，此首长非由于他的血族关系，完全由于他的战士的及人的资质，他是自由选出的首领，拥有自由选任的随从。

除了女子经济的劳动处所，即家族共同体之外并存在有男子的集合所。由二十五岁至三十岁的男子，在家庭外的共同居处内生活，以此为经营狩猎、魔术及制造武器或其他重要的铁器的中心。少年人屡用掠夺以得妻，因为掠夺出于共同的行动，所以此种掠夺婚，有多夫的特质。但亦有买妻者。为严守秘密起见，恒禁止女子进入男子集合所。如南太平洋群岛岛民以可怖的行列（Duk-Duk）保持着男子集合所之神圣。大抵男子集合所每与舅权制相联，且往往与母系制相结，行氏族外婚。男子的全体，亦恒以年龄分成等级，到一定的年龄以后，他们即脱离男子集合所，回到村中移入妻的住所。男子集会所一般也认为是男子修业期的制度，儿童至一定的年龄时，即离开家庭而受魔术的手术（特别是割礼）及成人礼，进入男子集合所。此集合所之全部，为一种兵营性质的东西，一种军队的制度。它的崩坏引起各方面的发展，如魔术的俱乐部，或以意大利Camarra式[1]为模型的秘密政治团体，如斯巴达（Sparta）的σνδρειο，希腊的phratria，罗马的curia（covirier），都是这种制度的例证。

此种原始的军事制度，不是无论何地都发生过的，即在发生过的地方，由于军事化之解散，或由于战争技术上之进步，使需要庞大武器与军队特别教练的个别战斗成为更加有利，也不久就崩坏了。尤其是车战与骑战，更给与此方面以有力的影响。于是其结果大多的男子都入赘妻家，和妻子一起生活，军事的保护，亦不再由男子集合所负责，而由赋与每个战士一块土地，使其能自行武装，来保障他们自己的安全。于是血统就有决定的重要性，而世界上无论何处，以任何形式发生的原始的万有灵魂观，即灵魂信仰，是与此相呼应的。

基于万有灵魂观上的图腾制之起源，或亦可在男子集合所中求之，虽然后来图腾制与万有灵魂说无关了。所谓图腾，系一动物、植物、岩石、制作物或任何一物，以为有某一种灵附于其上，图腾团体的分子，与这种神灵有万有灵魂观的关系。如果这个图腾是兽类，则因其与共同体同一血缘，故不许屠杀；由是即发生某种仪礼上的食物禁止。图腾同人组织礼拜团体，即平和的团体，其团员间不许互相斗争，他们本身间的结婚成为乱伦的行为，须科以重刑，因此就通行族外婚，和其他的图腾团体立于结婚同盟的关系。此种意义下的图腾团体，是仪式的团体，屡有与家族共同体及政治共同体相交错者。个别的父亲，在家族共同体内，虽和妻及女共同生活，但多为母系制，故子女属于母的氏族，对于父亲，在仪礼上亦视作外人。此即所谓母权制之成因，

---

[1] 一八〇二年顷意大利那不勒斯（Naples）王国所创之秘密结社之名。——译者

所以它和图腾制都是男子集合所时代的遗物。在图腾制没有发生的地方，我们可以找到父权或行父系传袭的父方优势。

父权和母权间之斗争，按照土地所以成为专有的根本原则而决定。专有有两种形式：即将土地作为女子的劳动场所，因向在经济的见地下经营；或将土地视为用武力获得，且须以武力防御之者，故其见地为军事的。若女子须负担土地耕种之责任，则土地即入于子女的保护人母方兄弟之手。反之，土地视作"枪地"时，那么即为军事团体所有，于是子女归属于父方，其结果则女子被排除于土地权之外。这个军事团体力求保持父的氏族内之土地分配，以保障其团员的防备力之经济基础。由此种努力，遂发生兄终弟及制及规定女子继承权之法律，规定最亲的亲戚有与一族内女继承人结婚的义务权利。在希腊方面，尤可见到这个制度。尚有其他的可能性，即个人的财产关系，由父权与母权两种组织之间，决定之。在经济地位平等的人之间，婚约之最古形态，或者是女子的交换。尤其在家族团体之间，兄弟们每将其姊妹互相交换。经济地位发生分化以后，视作为劳动力的女子，是价值之目的，因而如力兽一样的被人买卖。不能买到女子者，则为她服役或须长久的停留在女之家中。买卖婚与服役婚（前者用父系制、后者用母系制）可相与并存，且可存在于同一的家族以内。故两者之中，都非普遍的制度。女子总是在男子的权力支配之下，无论在她自身的家族共同体，或在买取她的男子之家族共同体内都是相同。买卖婚与服役婚均可为一妻多夫或一夫多妻的。有产者可以随意买许多女子，反之，无产者，特别是无产的兄弟，则可共同购买一女子。

与此状态相对立者，即系集团婚，它或者出于图腾或家族共同体间之魔术性质的婚姻界限而来。在此情形下，男子须顺次或同时将若干姊妹收受，或者许多女子由其他的家族共同体接收，当作共同的所有。所谓集团婚者，只在此处或彼处偶然看到，显非婚姻制度演进中之一般的阶段。

买来的妻，大抵在男子父权的绝对权支配之下。此最高权力之来已是最古了的。此种权力，无论何处，在原则上都是存在的，而且真正为原始的民族所特有者。

D 氏族之演进

现在我们来叙述氏族之演进。高卢人语的"氏族"（clan）和德文的 sippe 与拉丁文的 proles 同义，指血统关系的意思。首先须分别各种类的氏族。

（一）有食物禁制特定的仪礼上之相互行为以及其他事情等的同人间之魔术关系。这种意义下的氏族，即所谓图腾氏族。

（二）军事的氏族（phratrien），原为男子集合所所成的联盟。其所行对于新加入者之监理，有广泛的意义。凡未受集合所之考验及与此相关连的禁欲修业以及体力试验的人按之古代民族的用语，是"女性"，因之不能享受男子之政治的特权及关于此的经济上之特权。自从男子集合所消灭以后，军事的氏族，仍保存其古来意义的遗风。例如在雅典，军事的氏族，为各人用以保持市民权之团体。

（三）视作为特定等级之亲属关系的氏族。在此情形下，尤其是男子氏族，曾有过重要的任务。以下系专就男子氏族而言。其机能：一、为对外履行复仇义务；二、对内分配杀人赎罪金；三、男子氏族，为分配"枪地"时之一单位。在中国、以色列以及古代日耳曼之法律内，对于将土地卖给氏族外人以先，须先满足族内人优先购买的要求，至有史时代仍然如此。但在此意义下的男子氏族，是一种特选的制度；只有在体格方面及经济方面具有武装防御力量的人，才被认为族人。凡没有防御力者，则为获得保护，只好把身体投靠于支配他的领主。因此男系氏族，事实上已变成为一种有产者的特权。

氏族之中，有已经组织化者和未经组织化者。原始的状态，即介于其中间。氏族大都有一族内的长老，但在有史时代则多没有了。在原则上他不过为平等者间之首长（primus interpares）而已。当族内有纷争之际，他可行使仲裁者之职权。氏族同人之土地分配权，亦操在他的手中。但氏族同人，或者根本上有平等的要求权，或者明确规定有不平等，所以土地的分配，亦不是可恣意为之，而须得依照传统。氏族长老之典型，是阿剌伯的酋长，他只能用训诫和善良的模范，将他人感化。塔西佗书中的日耳曼人的首长者，亦类似此，其势力少由命令而多由模范。

氏族制之命运亦殊不同。在西方，它已完全灭绝，反之，在东方则差不多仍照旧保存。在古代时 φνλαι 与 Gentes 亦曾有过重要的职务。一切的古代城市，皆由氏族而非由个人所组成。各个人不过为氏族的一员，即以防御及分配负担为目的的团体之一员，而属于氏族。印度方面亦是如此，凡上级的种姓，尤其是武士阶级，必须属于一个氏族，至于下等及后来才逐渐起来的种姓中之分子，则为一个 Devak 即图腾团体之一员。于此氏族所以有重要性者，因为采邑制度建立于氏族首长之封给上。因之，可见其土地分配之原则，也是世袭的甄别的（Charisma）。一人之为贵族非以其有土地，相反，因为他是属于贵族的氏族，所以生而有享受土地分配之权。另一方面，在西方的封领制度，土地的分配，与氏族及血统绝无关系，由其封领领主施行，而所谓臣下的忠诚，则为一种人的关系。中国的经济制度至今尚为半共产的氏族经济。氏族在各村落内设有学校仓廪，须整理农地耕种，可干涉继承，对于族人的败行，则有裁判责任。各人之经济上的生存，全靠其属于氏族。个人的信用名义上亦即是氏族的信用。

氏族的崩坏，由于两种力所致：其一，是由于预言的宗教力。预言者不顾氏族关系，而自行建立他的教区。基督的话有云："你们不要想我来是叫地上太平，我来，并不叫地上太平，乃是叫地上动刀兵。因为我来叫人与父亲生疏，女儿与母亲生疏，媳妇与婆婆生疏。"(《马太福音》第十章第三四、三五节）。又谓："人到我这里来，若不爱我胜过爱自己的父母、妻子、儿女、兄弟、姊妹和自己的性命，就不能作我的门徒。"(《路加福音》第十四章第二六节）。此二语已经包含了预言者对于氏族制之态度。至中世纪时教会极力想破坏氏族的继承权，俾可由遗嘱委让土地，但还不仅如此而已。在犹太人方面，亦有某种的势力，发生与此同样的结果。迄至流浪期，氏族制度，尚属通行。但自流浪期以后，平民（plebejer）已加入氏族的记录，在以前氏族记录是为上等阶级的高门而设的。但此氏族的区分，仍重再消灭，或因其本来是军事的性质，故在脱离军事基础的犹太国家，即已失去其根蒂，只剩有一种以血统或个人的加入作基础的皈信团体之会员资格。使氏族破灭的第二个力，为国家的官僚政治。国家的官僚政治，古时在埃及新帝国时代已极发达，不见有氏族组织的痕迹，盖国家与氏族同时并存是不可能的。结果乃有男女间的地位平等及性的契约自由。子女以袭用母方的姓名为常。王权对于氏族的权力，视作为政治的竞争者，深致恐惧，因而助成官僚政治之发生。于是其发达的结果与中国全然不同。在中国，国家的权力，不足以打破氏族的权力。

E 家族共同体之演进

原始的家族共同体，不一定就是纯粹共产主义。极进步的专有制多已存在，甚至有对儿童的专有，此外如铁器纤维产物之专有。此外更有女子承袭女子以及男子承袭男子之特别继承权。绝对的父权为正常的状态，或者同时亦有其他的团体如图腾或母系氏族将绝对的父权削弱。

原始的家族共同体，倘为完全的共产主义，则差不多都是消费上的，而非专有上的共产主义。由此，可引出其他的种种进化，产生种种的结果。

小家族可发达成为大家族或者为自由的共同体形式，或者取支配的形态，为领主的家族，如领主或诸侯的Oikos。凡以经济的理由而发展工作之集中者，结果都有第一种的发达，第二种是由政治情形的结果。

在南斯拉夫人之间，由家族共同体发生出Zadruga，在阿尔卑（Alpen）地方，则有共同团体经济。无论在何种状况下，家族的首长皆由选择并且一般皆须监处。其中主要的条件，即生产方面的纯粹共产主义。故凡退出者，即放弃分享共同所有物的全部权利。但在其他的处所，例如中世纪之西西利（Sicily）与东方，家族共同体的组织并不以纯粹的共产主义为基础，而以份额为根据，因此之故，当一个人如果要退出，即可要求分划和取得属于他的一分。

领主家族发展之典型形式，是家长权制。视为家长权制之特征的，是处置财产之权完全属于一个人，即，只属于家长一人，对于家长，没有人能要求份额之盈虑清算，而且家长有绝对的终身的及继承的专制权。此种专制权力，支配着妻子、奴隶、家畜、劳动用具等，即《罗马法》上之所谓Familier pecuniaque；《罗马法》所表现者便是最完全的这类家族。家长所有的支配权，是绝对的，是从夫权（Manus）之下的妻或父权（Potestas）之下的子女的原则推演出来的。家长的权力，除了特定的仪节的限制外，操有妻的生杀和出卖之权，可将他子女出卖及出租。据巴比伦、罗马及古代日耳曼的法律，家长无论何时，可于其嫡出子之外，以他人之子为养子，给以与嫡出子完全相同的地位。奴婢与妻，妻与妾之间，所认养的子女和奴隶之间，并无何区别。认养的义子称为他们liberi；与奴隶间唯一可区别之特征，在于他们多一个成为家长的机会。简言之，这是一种纯粹的男系氏族制度。此制度多在牧畜经济的地方，而以个别对敌的骑士制形成军事阶级的地方，亦有此制，此外，亦有存于崇拜祖先的地方。但我们不可将祖先崇拜和死人崇拜视为一谈，仅有崇敬死者而并不崇拜祖先的，例如埃及。祖先崇拜毋宁包括着死人崇拜与氏族关系两重质素，例如中国和罗马，家长的支配权至今还没有绝灭者，实基于此。

原始形式的未曾经过改变的家长制的家族共同体，无论何处都已没有了，其所以崩溃的原因，则由于身份阶级的族内婚，因为高贵的氏族，只许其女儿与同等地位者结婚，故不能不使女儿比较奴婢有较为优越的地位。又女子若不成为劳动力——也是最先在上层阶级中出现的——则男子就不把女子视作劳动力而购买了。因此之故，想使其女儿得结婚的氏族，不能不给女儿准备能够维持与其身份相符的妆奁。这种身份的阶级原则之影响，确立了合法的一夫一妻制和家长权的父权的区别。附带有妆奁的结婚，成了正式的婚姻，女方的氏族即附有条件，规定新妇为一家主妇，只有她的子女可为继承者。开辟婚姻这种的演进的，绝不是基于男子的关心其财产之合法继承，像社会主义者的理论所主张的那样。因为男子得到合法的继承者，他可以有种种方法，倒是女子的关心于她子女之得继承，才是具决定的重要性的。但由是而绝对的必发生一夫一妻制，则亦未必，一般地说来，一夫多妻制尚继续存留，即主妇之外，更可有旁妻，她的子女只有有限的继承权，或者全然无之。

视为唯一结婚形式的一夫一妻制，就我们所知者，最先发生于罗马，由祖先崇拜之性质而将一夫一妻制加以仪式上之规定。一夫一妻制，总早已存在于希腊，但极不固定，罗马人则与之大异，加以严格的维持。后来基督教所传播的宗教势力，亦拥护一夫一妻制，以此为模范，犹太人至喀罗林时代以后，亦逐渐实行一夫一妻制。由合法的结婚，妾与完全的妻即相区别，但女子的氏族更进一步的保持女子的利益。在罗马方面，女子氏族成立自由婚姻，使女子于经济上及人格上完全由男子的支配上解放出来，无论何时，双方可提出解约，而且给予女子对于其所有物之自由处分权，惟同时在离婚的时候，她丧失其对于子女之任何权利。甚至查士丁尼（Justinian）也不能弃止这种制度。自妆奁婚姻出来的合法婚姻之演进，有一个长时间内，可在许多法律系统内有妆奁婚姻与无妆奁婚姻之区别中表显出来。例如埃及人及中世时代的犹太人。

第三节　领主财产制的成立

小家族可为家族共产体之出发点，但也可发展成所谓大规模的领主贵族。就它的经济方面观之，它主要的是农业所有制发展中之传导体，因而亦即为庄园制度（Grundherrschaft）之传导体。

成为上项发展之基础的财富之分化，有种种的根源：其一是酋长制度，无论其为氏族的或军事团体的酋长。酋长有权将土地所有分配于同人之间，由此传统上相连的地位，恒发生一种世袭的领主权力之专有。氏族对于这样世袭的荣位的敬仰，表现之于农地耕作及建筑时之助役以及赠贡，但由此遂发生了贡纳义务。军事酋长可由内部的分化或对外的征服，成为领主财产制之所有者，无论何处，他对于战利品，以及新获得的土地之分配，有权要求优先的份额。他的家臣，亦可同样的要求土地所有之优先的分与。此领主的所有地通常并不像普通分割的耕地那样分负应有的负担（例如古代日耳曼的经济制度），相反，而是由后者之所有者的助役以耕种的土地。

经因逐渐进步的军事技术以及防御质量的进步而发生的职业武士阶级之出现，更发展了内部的分化。除非经济上为独立，一个人是不能得到那样的军事训练和武装设备的。于是就发生了阶级的分化。一方面因为具有训练和设备，所以能够服军役和武装自己，另一方面因不能做到这一点，因而就不能维持其自由人的完全地位。农耕技术的进步也和军事技术的发达趋于同一方向。其结果则普通的农民，愈益专务于经济的职务。自行武装起来而且经过军事训练的上层阶级，因其战斗的活动积蓄其所有的战利品，反之没有战斗力量的人，则强制的，或自动的（例如用赎免金）须服务或纳贡，因此更发生了一层分化。

内部分化之第二道路，是把敌人征服而令其隶属。在最初，被征服的人一概加以杀戮，有时且举行食人的圣餐式。至将其视作劳动力而利用之，把他们降成一种隶属阶级，这是后来逐渐发达而来之事。因之就发生农奴领主的阶级，他们因为拥有奴隶，可以开垦及耕种土地，那是非普通自由民所不能做的。奴隶阶级或隶属阶级，可以属于全团体，用于土地之集产的经营，作公共的利用，例如斯巴达的佃奴（Helote），或者，亦可个人的利用之，将他们分给各个奴隶主，为他们个人的土地而经营。后一种的发展成立了一种根据于征服的贵族阶级。

除征服与内部分化之外，没有武器的人，亦可自愿的将身投靠于有武装者的支配之下。他们为非战斗员，须有人保护，所以他们须公认一领主为Patronus（主人，在罗马方面）或Senior〔密罗维琪（Merowinger）王朝治下的佛兰克人方面者〕，如此，他就可要求在法庭派代表的权利，例如在佛兰克国内可有一代辩者于裁判时作抗辩，或以领主的证人代替氏族族人之证言的帮助。他们对此须报以服务或纳贡，但其重要性，并不在于其经济的利用。他们只在不失为自由人之面目的范围内才为主人服务，尤其是军事的服役。例如当罗马共和国之末期，各元老院的家族，曾用上面的方法，召集多数的隶属者及隶属的佃农对抗凯撒。

发生领主财产制之第四种形态，是庄园领主的土地拓植。有许多人和役兽供使役的首长，自然与普通的农民不同，可进行大规模的开垦。但开垦的地，根本上属于开垦者，只要他继续耕种。因此支配人的劳动力之分化，在其通行的处所，直接、间接对于领主阶级之土地取得方面，给与有利的结果〔这样的较优的经济地位之利用，其实例，见罗马贵族的使行"公地"（agor publicus）方面之占有权。〕

已经开辟的庄园领地，大都以租借法用之。此种租借，出租于如手工业者等外国人——于是就在国王或酋长的保护之下——或者租给贫穷者。就贫穷人而言，尤其在游牧民族方面，并有家畜之租借；但就一般而论，多为在纳贡和服务义务之下，居住于领主土地的方式，即所谓隶属佃农制。在东方、意大利、高卢人以及日耳曼人中都可见之。货币及谷物之租借，亦多成为集积人口及土地之手段，因而隶属佃农和奴隶之外尤其在古代的经济下，尚有负债奴隶，即 Nexi 亦曾占过重要的职务。

从氏族关系所产生的各种隶属关系之形式，常与基于领主权力之隶属关系的形式相混合。在领主保护之下的无土地者或外来者方面看来，所谓氏族所属关系已经不成为问题。所以氏族同人、共产体同人、部落同人的区别，在一种单纯的封建的隶属关系之范畴下消灭了。

成立领主财产制之第五个根源，是魔术的职业。好多酋长并不是由军事的指挥者产生的，而是由巫师出身的。魔术师以对某种物象加以咒语，这样一来它就成了神圣的禁制（taboo），任何人不得冒渎。魔术的贵族即可因此而创成僧侣的财产制；当诸侯兼为僧侣时，尤其是在南太平洋诸岛方面，他们恒以此神圣的概念，保障其个人的所有。

使领主财产制得以成立之第六可能性，是商业。对外的商业，起初都在酋长的掌握中，在最初他必须为全部落人谋取利益。他征收税收，作为一种他个人收入之来源。这种税收原为他对于其他部落商人所给与保护之偿金，关税收入外，他并可收取给与市场特许或保护市场交易之报酬。后来他往往转而自营商业，排除村落、部落及氏族的同人，将自营的商业变为他独占的事业。由此，他可以租借的手段，将自己的部落同人变成为负债奴隶，更进而作土地之兼并。

酋长商业，可以用二种方法经营：其一是商业统制，因而独占地操于酋长一人之手，其二则各酋长造成一个商业地区，一起居住。在后者的状况下，即有都市发生，其中有经营商业的贵族，其地位基于交易营利之财富积聚上。第一种状况多见于黑人种族间，如在喀满仑（Kamerun）的沿岸者就是如此。在古代的埃及，商业的独占化，典型地操于个人之手，古代埃及王之大权力的地位，大部分建立于他们个人商业独占的基础之上。息伦尼加（Kyrene）的诸国王，及其后中世纪的封建制度，也可见同样的状况。第二种情形即都市的领主阶级之发生，是古代及中世初期之特有的类型。在热内亚（Genoa）及威尼斯（Venedig）方面，只有一起住在那处的豪家是完全市民。他们自己不从事商业，全以各种形式信用把金融流通于商人。其结果则其他的阶级，尤其是农民，对都市的贵族都负有债务。这样，与军事诸侯的庄园，同时发生古代之都市贵族的庄园。所以古代之特征，在于沿海岸的都市之集合及从事商业的大地主贵族，迄至希腊时代，古代文化尚是沿岸文化。此时代的都市，无论哪个，都在离岸约有一日行程之内地，反之，在内地，则有庄园的酋长，与其臣属们过生活。

领主财产制，亦可以国家的租税与服役制为其财政的根柢，在这个项目之下行二种可能性：其一，诸侯之集权的个人经营，行政经营手段与行政官吏分离，因此之故，诸侯以外，无论何人都不能专有政治的权力。其次则为行政之阶级组织，其家臣租税承办人，或官吏之经营，与诸侯的自己经营相并行，惟占次要的地位，诸侯将其土地委让于此等人，即由其担负一切的行政费用，国家之政治的及社会的组织，即随之而表现不同的形态。至于何者能实现，此则主要由经济关系所决定。关于此一点东方和西方是完全不同的，东方（中国、小亚细亚、埃及）的经济，与水政有关的农业占优势，而由开垦而成立拓殖的西方，则森林文化有决定的意义。

东方的水利文化，系从不使用家畜的原始耨耕文化直接发生。与此并行的园圃文化则由大河流引水而成，如米索波塔米亚（Mesopotamien）[1]之幼发拉底（Euphrat）河及底格里（Tigris）河以及埃及的尼罗（Nil）河。水利及其统制，须以有组织的计划经济为前提，近东方面之大规模的王室经济，即由此计划经济发生，古代的底比斯（Theben）新帝国，可以作为特征。古代阿述[2]及巴比伦诸国王之战事——他们率领了起源于男子集合所的从者，——其主要目的，即在获得开凿运河及垦辟荒地的人力。当此之时，国王掌握水利的统制，但为运行起见，因此，即须有一种有组织的官级制度。埃及与米索波塔米亚的耕种及治水之官级政治，为世界上之最古的职官，其成立之基础因之是出于经济的；在它的历史上迄为国王本人经济经营之一附属物而已。官吏个人，都是国王的奴隶，或隶属者，兵士亦是如此，而为防止其逃亡起见往往加以烙印。国王的租税经济，是根据于以物交付，在埃及方面国王即将此项自然物税纳收集在仓廪内，以此支给官吏与劳动者。故自然物岁入，系官吏薪俸之最古的形态。此制度的结果，就大体而论，遂使地方人口，全隶属于诸侯。此项隶属，使所有的臣民，都有徭役义务，使村落对于被课赋的一切报效有连带责任，最后更由此形成普托勒米朝时代之所谓 ιδια 原则。在这种原则之下，凡农民不单与其土地不能分离，而且与其村落亦不能分，倘若

---

[1] 米索波塔米亚，今作美索不达米亚。——编者
[2] 阿述，今作亚述。——编者

他不能证其 ιδια 时实际上即成为法外之人。此种制度，不仅行于埃及，即米索波塔米亚与日本，亦曾通行过，日本从七世纪至十世纪时，曾行过人口分田制度。无论在何种状况下，当时之农民地位，正与俄罗斯的密尔的分子相类似。

由臣民之徭役义务，渐次发生了以诸侯为中心之货币经济。其发达的过程，亦有种种。有由诸侯自己生产和经商的个人经济，亦有诸侯将隶属于自己的劳动力，不特为供给自己的需要而用于生产，且更用于以贩卖为目的的生产方面。后者在埃及与巴比伦方面，均可见之。商业以及为市场的工业生产，于此变成为大家族之副业，家族和营利经营，完全不分，此即罗般脱斯（Rodbertus）所称的"家族经济"的经济形态。

家族经济复可为种种组织可能性之出发点：其一，是埃及的谷物汇兑银行制度之成立。埃及王于全国都有谷仓，农民不单将应贡纳的物品，且将其所有的生产物均送到谷仓，收取一种支票，可以作货币使用。第二的可能性，是诸侯的货币租税之成立，于此，自然货币制度必先已渗入于全部私经济之内，并已有相当发达的生产，以及国内有商业之市场作为前提。普托勒米朝的埃及即具备着所有这种条件。由当时的行政技术之发展情形来看，可知这种制度在预算的编立上必发生许多的困难。于是统治者，大都把计算的危险，用下列三种方法之一转嫁于他人：他或者使投机者，或官吏承办租税征收之事，或把租税征收，直接交给兵士，即以此租税支付给养，有时或亦把租税征收交给庄园领主。租税征收之交与私人之手，那是缺乏可资信赖的国家租税设施之结果，而设施之所以缺如者，又可推因于官吏道德上之不可信赖。

使投机者承办租税征收之制度，在印度亦已大规模的通行。每一位这种 Zaminder 都有转变成为庄园领主的倾向。同时，新兵补充，亦委之于一种称为 Jagridar 的承办者，他须得缴纳特定的数额，此种数额自何得来是不成问题的；所以他和前者同样的亦努力于变成为大的土地所有者。他们与封建贵族类似，他对上对下，都是完全独立的，亦有补充新兵义务的，与窝楞斯泰因（Wallenstein）所占的地位相似。凡使官吏专有租税征收权之时，统治者必与他们先商定其确定的总额，倘有盈余即为该项官吏的所得，行政人员费用亦由他们支付。中国旧时的官吏行政制度（后来在趋向于采行近世租税政策的过渡期间，统计所示，人口好似急激的增加，那都是从来的官吏，故意把人口减少填报之故），及古代东方之权臣制度，都是如此。以诸侯为中心的货币经济之第三个可能性，是将租税征收委让于军队。此种制度，大概是在国家财政破产，诸侯不能发给军队给养时所发生。第十世纪以来土耳其佣兵支配下的回教国内情况之变动，即由于施行此种制度所致。因中央政府，不得不将租税让给军队之故，故佣兵变成了一种军事贵族。

将收取货币及补充新兵的政治职务委托于包办者、官吏及军队，这三个形式，是东方的封建制度之根底，此制度，因国家之技术上的腐败，无法用自己的官吏征税，因而使货币经济趋于衰颓所产生的结果。其结果，发生合理化的农业共产制，农民团体对于租税承办人、官吏或军队，负有连带责任，更发生农地共有制及对于土地之义务。东方与西方全然相反之点且最为明确表现者，即东方没有领地经济（Fronhofwirtschaft），但代之以纳贡诛求。又因农民以实物纳税，故当兑换货币时，稍有一点障碍，则倒向自然经济的愿望，立刻就会发生出来。因此之故，东方的国家制度，骤视之虽似已臻高度发达的文化，但极容易倒向纯粹的自然经济之状态。

诸侯岁入之收取，其第四种形式，亦即最后的形式，为委之于酋长或庄园领主。因之诸侯，可减省自己的行政设施。他把租税额之供给，转责之已有的私性质之权力机关，往往连新兵补充之事亦如是。罗马帝政时代，沿岸文化，输入内地，由主要的海港都市团结而成的帝国，成为内地国家的时候，罗马的状况，便是这样。那时内地只有自然经济的庄园，而不知货币的使用。后来其领域内，采行租税征收和新兵补充了，由是大土地所有者，直至查士丁尼时代，成为支配的阶级。大土地所有者，可由其所支配隶属的人民，征收租税，而同时皇帝的官僚政治的发展，并未曾与他国家版图的扩张相应。由行政技术以观察此种状态，则其特征在于 Municipia（自由都市）与 Territoria（封建地区），同时并存，庄园领主为封建地区的首长，租税及新兵补充由他对国家负责任。西方的隶属佃农制，即从这种情形中发展而出，但东方的隶属佃农制，则与 ιδια 同样的古了。在戴克里先（Diokletiou）皇帝统治之下，这个基本的原则大体上广及于全国，即，各人须隶属于一个租税管区，不许任意脱退此区。管区的首领，大都是庄园领主，盖因文化及国家之中心点，已由沿岸地而渐进入内地之故。

    前面的发展中之特殊的一例，为殖民的领主财产制之成立。获得殖民之原来的用意，本为纯粹财政性质的，即殖民的资本主义。征服者的目的在金钱的榨取，这种目的是由责成隶属的土人负责供纳货币的租税出产物，尤其是殖民地的特产品及香料等，来满足的。在此种状况下，国家常把殖民地之榨取，委托于一个商业公司，例如英国东印度公司与荷兰东印度公司便是。因酋长已成为连带责任之担当者，故他们便变为庄园领主，本为自由的农民，则成为他们的固着于土地的隶属者了。于是对土地的义务，耕地共有制，以及土地重新分割之权利义务，一起都发生了。殖民的领主财产制的发展还有一种形式，是将领主所有地，分给各人。此中的典型者，是西班牙领南美方面之 Encomicuda。它为一种封建的授予，有使印第安人担负强制的纳税或徭役之权。此种形态，直至十九世纪的初期，尚继续存在。

在东方国家因根据于收入和对于货币经济的关系，故有将政治特权委托于个人的制度，但反之在西方（日本亦然），则有封建制度的生产经济，由封地授与而产生领主财产制。封建制度之普通的目的，在将土地所有及领主权，赐给那些愿执家臣劳役的人，由之以创设骑士队。于此有两种形态：其一是将领主权力作为终身禄赐予之，或者是将领主权力作为封土赐予之。终身禄的封邑制度，其可为典型者，是土耳其的封邑制度。此项制度在原则上，个人所有，只限于一代，而非永久的，而且视其战时效劳的情形才赐予的。封土的价值，视其出产的多寡而定，并且与授者的地位、门第及军事的功绩相称。封土既不是世袭的，故封邑担当者的儿子，除非他有一定的军事功绩，不得加以继承。如古代土耳其政府（Hohe Pforte）实为一种最高封领机关，规制一切大小的事务，与佛兰克人的家族司事相同。原始的日本之制度，亦类于此。日本自十世纪以来，已由口分田制度转向终身禄的封邑制度。天皇的臣属及大将军，令其幕府官厅，根据米的收获量估计土地，作为终身禄赐封其臣下的诸侯，诸侯则更以之赐予其左右称为"武士"的官员。其后封邑之继承即渐以成立，不过无论如何，因存有诸侯与将军间主从关系之遗制，故将军对于诸侯的行政，仍得继续管辖，诸侯亦仍监督其臣下武士的行政。

俄罗斯的封邑制度，与欧洲的相似。在俄罗斯方面，必须对于皇帝有一定的奉公义务，并负担租税义务，才能赐封土（pomjestje）。封邑之所有者，须有官吏或军官的职位，此种规例，至喀萨林二世（Katharina Ⅱ）才开始废止。彼得（Peter）大帝的租税制度变更，由土地税变为人头税后，其结果使所领地之所有者，须按照定期的人口调查时，居住于该土地上的人口数，以负担纳税义务。此种制度，对于农业制所发生的结果已于上面述过。

不仅日本而已，即中世纪的西方亦为使最纯粹的封建制度得以发达之地。后期罗马帝国的状态以及庄园制度，早已显示半封建状态，为西方的封建制度开一先路。日耳曼的酋长权利，曾与此种封建制度相混合，凡开垦、征服——有功的家臣得封与土地——以及多数人的投靠（变成为无产者的人民，以及战术发达后不得自行武装的农民，不得不将其身投靠于经济上为有力者的庇护之下），都使庄园制度的范围及其重要性非常的增加起来。此外，委让给教会的土地，亦日以增加。但阿剌伯人之侵入，以及成立佛兰克马队以抵抗回教徒骑兵的必要，实具决定的意义。马退尔（Karl Martell）曾将教会的资产大规模的没收，作为采地（beneficia）而分封以获得有训练的骑兵，他们必须自行设备成为有坚实武装的骑士。最后，除土地之外，发生了以国家的官职与权利作分封的惯例。

第四节　庄园制度

领主财产制，特别是西方的庄园制度之内部的发展，最先是为政治的及身份阶级的关系所决定的。领主权力，包括三部分：即土地所有（庄园领主的权力）、人的所有（奴隶制）、政治权力之专有（由篡夺或封予），后者尤其是司法权之专有，它对于西方之发展，成为一种最重要的势力。

领主随时随地都想对于国家权力获得不受制裁的"特免权"（immunitas）。诸侯的官员，想踏入领主的管区内，亦每被禁止。即经他许可入境，但如欲于其区内行使官厅的权利（例如征收租税招募兵士时），亦须依赖他的帮助方可。此种特免权，除了上述的消极方面而外，还有积极的方面。此即是，至少有权利之一部，不能由官吏来直接行使，而须让给此拥有特免权的领主，成为他行使的特权。此种形态的特免权，不单见于佛兰克国而已，即在巴比伦，古代埃及及罗马国家内，亦已存在。于此，有极重要的意义者，为司法权专有之问题。庄园及奴隶的所有者，随处都想获得此种权力。司法权的专有，在回教国内，他没有成功；在此处，公共政府的司法权力尚完整无损。反之，西方的庄园领主，则会由其努力获得极大的成效。在西方，领主对于其所有的奴隶，原有无限制的裁判权，而自由民则只受公众法庭的裁判。隶属者方面，关于刑事上的诉讼，亦以公众法庭为最后的判决，不过领主之参与，早已成为例行之事。自由民和不自由民间的此种区别，经过相当的时日后，因领主权力对奴隶渐弱，对自由民渐强，故就消灭了。从十世纪至十三世纪时，关于奴隶的事件，公众法庭屡次加以保护的干涉。关于刑事上的事情，奴隶常受公众法庭的裁判。尤其是从十世纪至十二世纪时，奴隶的地位，就一般而言，实不绝的向上。自大征服时期告结后，奴隶买卖亦日渐丧落，奴隶市场亦不易支持。但同时，因清除森林的工作，结果使奴隶的需要，有非常增加。因之，庄园领主为获得和保有奴隶起见，必须将奴隶的生活状况，不断的改良。且他与古代罗马的所有者（Possesor）不同，他原来是一位战士而非农业经营者，故欲监督其奴隶常感困难，因此之故，奴隶的地位，亦为之改善。另一方面，领主对于自由民之权力，因战事技术的变更却益为强大，本来限于家族（famila）的领主之家族权，竟扩张到庄园之全管区。

与自由民和不自由民间之区别相当者，为自由的与不自由的贷借关系间之区别。属于此项者，为 Precaria 与 beneficium。

Prekarie 为各身份阶级的自由民，以请愿书成立的贷借关系。此种关系，原系随时可通知解约的，不过不久便变为每五年间可以更改一次，而事实上，却成为终生的契约，甚至大都成为世袭的契约了。beneficium 本为对于任意性质的效劳之贷借，但在某项情况下，则为对于贡税的贷借。后来就分化为二者：其一是有封土效劳义务的自由臣属之 beneficium，其他则为担任所领地圃舍之劳役的自由民之 beneficium。除此项自由的贷借关系外，尚有一种土地移民贷借。于此，领主征收一定的租金，将土地给人开垦，或当作世袭的所有地授与之，即所谓免役税（Erbzins）。其后都会方面，亦输入了此种制度。

这三种贷借形式，均系对于村落自治体（Gutsverlband）外的土地者。与此不同的，有庄园田产（Fronbof）及其所属地，查尔曼（Karl）大帝的 capitulare de villis，即为其明白的实例。在庄园田产的内部，领主的土地——其中有直接由领主的职属来经营的 terra solica，以及自由农村中之领主圃舍的 terra indonminicata 两者——与农民的所有地相区别，农民的所有地又分为二：即附有无限定的劳役之 mansi serviles 以及有限制的劳役之 mansi ingenniles，其分别在于用手或用家畜的劳役，须通年供给，或只于收获及农地耕种时供给之。王领地之自然物贡纳，与一切的进贡物——若是王领，则其领地名为 fiscus——均贮藏于仓廪内，先供给军用及宫廷之用，其多余者，则付诸贩卖。

自由民和不自由民间关系之显著的转移，由于庄园领主与法官各各形成独立的权力范围所使然。最初的这种状况的障碍，为庄园的散处状态，例如服尔达（Fulda）的僧院，曾有一千个分散在各处的圃舍。执司法和所有权的人，自中世纪初期开始，即努力于巩固其管辖区域。其一部分，是成于所谓实质的隶属关系之发达，若借户不能服从个人亲自的宗主关系，则领主即不肯将一定的地面租与之。他方面，因为在权力范围及领主的圃舍之内部，自由民和不自由民同有，故即有所谓庄园法发达起来，迄至十三世纪时，庄园法的发展到了登峰造极之境。领主本来只能对其家族中不自由的家族同人行使裁判权，在家族之外，必须得国王之许可，乃能于他"特免权"所及之地行使司法权，但在其庄园内，则有各种身份的人，这些人所服的劳役相若。在此种情形下，自由民能强使领主与其臣属合组成庄园法庭，其隶属的人民，在法庭中担任陪席裁制员之职，于是，领主就丧失了对于其臣民的义务之绝对自由的处分权，而此种义务乃成为传统化（此与德意志革命之际，为士兵设置的士兵顾问，系在对抗士官者，正相类似）。他方面，自十世纪至十二世纪时，产生这样一个原则，仅仅土地的给与，在法律上（ipso jure）受地者即须受领主司法权力的支配。

此项发展的结果，一方面，臣民不自由之度已轻减，但同时他方面，其自由之处亦减低。所谓自由之处减低者，在政治上由于领主的司法权力，以及与经济相关连的自由民武备力之丧失；至于不自由的轻减，则因为开垦森林，极需要农民，以及（在德意志方面）由于向东方的殖民所致。两者均对于不自由民，予以脱离领主权力束缚之可能，且使领主自行竞争给予不自由民以较为有利的生活条件。加之奴隶买卖禁止后，奴隶无从购买，故不能不对已有的不自由民，恳切看待。臣民的地位之向上，亦为同方向的领主政治要求所促进。领主是职业的战士，而非为农业经营者，故本身实不能有效率的经营农业。他既不能把增减无常的收入来编制预算，故不能不转而向其臣民确定一种可以为后来凭借的收入额，因此，遂不得不使臣民处于契约的基础之上。

这样，中世的农民阶级，经领主权力和庄园法所结合，同时其内部起显然的分化。除此隶属的阶级而外，尚有在领主地产村落自治体之外，据有自由的世袭租借地之自由农民，后来即成为自由的所有者，他们只须缴纳免役税，领主对他们亦无司法的权力。他们从来没有完全消灭，但就多量的聚集而言，亦不过偶见于若干处所。例如封建主义从未发达过的挪威（Norwegen），他们被称为"自由农民"（Odalbaurn），以别于没有土地、没有自由的，及隶属于自由民之人民。

北海的沼泽地段，佛里斯兰（Friesland）和狄脱玛虚（Ditmarschen）、阿尔卑山（Alpen）之某部分，推罗尔（Tirol）、瑞士以及英国，亦均有之。此外，还有俄罗斯之许多地方，有屯田农兵（Panzerbaner），他们是田地的所有者；他们之外加上拥有小农地位的农兵阶级，即哥萨克（Kosak）是。

封邑制度发达之结果，使国主于实行租税征收时，贵族们可免除租税，而无拳无勇之农民，则有缴纳租贡义务。为提高国家之武备力起见，法国之封建法，规定 nulle terre sans seigneur（没有领主的土地）的原则。[1] 此原则之用意，本想增加可资分封的封地，以保障军事力量；德意志之国王，每将土地分给之时，必须重行强制规定封建关系者，实亦出于与上面同一的理由。贡税义务上之此种分化，成为使国主保持农民土地之出发点。国主之不欲农民土地被夺取，因为这样一来，课税地将渐次因而减少。因此国主进而施行保护农民的制度，禁止贵族们夺取农民土地。在经济上，就发生了如下的结果：（一）庄园领主的大家族和农民的小家族，同时并存。农民的负担，本来完全为侍奉领主自身的需要，因而即为传统所固定。故农民除自身的生计与纳税义务而外，绝不想由土地多得些收益，超出其必要以上者。而在庄园领主方面，他既非为市场贩卖而生产，故亦不想增加租贡。庄园领主的生活方式，与农民的生活方式实在也没有多大的差。所以"领主的胃壁，是对于农民的榨取之限度"〔马克思（K.Max）〕。至于农民之传统上所强制的贡献，则为庄园法和利益的一致所保护；（二）国家因租税征收上之利害而维持农民后，法律家，尤其是在法国者，亦起而加以干涉了。罗马法并不像普通人所设想的那样使古代日耳曼之农民法律趋于崩溃，事实上适得其反，却正是利于农民而反对贵族的；

---

[1] 见马克斯·韦伯《经济与社会》（第一卷）。——编者

（三）农民对于土地，有不可分离的义务。其中有因个人的效忠而起者，或因领主须对农民的租税负责任所致。但此种义务，渐次却被贵族们所利用。农民如欲脱离自治体，他必须放弃其所有土地，并且找到他的替身；（四）农民对于土地所有的权利，变成了非常的分化。在不自由的农民方面，当其死亡时，领主普通有收回其土地之权。倘没有多余的农民，因而不能希望利用其所收回的土地时，领主至少就要征收死亡税和遗产税等等。自由民亦有两种：或是佃农，随时可将契约解除，或为世袭的租借民，则不得任意解除契约。两者之法律关系，亦均明白；不过国家的权力，屡加干涉，且禁止解除之通告（所谓租佃权）。本来为自由民，其后成为领主之从属者，自为领主所束缚，反之，领主亦与从属者相联系。领主不得将自由农民（Lassite）简单的解约，早自萨泽森斯必格尔（Sachsenspiegel）那个时候以来，他对于自由农民，就必须用金钱付以一小注资本；（五）领主往往把共同马克体及牧场，都兼并为自己的产业。开始时，酋长本是马克体的首领。由领主之统治权，经过中世纪时代，渐发展出对于马克体牧场和村落牧场之封建专有权。十六世纪之日耳曼农民战争，主要的是反对此种夺取的，并非由租贡之高所致。农民要求自由草地及自由森林，但因为土地已过少势不能给予，结果遂有成为祸害的滥伐森林的结果，例如在西西利；（六）庄园领主握取了许多的特权，例如磨粉特权、酿酒特权、面包制造特权是。此等独占权，最初并不由于何等的强制，盖因其时只有庄园领主，才有力量可设施磨臼和其他的设备。到了后来，对于其使用上，始渐行压迫的强制。此外，关于渔猎和运送业务等，领主亦有许多的特权。此等权利，发生于对酋长（其后对裁判领主）之义务，用于经济上之目的。

领主之利用隶属的农民，其方式都非将农民作为劳动力，而系将其当作地租支付者，此曾遍行于全世界，不过其中亦有两个例外。此两个例外,当于下面第六节"庄园内部之资本主义的发展"中讨论之。这种利用方法的理由有种种:第一,是领主的传统主义。此即是,把农民当作劳动力来使用时,必须先建设自己的经济大经营,但领主没有这样的魄力。第二,当骑兵为军队之中心时,领主即为其主从的义务关系不得不受拘束,农民亦不得避免战争,且领主没有自己的流动资本,宁将实际经营的损失之危险通道转嫁于农民为便。此外还有一种理由,即在欧洲方面领主有因庄园法而受拘束者。但在亚洲方面,领主为市场贩卖而生产时,农民已不能期有充分的保护,因为那里全无类似罗马法的法则,在亚洲方面,也未曾发展过赋役农场。

领主可用如下的方法,以得地租:一是贡纳,即自由民须出资财,奴隶须出人力。二是所有权变更时之取费,领主在农民财产转行买卖所取。三是继承税及结婚许可费,此即是,领主将土地遗产移交继承人时,或许可农民的女儿出嫁于他司法区外或农奴管区外人时,即可征收此项税。四是领主的特权,以森林税、牧地税等征收之,例如森林中豚的食粮之捐役便是。五是将运输及道路桥梁之建筑费,转课于农民,此为间接的方法。此等捐税与负担,本为 Villikation 制度(庄园制度)下所有者,在西德南德及法国方面,实为庄园制度之模范,而且可说是一般庄园制之最古形态。但此制度,是以分散的庄园制度为前提。此即是,领主于散在各处的所有地,各设庄司(Vullicus)一人,此庄司对于居在其邻近隶属于领主的农民,征收实物捐税及货币捐税,且监督农民令其遵守义务。

第五节　资本主义侵入以前欧洲各国的农民状况

法兰西　开始时,奴隶和半自由民,一起并存,奴隶中有为 Serfs de Corps 者,此种奴隶有无限制的劳役义务,除杀害以外,其他一切的权利，都操在其上面的领主之掌握中。又有所谓 Sarfs de Mainmorte 者，其劳役义务有限制，有退出的权利；但领主可于奴隶死亡或土地移转时，收回该项土地之权。半自由农民，即 villains，有土地转让之权，只供给一定的劳役或租贡，这表示过去他们原是自由的。此种关系，因下面两种情形，起了显然的变化：第一，是因原有的农奴，早在十二、十三世纪曾经大批的解放出来，故其人数，已显然减少。此种解放与货币经济的发展同时发生，且与之有关。领主的利己心，亦要求此种解放，盖由自由的农民，可以肩起更沉重的负担。其他一原因，是农民团结之发生。村落自治体，已成为对于领主地租负连带责任的团体，其所得的代价是领主将完全的自治权，付与村落自治体，而此种自治权，亦受国王的保护。此于两方均有利益。在领主方面，以后他可以单单与一位债户开谈判了，在农民方面，则他们的力量因此增加了许多。农民的组织且为三级会议（Estates General）召集参加。贵族尤欢迎此种变革，且与当时普鲁士的 Junker（农村贵族）不同，他们愈成为宫廷贵族时，即成为远离土地的收利生活者（rentiers）时，愈是如此，他们与劳动组织亦无何等关系了。因此之故，仅仅一夜的革命，已可将其摈出于国家的经济组织之外。

意大利 此处之原始的农业制，因都市市民的购买土地，或乘政治上的纷乱，夺取土地所有者之专有，故早已完全改变。意大利的都市，很早就废止个人的奴役，限定农民的劳役及租贡，且曾采用分益耕种，不过开始时非出于资本主义的意图，而是为自己的需要。所谓分益佃农者，即各人有供给种类不同的生产物之义务，以适应都市贵族之消费的需要。流动资本经常由市民所供给，但他们并不想以他们的财富作资本主义农业的经营。分益佃农制实为意大利及法兰西南部与其他的欧洲诸国所不同之处。

德意志　德意志之西南部、西北部及法国北部的邻境方面，在前章之末已经说过，曾为庄园制度之重要区域。以此作为起点，西南部和西北部之农业制，即向完全不同的方向发展。在德意志的西南部，庄园制趋于崩坏，领主对于土地及要求农民效忠本人的权利，即变为单纯的地租权，只于农民土地继承的状况下，有比较上为极少的徭役和租贡存在，可视为旧制的遗物。因此之故，莱因地方或德意志西南部之农民，事实上有处分的自由，可以买卖及传袭其土地财产。其所以能如是者，盖因在此等地方，庄园法已发展为最大的权力，而且庄园散处在各地之故。一个村落中，往往有许多的领主。庄园支配、农奴支配，家臣关系不在一人的掌中，因此农民可巧为操纵，联此排彼。庄园领主于德意志西部及西南部所有的唯一成就，是把共有马克体之大部分，以及一小部分的牧地兼并为己有。在德意志西北部，庄园制，已被庄园领主破坏无遗。领主们看到了生产物之可贩卖后，对于收入的增加及保障适于市场生产的农民财产，即非常重视。故在萨泽森斯必格尔的时代甚至以前，已实行过大批的佃奴（laten）的解放。渐次成为自由的土地，多租给称谓meier的自由的年期佃农，其所有地以国家权力之助，变成为可以继承，国家权力，对于他们并特予保护，不许有意外的租金增加。如果庄园领主想将佃农解约时，国家即强制他找到另一位替代的农民，俾国家租税收入，不至减少。庄园领主深知大规模的庄园经营，较为有利，其结果所至，领主遂强制一个继承人来继承，制定不分割继承权。佃农所交纳的租税，大都是实物租税。徭役的义务，通常都代以金钱的租税。在卫斯特法楞的若干地方，农奴支配虽仍存在，但只能于死亡时，庄园领主收受其遗产之一部。在东南方面如巴威略（Bayern），上帕拉替内特（Oberpfalg）及符腾堡南部，农民的所有权，多仍不固定。世袭的所有权（Erbstift）与限于一代的所有权（Leibgeding）间，受保护的租地（Schutzlehen）与无限制租地（Vollehen）间，是有差别的。后者只限于一代为止，许领主于领民死亡之际，增加租税，或将其土地租给他人。故领主多要求不分割继承权。租税为什一税及所有权变更时之纳费。其多寡之数，则视土地是否可继承而定。徭役是非常少的。农奴制直至十八世纪时代，虽尚一般的通行。但此不过为对于农奴领主尚略有贡纳义务而已，而且农奴领主与庄园领主，多不是同一人。在德意志东部，直至十六世纪时代，农民之在法律上的地位，尚是一种极理想的。农民的耕地仅纳免役税，不担任何等的徭役，而且有人格的自由。比较上为大量的土地，多为贵族阶级所占，他们自始即授有大的所有地，在一村之内，他往往拥有三四块或更多的大所有地。司法权和庄园支配权，多为同一人所有。此种特质，使后来之强制农民担任徭役，以及由贵族自己经营的大所有地产生大经营，都成为容易的事了。

英国 英国方面，有为佃奴性质的粗农（Villains in gross）及技术上所占地位较高的细农（Villains regardant）两种。他们虽全然与土地相密结，但为公众法庭的分子。他们有强有力的庄园法，故领主想压迫农民或增加贡纳，都感着困难。庄园支配权和裁判支配权相一致，当为诺曼人征服之际，好多兼两种支配权的管区，都封给其臣下。但与庄园领主相对立者，有强大的国家权力，且英国国王对于王家裁判所及其有学识的法律家，操有强大的权力，故能超出于庄园领主之上，保护农民。

第六节　庄园制度之资本主义的发展

庄园制度原受军事原因之影响而发生，开始时，其主旨在利用隶属的土地及劳动力，使领主能够存在，但此中已胚胎着向资本主义发展的有力趋势。此种趋势于大规模耕作地制及所领地经济之二种形态中表现出来。

A 大规模耕作地制

大规模耕作地制系以强制劳动来经营者，此种经营，专为贩卖而劳动，所生产者为园圃生产物。大凡在征服的地方，征服者成为领主阶级，同时有精耕的可能者，都可有此种经济发生。它是殖民地的一种特征。其近世的生产物，是甘蔗、烟草、咖啡、棉花等，古代则为葡萄酒及油。试考察其发达的过程，大抵最初多为半栽耕作地制。在此种状况下，只有贩卖是统制而集中于一手。反之，生产则以强制劳动，委于各个的不自由劳动者，由村落自治体对于殖民公司，即半耕作地之所有者，负有连带责任，而且附有对于土地的义务及租贡义务。此种状态，在南美方面，一直延至十九世纪初期之革命开始时，在新英格兰诸州，直延至脱离祖国时。

完全耕作地制，世界上各处皆有。其表现为模范的古典的形态者，则有二度：其一，是古代迦太基、罗马的耕作地，其二，是十九世纪时，合众国南部诸州之黑人的耕作地。完全的耕作地制，系用已受训练的不自由劳动来工作的。此与庄园经济者不同，在这种庄园经济之下，领地经营与农民各自的小经营，同时并存，反之在耕作地制之下，只有集居在一处的奴群。此种经营法之主要的困难点，在于劳动之补充。劳动者没有家庭，所以自己没有产生后继者之可能。如是，耕作地制不能不有赖于掠取奴隶，或以战争之形式为之，或由非洲那样的大的奴隶地域，以奴隶买卖为目的，作定期的掠夺。古代之耕作地制，创于迦太基，马哥（Mago）曾把那里的情形详加描写过，在罗马的文献中，迦图（Cato）、梵禄（Varro）、哥伦密拉（Columella）亦曾叙述过。此制之先决条件，须随时都可在市场上买得奴隶。罗马的耕作地之生产物，是油和葡萄酒。在耕作地上，可以见到自由的小佃农（Coloni）与奴隶（Servi），同时并存。小佃农以领主所供给的各种用具，耕种谷物农地，因此他们为一种劳动者阶级，而非为现代意义上的农民阶级。奴隶不许结婚，亦没有财产，一起被安置在一种有寝室、疗养所及拘留所的营场中，以防逃逸。他们朝晨须经过点名，出去劳动时及回来，须排列队伍行走，穿衣及脱衣都有定处，故在严格的军队组织下劳动。其中只有一个例外，即监督者（Vilicus），他可有特别待遇，即contubernalis，此即是，可与奴婢结婚，而且可在领主的牧地上饲养一些家畜。于此，最困难的问题，仍为后继者之补充。由奴隶乱婚的自然增加是不够的，于是应许奴婢，生产小孩三人后，即给与自由，想用此方法以提高生产率。但因获得自由者，前途唯有出于卖淫一途，故此方法终归失败。居住于都会中的领主，因为不断的需要奴隶，其困难自愈益增加。自帝政时代之初期以来，大战停止，奴隶市场之供给，已没有可能，于是奴隶营场，即处于崩溃的命运：那时奴隶市场之缩小，其影响实与封锁煤矿业对于近代工业之影响相同。罗马的耕作地之变更性质，还有一个原因，即古代文化之重心，此时已向内地推进了，而奴隶场所却是必须接近海岸可与外方通贸易的地点。在那里，文化的重心，已移向于内地，传统的庄园制度，占有优势，具备着与此相应的运输关系，且因帝国所造就的和平，故就必然会向另一种制度推移。至帝国没落之际，原为农田奴隶者，变成了有家庭的人，其地位成为Mansusserviles，同时，Kolone又被课以徭役义务，不仅仅租税一种，故两者极相若了，所有者（possessores）阶级，则已完全支配了国家之经济和政治。货币经济和都市制度，趋于衰落，其状态渐与自然经济的阶段相接近了。

  北美合众国之南部诸州，亦发生与上面同样的困难。合众国方面，自棉花之利用方面有了大发明以后，即已发生大规模耕作地制。在十八世纪的后期，英国发明了棉花纺绩机（一七六八年至六九年）及织机（一七八五年），美国又发明了棉花除壳机（一七九三年），后者才使棉花之充分利用成为可能。棉花之大量贩卖，遂日益发达，而将麻物及羊毛生产压倒。此种因机械的利用而发生的棉织品之大量生产，在欧洲和美国，发生完全相异的影响。在欧洲方面，由棉花生产之刺激，发生了自由的劳动力之组织——最初的工厂，发生于英国的兰开夏（Lancashire）——但在美国方面，其结果却为奴隶制度。

当十六七世纪时代，人们曾想利用印第安人作大量生产。但不久，即明白印第安人没有用处，于是转向于黑人之输入。但他们因为没有家室，故不会生产，而在新英格兰诸州，又先后禁止奴隶买卖，故经过一代后，到十八世纪之末，即发生非常的奴隶缺乏。想由耕作地以赚得当时颇钜的船费之贫穷移民，亦曾被利用过，但仍嫌不足。于是人们就实行繁殖黑奴的方法。此种黑奴繁殖法，在南部诸州经营得非常有组织，竟至可以分出为黑奴繁殖州和黑奴消费州。又因利用奴隶劳动需要土地，故复发生一种斗争。利用奴隶劳动之先决条件，为土地之廉价，以及常常可得待垦辟新地的可能性。盖因劳动力既贵，则土地不能不低廉，而且黑人对于新的用具，不会使用，只能用原始的用具来经营，故黑人的耕种，实为使地力涸耗的种法。于是自由劳动的诸州和不自由劳动的诸州之间，开始斗争。于此，发生了一特异的现象，即，补充的生产因素，即奴隶增加了地租收益，但土地则不产生地租收益。从政治上说，此种斗争，是北部的资产阶级和南部的殖民贵族间之斗争。站在前者方面的，是自由农民，站在殖民者方面的，是南方没有奴隶的白人，即所谓"白人穷棍蛋"（Poor white trash），因为此种穷白人，深恐黑人解放，要丧失他们身份阶级的自负心，且造成经济上的竞争。

对于奴隶，只有用最严的纪律以从事，毫无顾惜的虐使，才能有收益。此外的条件,则为奴隶价格及其给养之低廉,以及耗竭地力的耕种法(此种耕种法,自须准备有大量的土地才行)等。等到奴隶价高了,独身的办法不能久持了,古代的耕作地制即已崩坏,奴隶制度亦随而崩溃。基督教对于此点并未有一般人所归功于它的影响,倒是受斯多亚派(Stoische)哲学影响的诸帝,早曾开始保护家庭,在奴隶间采行婚姻制度。在北美方面,教友派(quaker)教徒对于奴隶制度之废止,曾积极活动。但奴隶制度运命被制定的日子,实在于一七八七年国会的议决自一八〇八年禁止奴隶输入,同时那个时候可以利用的土地,亦渐渐有缺乏之虞了。其实际所产的奴隶经济之改变为分益佃农制,纵无独立战争,也会实现;此种独立战争,系因南部诸州脱离联邦而爆发。北方的胜利者之对黑人给与特权,实在是一种失策,结果当军队撤退后,黑人投票权即被剥夺;且黑人和白人之间,发生了严格的阶级差别。黑人变成为负有债务的分益佃农。铁路既然有赖于白人的大地主,所以仍可对黑人封锁交通,排出他们于商业竞争以外,因而他们所有的移转自由结果成了一纸空文。如是,此种毫无步骤的奴隶解放,引起了这种状态,其实重要要素"土地"使用净尽时,此状态本来自然地和逐渐地会发生的。

B 所领地经济

所谓所领地经济(Gutswirtschaft)者,系指以贩卖为目标的资本主义的大经营,此种大经营,或全然建立于畜牧上,或全然建立于农耕上,或亦可兼含两者。

倘广泛的畜牧成为主要部分,则如罗马的广地(Compagna)那样可以无资本的经营之。在广地方面,通行着大私有地的经济(Latifuudienwirtschaft),其起源或可追溯至教会国家之贵族执政的时代。罗马的贵族大家,即广地的庄园领主。与他们相对立者是佃农,他们的家畜，多用于罗马之乳的供给。反之，耕者则被剥夺而迁徙了。

用少的投资作大规模的畜牧，在南美的大草原及苏格兰方面都有之。苏格兰的农民，亦已失其所有。英国的政策〔自一七四六年柯尔敦（Culloden）之役苏格兰独立失败以后〕将旧来的藩主，作为地主待遇，而以其所属者，当作佃农看待。其结果即当十八九世纪之间，认许地主为所有者，佃农渐被逐出而将土地改作为猎场或牧地。

资本充实的牧地经济，在英国方面因羊毛工业之发达及十四世纪以来英国诸王之奖励政策，故早即成立。十四世纪以后的国王，其目的在征收租税，故先奖励原料羊毛之输出，而后计及创设羊毛制品工厂，以助成国内消费上之供给。于是自充为牧地首长的庄园领主，开始将牧地变作为牧羊地（即所谓圈地运动）。不仅如此，他更大批的收买农民或与农民订立契约，由此即成为大农，而转向牧地经济。此为十五世纪至十七世纪间的过程（对于此种过程，当十八世纪时，社会评论家和民众间，曾发生过骚扰），其结果发生了资本主义的大佃农阶级，他们以最小的劳力承受佃地，其大部分用于为羊毛工业的牧羊经营。

所领地经济之其他一形态，系将谷物生产作为重心，庇尔（Robert Peel）撤废谷物关税以前一百五十年间的英国，即其适例。其时在谷物保护及输出奖励制度之下，为利用佃农而行合理的经营计，故大规模的由小农夺取土地，俾作更有效率的经营。当此之时，牧地耕作经济和谷物经济，有各别的经营者，亦有两者一起经营者。此种状态，直维持到清教徒与英国劳动阶级骚乱后废除谷物关税始止。于是谷物耕种已成为不合算了，故谷物经济之劳动力亦可以移作别用。英国的平地上，人口乃特别减少，同时，在爱尔兰方面，小佃农经济，亦都为大地主所兼并。

完全与英国不相同者，为俄罗斯。当十六世纪时，俄罗斯固有所谓奴隶；但大多数的农民为自由的分益佃农，他们将其收获之半数，献给地主。地主操有每年可解约之权，但实际行使权利的事却甚少。领主因为确定的金钱租额，比较增减无常的实物租额为有利，故他们即令农民交纳名为 Obrok 的固定租金。此外，徭役原只为奴隶所应尽的义务，但地主亦极力的将其推及于自由佃农，此种办法，最初为最能细心经营的僧院庄园所实行。正在侵入的货币经济，使农民负担了许多债务。苟遇有一度歉收，则农民就完全要负债，因而农民即失却了迁移的自由。自十六世纪之末以来，沙皇全恃贵族的拥护以维持其权力及国家的行政组织。但贵族之生存，亦殊受威胁，因为大的庄园领主，可对农民给与有利的租佃条件，故小贵族即患民之不足。沙皇的政策，就想保护小贵族，以抵制大庄园领主。一五九七年时沙皇哥特诺夫（Boris Godunow）之敕令，即已寓有此种目的。敕令中宣言租佃契约不得随意解除，因此，农民在事实上成为与土地相联系，登录于租税簿上，这一来又为一种对领主的保护农民政策。彼得大帝之人头税推行以后，自由农民和奴隶间之从前的区别，即没有了。他们都与土地相联系，领主对于他们，都有无限的权力。故农民正与罗马的奴隶相同，毫无权利可言。一七一三年时，领主明白的获得施行笞刑之权。所领地的管理者，可任意婚配农民。租税之多寡，由领主的意思来规定，补充者之征发，亦是如此。领主有权可将不顺从的农民，放逐于西比利亚[1]，可以随时没收农民的财产，虽则颇有些农民潜藏其财产而积成巨富的。对于农民主持公道的法庭，是没有的。农民系用作为地租之源或劳动力。俄罗斯的中部，将农民作前者的用法，反之，后者则在有输出可能性的西部地方。俄罗斯的农民，就在此种状态下，直到十九世纪。

---

[1] 西比利亚，今作西伯利亚。——编者

在德意志方面，租地制仍存在的西部，与赋役圉舍经济所通行的东部及奥地利之间，有显著的差别。本来开始时，农民的状态，无论在彼处或此处，差不多是同样的，而且东部方面，还比较有利些。东部方面，开始时并没有农奴制，并且有德意志最好的《土地法》，农民居住于大的所有地（Grosshufen，与古代的王领地相若），农民地之没收，自普鲁士的腓特烈一世及马利亚·德利撒（Maria Theresia）以来，因农民为租税负担者及兵役服务者之故，已为国家权力所禁止。即在汉诺威（Hannover）和卫斯特法楞亦禁止农地之没收，反之，在莱因地方，以及德意志西南部却是受许可的。但东部之农民地没收，曾行诸广大的范围内，西部及南部方面，则不是如此。其理由有种种。在西部方面，农民阶级自经致命的三十年战争后，农民的所有地，已从新支配过，反之，东部方面，则为大所领地所兼并了。西部及南部，通行混合的所有，东部则有贵族之统一的大所有地制。西部与南部，虽亦有贵族之统一的大地产，但尚没有大规模的所领地经营。因为在此种地方，庄园支配、农奴支配及司法支配，各各分离，故农民可操纵于此三者间使其互相斗争，而在东部方面，此三者系集于一人，故成为统一的受封领地。这种状况，使得没收农民土地或谋以赋役之事，成为容易了，虽然这种权利本来限于裁判领主，但庄园领主也有此权了。此外，东部比较西部，较少教会的土地所有，而教会则传统的较之世俗庄园领主对农民的待遇要优惠些。东部的大土地所有虽在教会的手中——如奥地利，是在寺院手中——其经营亦比较世俗的所有者要合理，但并不想转向以贩卖目的的经营。因此，市场的关系对于东部和西部间的对立，实有决定的作用。凡地方市场不能容纳谷物生产之充分的分量时，即不得不向远方输出，于是有所领地经济发生。但一位汉堡的商人，既不能与马克体或西利西亚（Schlesien）之农民作个别交易，遂自然的引起向大经营之推移。反之，南部及西部的农民其近处有城镇，故可在该处贩卖自己的生产品。所以在这种地方，地主得利用农民为其地租的源泉，但在东部则仅能利用其劳动力。地图上都市之分布的密度渐减时，所领地经营之分布的密度反渐增。此外，西部、南部的庄园法及与此相关联的有力量的传统主义，也帮助固有的农民继续存在下去。甚至有谓南德及西德的农民战争，也与此种发展过程有关，战争诚然因农民之失败而终结了，但仍有所谓"失败的总同盟罢业的效果"，对于庄园领主成为一种殷鉴。英国于十四世纪时已有过农民战争，但农民仍被夺其所有。至于波兰及德国东部不发现农民暴动的理由，则因农民暴动与其他一切的革命相同，并不是由情形最恶劣的地方爆发出来的，即农民地位最被压迫之处亦是如此，毋宁是发生在革命者已有相当程度的自觉心的地方。

庄园领主与农民间的关系，以术语言之，在东部非为农奴制（Leibeigenschaft），而是世袭的臣属关系（Erbuntertänigkeit）。农民是所领地的附属物，随同所领地而被买卖。在德国易北河以东，除了诸侯领地的农民之外——诸侯领地极为广大，例如在梅格棱堡（Mecklenburg），占土地总面积的一半——尚有私的庄园领主之农民。其所有权亦各自不同。本来德国的农民，有非常有利的所有权，对于土地，只纳免役税。反之斯拉夫农民之所有权则全不稳固。其结果凡有多数斯拉夫人的地方，德国人的所有权亦因而呈恶化。因之，在东部多数的农民于十八世纪时仍生活于《佃奴法》（lassitischem Recht）之下，农民成为所领地之附属品。农民没有确实的继承权，即限于一代的所有权亦多不能保持，虽则他们和土地是结住的。他们要离开所领地时，须经领主许可，而且须有替代的人。农民亦负有仆婢的义务（Gesindeszwangdienst），此即是，不仅自己须服役，而且其子女亦须往领主的家庭为仆婢，此领主为王领地承租人时亦须如此。领主可以强制任何佃奴（lassit），接受一块农地。最后领主有任意增加徭役、放逐农民之权。但在这里，却有国主的权力与领主相对立。德国东部的国王，曾创立对农民的保护政策。在普鲁士及奥地利，他们禁止剥夺已有的农民地位。但这并不是有所爱于农民自身，不过想保持农民的地位，因为农民是新兵的补充者，并且是租税负担者。当然，农民保护政策，只限于有强大的国家权力之处。因此，在梅格棱堡、瑞典属波美拉尼亚（Vorpommern）及好斯敦（Holstein）的保爵领地，能产生统一的大经营。

一八九〇年间，东易北河那面的大所领地经营，是季节的经营。农业的劳动，一年中间，作种种不同的分配，至冬天则与以工业的副业。后来工业的副业衰灭，对于劳动者实为其困难主因之一。所领地之田地工作，通年有仆役或婢女担任。此外尚有第二类的农业劳动者，即住宿劳动者是。他们是结了婚的有自己的家庭的人，但在西利西亚则使其同居于广大的营屋中。他们在双方皆得解约的长年契约下劳动。赁银之支付，有于一定的实物之外，加以少数金钱者，亦有全用实物收入，分取制粉，或打谷之所得，随其多寡而增减之者。打谷系用手，冬间继续不辍，约可得谷束的六分之一乃至十分之一。他们对于这种工作是有独占权的。领主不得将这个工作，委给他人。当实行《三圃农法》时，他们于所领地的三圃内，领主于每圃内替他们预备有耕作地。而且还有种植马铃薯的园圃地。他们虽然没有货币的工资，但可为贩卖而饲养猪，并可出卖他们分内的余下的谷物。因此他们以猪及谷物价格之高涨为有利，与领主之经济的利害关系相共通。至于承受货币工资的农业劳动无产阶级，则自以物价的低落为有利。大的农业用具由领主供给，然如稻机及镰则须自行购置。在收获的时候，领主尚须雇用外来的劳动者，即游动的劳动者，或从村人中雇取工人。此外，住宿劳动者倘不欲减少其工资，则夏间至少须有一个人帮忙，到收获时更须两个人帮忙。此种帮忙者，大概是利用妻或子女为之，于是家族全体遂对于领主发生雇佣劳动的关系。像工业方面那样的契约自由，只限于游动的劳动者及其地位不得自由更动的附属地主的农民所雇之住宿劳动者。不过，自世袭的佃奴制时代而言，他们已经有了根本变化，由于当时的领主，没有自己的资本，须依赖农民的手役及团体工作，故当时劳动者与劳动手段的分离，尚未发生。

波兰及白俄罗斯亦有与此相似的领地经营。此项输出国利用维斯杜拉（Weichsel）河及默麦尔（Memel）河的船运，输送其谷物至世界市场，但在俄罗斯内地，则领主多愿以土地租与农民，因此，农民可将劳动力保持于手中。

领主与农民间之复杂的互依关系，前者之使用后者为收益的源泉，或使用其劳动力，以及因此两者而生的土地束缚，均于庄园的农业制崩坏后始告结束。这种变迁等于说，农民及农业劳动者之人格解放，因而获得迁移自由，农民的耕地共同团体及领主的权利等所施于土地之束缚亦被废止，同时，在他方面，因保护农民而来的农民权利对于领主土地之束缚亦同被废止了。崩坏的方式，或者由于农民之丧其所有，即，农民虽得了自由，然失去土地所有（例如英国，梅格棱堡、波美拉尼亚及西利西亚的诸部分），或由于领主失去其土地，但农民则有土地而自由了（如法国、德国西南部及其他地租庄园制度存在的地方，都是如此，又如俄罗斯人侵入后的波兰之大部分亦如此），此外，亦可由于妥协，即农民仅获得土地的一部分而成为自由。后者的事例发生于劳动组织已成立，不能遽以其他代替之的地方。例如普鲁士国家不能不用恃所领地支配为生的郡司，因为国家非常贫乏，欲用有俸给的公务人员以替代此等郡司，是不可能的事。庄园农业制之崩坏，并使所领地领主之家长裁判权及庄园领主或所领地领主之特权被废止。此外，由于封领地之束缚〔Lehensverbindlichkeit，即所谓"死权"（Tote Hand）〕的一切政治的及宗教的土地束缚亦被废止。此中之末后者，并可有下面的意义：即适用于教会所有地（例如在巴威略方面）的清理法，世袭财产制（Fideikommiss）之废止或限制，以及领主所有地之财政特权、免税权及其他政治权利之废止，如十九世纪之六十年代时普鲁士经租税立法后所实行者。于此可有种种问题。领主与农民，究竟谁被夺其所有，倘使是后者，则是否有土地或无土地，其结果自与此问题有关。庄园制度崩坏的原动力，先发动于庄园制度之内部，主要是经济性质的。直接的原因在于领主与农民之贩卖机会及对于贩卖的关心，以及由于货币经济的农产品市场之不断地扩大，但仅有这些原因，未必使庄园崩坏，而且即使崩坏，亦会与领主以利益。他可夺去农民的所有，并利用没收的土地，以实行大经营。故必有其他的利害关系，自外部加入：这就是新产生的都市市民阶级之市场利害。市民阶级愿意庄园制度的衰退及崩坏，因为庄园制度限制了他们的发展市场的机会。都市及都市经济政策与庄园制度之对立，并不在于一方面是自然经济，他方面则为货币经济。庄园制亦以极广的范围为市场生产，倘使市场的贩卖可能性失去，则领主亦将不能向农民征收货币的贡纳。但是庄园制度，仅以农民之服务及贡纳的事实而言，对于农村人口的购买力，已成为一种障害，因为庄园制使农民不能将其全部的劳动力贡献于市场的生产，因而妨碍了购买力之增进。因此，都市的市民阶级的利益与领地支配者的成了敌对的状态。此外，又加以正发展的资本之需要自由劳动市场，盖最初的纯资本主义的实业，既想避去同业组合，即不能不利用农村的劳动力，可是庄园制度却将农民束缚于土地，成为利用的障碍。新的资本家之取得土地的野心，亦使其与庄园制相敌对，因为资产阶级愿将新获得的资产投资于土地，以成为土地所有者的身份上之特权阶级，故要求将土地自封领团体解放出来。最后，国家财政上之利害关系，亦愿庄园制崩坏，俾可增进乡村方面的租税负担力。

以上是庄园制崩坏的种种可能性。但若个别的观察之，则庄园制的崩坏有多种的形式。

中国当纪元前三世纪时，封建制度已废止，且已实施土地私有制。秦始皇帝，其权力并不建立于封领地的军队上，而建于以臣民之贡纳来维持的祖传的军队之上。后世的孔子学派之先驱者，即中国的人本主义者，都站在帝制方面，有过与欧洲方面相同的予以理论根据的作用。此后中国的财政政策其变化次数多至不胜枚举。这些变迁在两个极端之中动摇不定，即由于租税国家与徭役国家间之不同。前者对于军队或公务人员，由租税支付其俸给，而以臣民为此租税源泉；后者则以臣民为徭役源泉，使特定的阶级担任实物贡纳的责任，以应其需要。如戴克里先（Diokletian）时代的罗马国家，因为要达到其目的，特组织强制的共同团体，就是后者的例。一个政策在于使臣民有形式上的自由，别一个政策在使人民成为国家之奴隶。中国国家之使用其奴隶，正与欧洲的庄园领主将其所属者当作劳动力而不当作收益源泉时之使用相同。在第二种情形下，私有财产制是没有的，发生对于土地的义务，与土地之束缚，以及重新分配。在中国，这种发达过程之最后结果，是十八世纪初叶以来徭役的国家原则之废止，成立对国家纳贡的租税国家，不过此外尚存有一些不大重要的公用徭役之遗迹。此项贡纳多为官吏所中饱，因为他们进给朝廷的数额是确定的，但对于农民则可无厌的诛求。不过，公务人员不能不得中国农民的同意，因为氏族的权力地位是极有力量，所以这一层也是很难的。其结果遂有显著的农民自由。佃农亦是有的，但他们在人格上较为自由，仅支付适度的租金而已。

印度至今尚有庄园制度存在。这是从财政的租税承办制度中附带发生的。英国的立法，对于以前没有权利的农民，保护其所有土地，对传统的纳贡亦不恣意的增高之，好像葛拉德斯敦（Gladstone）立法之保护爱尔兰农民然。但已存在的秩序亦并没有根本被破坏。

在近东，庄园制亦尚存在，然因从前的封建军队已消灭，故形式已有改变。在波斯及其他诸国，所谓根本的改革，仅是纸上的空文。在土耳其，有 Wakuf 的制度，至于今日，仍为土地所有关系的近代化上之障碍。

在日本，中世纪的状况直继续至一八六一年。就在这一年中，因贵族支配之颠覆，庄园制随庄园领主权同归废绝。所谓"武士"的封建制度之担当者，遂致贫乏而投身于营利生活。日本的资本主义者是由此项"武士"中发展出来的。

在地中海方面，当古代时，庄园制仅在（罗马或雅典这样的）大都市之直接权力所及的范围内，是废止的。都市的市民阶级，对抗土著的贵族。此外尚有都市的债权者与地方的债务者间之对立。此种情形与得到多数农民服军役的必要相连结，造成了希腊方面为甲士谋自由土地之事。这也就是梭伦立法那样的所谓专制立法之企图，因此，骑士阶级遂不得不加入农民团体。克来斯提泥（Kleisthen）立法（纪元后五百年时）中之所谓民主政治，其状态即凡想享受市民权的雅典人都须属于一个村落，犹之中世纪时之意大利民主政治，将贵族强制加入基尔特（gilde）那样。这个制度，对于所领地分散之庄园制，以及对于向来在村落外而能支配此的贵族之权力，为一大打击。于是骑士与农民，其发言权及任官职的机会均相同了。同时，各处的混淆所有地亦都被废止。在罗马方面，阶级的斗争，对于农业制亦曾有与此相同的结果。这里，耕地分割成为每二百亩的四方形。每片地有一块草地，是不许将其犁耕的。其边境即为公共道路，为保持其通行计，故亦不许侵占。土地之让渡极为容易，这个农业法制当始于《十二铜表法》时代，且亦铸定于此时。这是代表都市市民阶级之利益的，故将贵族的土地与都市建筑投机家的土地同样地看待，且其大体的倾向，在取消土地和动产间之区别。但在都市地域以外的地方，古代的庄园制却依然如故。古代文化〔在东方，迄至亚历山大（Alexander）大帝，在西方则迄至奥古士都（August）〕是沿岸文化，故庄园制仍存于内地，后来由此发展，及于全罗马帝国，故当中世纪的前半期，遂成为主要的制度。意大利都市商人的共和国成立，以佛罗棱萨（Florenz）为领袖，[1] 始再讲求农民解放的方策。不过开始时，商人共和国均为都市执政者、议员、自由职业、商业基尔特等之利益计，夺去了农民政治上的权利。其后领主（Signorie）因为对抗都市人民，始再用农民为其助力。但在同时都市亦已解放农民，俾可买占地方的土地脱去武士阶级之手。

在英国，依据法律的农民解放，还未曾有过。在形式上，中世的权利至今尚存在，不过在查理二世时，封领束缚已被废止，而且全般封与的土地，已变为完全的所有财产，即 fee simple，只有依据公簿之不动产（Copyhold）为明白的例外。这些土地本为隶属的农民之所有，所有者手中，并无关于此的封与文件，仅有抄本载于庄园记录中。在英国，市场之存在这一个事实，使庄园制度崩坏了，而且系全然起于内部的。与此相当者，为有利于领主的农民所有之丧失。农民虽是解放了，但没有了土地。

在法国，此项发达与上述的正相反。在这里，一七八九年八月四日夜间的革命，一举而终结了封建制度。但当时所做的决议，尚有释明之必要。国民议会（Konvent）的立法宣言，凡有利于庄园领主的农民所有地之负担，均有封建性质，应无赔偿的取消之。此外国家没收了极多的革命后逃往外国去者及教会之土地，将它给予市民及农民。但在封建的负担废止以前，平等的继承权及实物分配存在已久，故其

---

[1] 佛罗棱萨，今作佛罗伦萨。——编者

结果，使法国与英国相反，成为中小农民的国家了。由于领主的土地专有之丧失成就了有利于农民的土地专有。此其所以可能者，是因法国的庄园领主为宫廷贵族，而非农业经营者，他的家计，取之于军职或官职，对于终身禄他有独占的要求权。因之，革命并没有破坏生产组织，仅把地租关系颠覆了而已。

南部及西部德国的发达过程，比较的少革命性，又曾经过种种的阶段，但大体上则与上述的相同。在巴登方面，农民之解放，于一七八〇年时，已由受重农学派之影响的腓特烈四世（Markgraf Karl Friedrich）开始了。南德诸州于解放运动后转移到成文宪法的制度，这是有决定的意义的。在立宪国家内，具有农奴制度名义的状态，到底不能存在，因而无限制的徭役、纳贡，以及含有农奴性质的服务，在巴威略方面，已当蒙脱格拉斯（Montgelas）之时于一八〇八年被废止（制定于一八一八年的宪法中）。农民之移转自由亦不久确定，最后并规定有利的所有权。这是南德及西德之全部，于十九世纪之二三十年代所实行的，不过在巴威略方面，实际上却直至一八四八年时始实现。至一八四八年时，各处农民负担之最后遗迹，亦以国家信用机关之力，用货币赎还法以废止之。例如在巴威略方面，一切人的纳贡，均无赔偿的被废止，其他的则易以货币的纳贡，且成为可赎还者。同时，封建的关系经无条件的解除。因之，在西德及南德，领主失去其专有，土地归于农民了。所以发展的情形与法国相同，不过较缓，而且以法律的手段实行。

在东部，即奥地利及普鲁士之东部诸省；以及俄国波兰等处，其经过即与此不同。倘在这些地方用法国的方式，则仅能破坏已存的农业制度，徒然陷入混乱状态而已。或者可像丹麦那样，提创所领地支配崩坏以实施农民的所有制，但要废止全部封建的负担，这是不可能的事。东部的所领地领主，既没有农具也没有工作的牲畜。农民无产阶级是没有的，只有负有劳役及手工义务的小有产者。所领地领主即依赖此项小有产者之劳动，以耕作自己的土地，故此种农村劳动体制不能遽而废止。还有一层困难，即农村地方的行政，并没有官吏担任，而系委之于以名誉职的所领地贵族。因此，这里只好像英国那样，像具有法律家官吏人才的法国所行之严格的制度，实在无法采用。

我们倘以农业立法之本来目的，在保护及维持农民，则奥国的农业立法，对于赎还这一点，可说有了理想的成就。无论如何，总要胜过普鲁士所行的方法，因为奥国的支配者，特别是查理六世及马利亚德利撒以与腓特烈大帝相较时，实富有专门知识（关于腓特烈大王，他的父亲曾说他不懂得怎样去解除租契和给佃户以巴掌）。

在奥地利，除了自由农民居多数的提罗尔（Tirol）地方以外，世袭的臣从关系与地主贵族（Grundobigkeit）相并存。将农民当作劳动力用的所领地经营，普遍于法美拉尼亚、西利西亚、摩拉维亚（Mähren）及下奥地利等处，其他地方多为地租庄园制。在匈牙利租佃关系与徭役经营是混合的。人格上的不自由，以加里西亚（Galizien）与匈牙利为最。Rustikalist 与 Pominikalist 间作有区别，前者有纳贡的义务，被登记于地籍簿上，后者居住于领主的囿舍地，没有纳贡的义务。Rustikalist 之地位，一部分较为有利。他们与 Pominikalist 相同，亦分为购入的与不是购入的二种。不购入的 Rustikalist 之所有，是可以取消的，反之，购入的者则有继承权。自十七世纪后半期以来，资本主义的趋势开始侵入这个农业制度，故在利欧波尔德（Leopold）一世时，国家开始干涉，先以土地登记之强制（Katastrierungszwang）的形式，施行纯财政的干涉，此称强制登记之作用，在确定可征税的土地究有若干。这个方策既没有收到何等的效果，当局乃采用"特许徭役"的制度（一六八〇——一七三八年）。其目的是不用立法以保护工人；确定一个农民所能负担的劳动之最高度。但农民地之没收尚未因此而成为不可能。于是马利亚德利撒采用租税"订正"的制度（Stenerrektifikation），使领主对于被没收农民地的农民之租税，负其责任，借以灭杀没收农民地的冲动。这个办法，仍无效果，因而于一七五〇年女皇直接干涉农民地的收取，可是其结局亦没有得着什么。最后从一七七〇年至七一年间，她施行了《土地隶属关系之整理方案》（Urbarialregulierung），强制庄园设置土地账簿，于是农民的所有及其所负担之义务，被最后的规定了。同时，并许农民买还自己的身份，因而可有世袭的所有权了。这个方策，在匈牙利虽然不久即失败了，但在奥地利则收显著的效果，它代表维持现有的农民数的努力，在农业资本主义下保护农民，不在破坏从来的农业制。此即是，农民虽当保护，但贵族地位，亦仍当维持。至约瑟（Joseph）二世时立法始带有革命性质。他先废止了农奴制，并保证此方策之中，当包含移转自由、职业选择自由、结婚自由以及取消仆婢强制服役制。他对于农民，原则上认其土地私有，一七八九年之租税及土地隶属关系整理法，更断然实行新的施设。赋役及纳贡均更改为确定的货币纳贡，使庄园制度下向来所行的赋役经济及自然经济告一终结。以后领主对于国家，亦须贡纳金钱。但此种一举而成为租税国家的企图，仍归失败了。农民无法从他的生产方面获得这样多的收益以支付金钱的纳贡，而领主的经济，则根本的被搅乱，于是就发生骚动，使皇帝不得不撤回其大部分的改革。直到一八四八年革命之后，农民的主要负担，才有赔偿的或无赔偿的都被废止了。关于有赔偿的负担之废止，奥地利先曾施行过极轻的服役课税，其后始创设信用机关，以周转赔偿之履行。这个立法，可说是马利亚德利撒及约瑟二世的努力之成功。

在普鲁士，王领地农民与私领地农民之间，向有极显著的差异。腓特烈大帝对于王领地农民，已曾有过彻底的保护法。他先废止了仆婢强制服役制，后于一七七七年复宣布农民之所有地可以继承。威廉•腓特烈三世又于一七九九年于原则上，宣言免除徭役服务，凡新的王领佃农，于缔结租佃契约时，须明白的拒绝徭役服务。因此，在王领地上，近代的农业制已渐渐地建立了。此外，并许农民出不甚高的赔偿金，购买私有财产。对于此点，官吏阶级大都同意，其理由不仅因为购入金对于国家可有收益，而且获得自由财产后，王领农民对于国家之要求权亦减少，故可免去许多行政上的麻烦了。对于私领农民，问题要困难得多。腓特烈大帝想废止农奴制，但即遇到反对论，说普鲁士并没有农奴制，仅有世袭的臣属关系而已（从形式上讲，这是对的）。国王对于贵族及由贵族出身的公务人员，无法施行何种方策。直至耶拿（Jena）及的尔西特（Tilsit）的事变发生后，始有转机。一八〇七年时，世袭的臣属关系被废止了。但其问题是农民之租佃不自由的所有地，究当如何处置之。普鲁士的官吏间，对此亦意见分歧。一派主张由一定的土地面积，获得最大限度的生产物，如此则系采用当时精耕程度最高的英国之农业制，但却不能不让平原农村的人口减少了。这是叔恩（Schoen）大总管及其一派人的思想。其他一派的思想，则着重于农民人数之最大限度，如此则不得不断念于英国的前例及其精耕耕作法。经长时间的熟议折冲之后，始发表一八一六年的统整法令。这是政府行政政策与农民保护间的折中。有役兽的农民，就先被列于可整理之列，但小农则事实上被除外，因为领主等宣言，放弃手工服务是不可能的。但是有役兽的农民，亦以居住于登记过的农地且自一七六三年以来即保有此者为合格。其选取这一年（七年战争之末年）为界，自使可整理的农民所有地限于最小限度了。且此整理法，须经申请方始施行。农民可私有其居所，不复供给劳役及贡纳，但同时亦即失去其对于所领地的权利。那就是说，对于领主所可要求的紧急扶助、建筑物修理时之补助、草地及森林之使用以及缴纳租税领主方面之预支，自亦均取消了。尤其重要的，是农民须将世袭的财产之三分之一，非世袭的财产之半让给所领地领主。故此种整理，对于所领地地主非常有利。他虽须自备农具及家畜，但仍可保留 Kosät 之手工服务，而且，农民的草地使用权已取消，同时，农民地之没收亦不再禁止，故可将其所有地圈围起来了。不适用本法而有手工义务的农民，现今就可将其所有夺去。在西利西亚地方，贵族特别有力，尚可为自己的利益而保持例外，但在波兰系领主所居住的波森（Posen）地方，则全部农民都适用此项法律。

在普鲁士，至一八四八年，才采取最后的步骤。一八五〇年时，宣言取消全部农民的负担。除去计日的工人而外，全部农民均为可整理者，且一切依据整理，或与此无关的加于农民之全部负担，如世袭的租借、世袭的赁金等等亦均成为可赎免者。不过小农民的土地，从很久以前起，已经被领主所没收了。

普鲁士方面，其发展之净结果，是农民人数与土地面积同样的减少。自一八五〇年以来，农业劳动者之无产化，继续进行。决定此的动力，是地价的腾贵。从前将土地贷与住居劳动者的办法，已是不合算了。他们所得的打谷份额及制粉份额现在均易以金钱的代价。由于甜菜耕种之侵入，农业经济遂成为季节的经营，而须用所谓 Sachsengänger 的游动劳动者来帮助，此种人其先来自东部之波兰诸省，其后则由俄领波兰及加里西亚来者。对于他们，不须为其另建劳动者住所，亦不须给与土地。他们可聚居于营场内，其生计为任何德国劳动者所不堪的。因之，原与土地相结的农民，以及后来因与领主在经济上利害相同，而忠于土地的土著劳动者，渐为游牧劳动者所代。

在俄罗斯，亚历山大一世对于农民解放虽曾有过宣言，但所成就的与尼古拉斯一世同样的少。克里米亚（Krim）的战败，才使问题的解决发动。亚历山大二世，因为害怕革命，故于一八六一年经重重熟议之后，发表其农民解放的大诏书。土地分与的问题，是如此解决的，即，对于帝国各州，确定各个人的土地所有额之最小限度及最大限度。其大小约由三公顷至七公顷。但庄园领主倘将规定的最小额之四分之一无偿的赠与农民，则可免去本法律之适用。因此领主在事实上可获得依赖其领地上之无产农民全家族的劳力。要不然，农民必须出赔偿金，方可得到土地之分与。立法者曾以良好的土地有多量的收益为根据，故土地额愈少则赔偿金之比率愈高。又，农民的赋役于一定的过渡期间照旧维持着，且农民之支付，须经领主之同意。这是农民对于领主继续负债的原因。赔偿金之数额，比较上极高，百分之六的数目，为期共四十八年，至一九〇五年到〇七年的革命勃发后，尚须继续缴纳。诸侯采地的农民及王领地的农民，得有完全的土地所有，故其地位较为有利。无论如何，俄罗斯的农民解放，仅为片面的事，因为农民虽已由领主方面解放了出来，但对于村落共同体的连带责任，仍未被解放。对于此而言，农奴制依旧存在。农民仍没有移转自由。因为凡是出身村落者，密尔都可召唤他们回去。此种权利之所以继续存在，实因当局者想于所谓农业共产制度中，留着保守的要素，以对付自由主义的抬头而保护俄皇的专制主义。

俄罗斯政府，因为政治上的理由，在西部地方，特别是在被拿破仑法典废止了农奴制的波兰，所施政策殊不相同，不过农民迁移时，土地即归领主所有。这个规定引起了许多的农民地之没收，至一八四六年重再废止。其后至一八六四年，俄罗斯人因为对付一八六三年时之革命的发动者，即波兰贵族，想将农民与俄罗斯政策结住，故进而解放波兰的农民。因之，在确定对于土地的地位方面，一唯农民之言是听。这样，解放的结果，事实上是以各种的形态，掠夺波兰的贵族。农民之许多的森林使用权及牧地使用权，都是从这个时候起的。

封建的土地制度之崩坏的结果，成了今日的农业制。有些地方，是农民从土地方面解放了出来，亦是土地从农民方面解放了出来（英国），有些地方，是农民从庄园领主解放了出来（法国），又有些地方，则为两者之混合（如其他部分的欧洲，但东部则较近于英国的状态）。

对于结局的形态之性质，继承权有极重要的影响。关于此，英、法间的对立要算最显著了，在英国，长子之封建的继承权是对于全部土地的总继承权；不论其为农民，或为庄园领主，最年长者单独继承全部的土地。在法国，土地之均分，于古代制度下已成为原则，《新民法》（Code civil）不过使之成为义务而已。在德国，则有显著的不同。单独继承权存在的地方，亦不是英国意义的长子继承，而系一子继承权，继承权接受土地时，对于其他的继承人须补偿之。一子继承权之来源，一部分由于纯粹技术上的理由，例如在大所领地或黑林（Schwalzwald）的广大圃舍方面，即是如此，因为自然的分割在此处是不可能的。或者，则有其历史的来源，是从封建制度时代传下来的，因为庄园地主的利益在于土地供给服役的能力，故不欲加以分割。在俄罗斯，迄于一九〇七年之司徒联宾（Stolypin）的改革，尚存有农业共产制度；农民并不从他的两亲方面获得土地，而从村落自治体方面获得之。

近代的立法，已完全废止了封建的关系。在有些地方，封建关系已由世袭的财产制度（Fideikomisse）代替。这个制度，从十二世纪以来，在东罗马帝国内曾以某种特殊的捐赠之形态存在过，这就是为抵御皇帝的侵掠，把土地转与教会，故获得宗教神圣的性质。不过教会之能应用于何种目的，有严格的规定，例如维持若干僧侣之生计。所余的十分之九的地租则永久的保存给捐赠者。由此，回教国内遂有Wakuf制度之发生。这个捐赠制度，初看来似乎是为回教寺院或其他敬神的目的之用的，但实际上，是为避免国王对土地之课税，使家族得确保其地租。阿剌伯人将此世袭财产制度输入西班牙，再入于英国及德国。在英国，曾发生过对此的反对。但法律创造了"限定嗣继"（Entails）的制度以为代替。这就是：土地由一代移到其他一代时，其不可分割及不可出卖，经契约的确定，因而变更成为不可能了。这样，英国之大部分的土地，便集中到少数家族之手中，但在普鲁士，迄至最近，十六分之一的土地是世袭的财产。其结果，在英国苏格兰及爱尔兰，就发生了有世袭财产束缚的大所有地。此外则（一九一八年以前）西利西亚的一部分及前奥匈帝国、德国若干地方亦均有之，不过规模较小，因为德国方面尚以中等的大土地所有为重心。

农业制的发达及封建组织的崩坏形式，其所及之影响殊广，不仅及于农村情形的变迁，且及于一般政治关系的发展。尤其影响到一国之是否有地主贵族的存在，以及它将取何种的形式。在社会学的意义上，贵族是一个按他所处经济的地位，使他能自由地从事于政治活动的人，他虽不必靠政治的生活，但须作政治的生活；因之，他是有固定收入的收利生活者（Renterer）。这个条件，对于必须为自己生计及家族生计而劳动和从事于职业活动的阶级，例如企业者或劳动者，是不能适应的。在农业社会内，完全的贵族是靠地租生活的。这样的贵族犹存在的国家，在欧洲只有英国了，过去的奥地利亦有规模较小的贵族。反之在法国，褫夺庄园领主之专有的结果，成了政治之都市化（Urbanisierung），只有都市的财主，而非农村的贵族，才能经济上自由地从事政治活动了。德国的农业发达对于能自由从事政治的土地收利者，只许其有少数人存在了。但农民之专有丧失最甚的普鲁士东部诸州内，则还极多。不过普鲁士的多数地主（Junker）亦不像英国的地主（Landlord）那样，形成了贵族的社会层。他们是带封建特质的农村中产阶级，这个特质，出于过去的历史，故他们亦是农业企业者，已卷入市场利益之日常的经济斗争中了。一八七〇年代以来之谷价低落以及生计要求之向上，已将他们的运命判定了。因为平均四百至五百亩面积的骑士领地，已不能支持一个贵族领主的生活。其曾有及现有的利害斗争，为如何的峻烈，观此可以知道了，其在政治生活上的地位，亦不难明了。

由于圈围及分割等，庄园制度崩坏了，因而古代的耕地共有制度之遗迹，亦即崩坏，土地之个人私有的制度，乃完全确立。同时，经数世纪来，社会的上部构造，亦以上述的方向转变了，家族共同体遂变成为极小的，到今日只有家长及其妻子儿女是个人的私有财产之单位，这是以前在技术上所不可能的。同时，家族共同体之内部亦起了种种变形，其方向有二：一是它的职能变成限于消费的领域，一是它的管理逐渐以账目结算（Rechenhaftigkeit）为基础。原始的完全共产制度既代以继承权，男子的及女子的私有财产以及份额的计算遂益形成分离。这个二重方面的变形，与工业及商业的发达实有密切的关系。

第二章　资本主义发展开始以前之工业及矿业

第一节　工业的经济组织之主要形态

在技术的意义上，所谓工业，乃改变原料之义，因此，开发的经营以及矿业均不在工业此一概念之中。惟在下面，拟连矿业一并论述之，故工业（gewerbe）这一词，包含一切不能视作为农业、商业或运输行为之经济行为。

自经济方面言之，凡改变原料之工业，均以满足家族共同体之本身需要的劳动表现出来。就这一方面论，它是一种副业，只在它的生产超过家计需要时，始引起我们的注意。此种工作，可为满足他人之家计者，其最著者，是庄园领主之隶属者为其领主之家计而劳动。在这里，一个家族之需要，由别一个农民家族方面所贡纳之生产物来满足。但副业性质的工业劳动，亦有为一村落而从事者，例如印度的情形。印度村落中之手工业者为小农，他们如果单靠其收获，即不能充分生活。他们附着于村落，凡需要工业劳动者，均可加以雇用，他们本质上为村落之隶农，由村落方面领受实物报酬或货币报酬。吾人称此为公用劳动（demiurgische arbeit）。

不为家族共同体之本身需要而从事的改变原料，其第二方式为营利的生产，即手工业（Handwerk）。所谓手工业是指某种范围内所从事的熟练工业劳动，或因职业分化或因技术专门化而生，不问其为自由或不自由工人，亦不问其为领主而劳动，为共同体而劳动，或为其自己的需要而劳动。

我们知道，满足本身需要的工业劳动，最初发生于自足的家内经济之内部。一般地说，专门化的最古形式，就是常发生于男女间之严格的分工。最初时，农地耕作完全为女性之任务，故女性为最古的农业者。从事于耕作的女性，并不像塔西佗凭想象叙述日耳曼人中那样，有极高的地位。例如在古代英国，诱奸妇女只视同毁损财物一样，可用金钱赔偿之。女性是耕作奴婢。一切农地耕作以及利用植于耕地上的作物之事，均委之女性。又碗碟之制造以及各种织物工作（织席、纺织），亦在女性担任之列。惟在织布业方面则有显著的例外。如希罗多脱斯（Herodot）所注意的，在埃及，男子（不自由者）坐于织机上织布。此类发展，在织机非常沉重难处理或男子免除兵役之处为常有之事。他方面，凡与战事、狩猎、饲养家畜等有关之一切工作，皆为男子之任务。因之，金属品制作、皮革以及肉类之调制等，亦均由男子担任。肉类之调制，视为一种仪礼。肉原来只于狂欢饮宴节中食用，在宴会中通例只允男子参加，女子只能得些剩馈残羹而已。

以共同形式表现工业劳动，在偶有的工作中，特别在建筑家屋中表现出来。因为此种劳动是非常艰难，由各个家族，各个个人单独进行，不易竣事。因之此项劳动作为村落间之互助的帮忙劳动从事之。帮忙劳动，通常均飨以饮食，今日在波兰人中尚可见之。此外在古代时，有因酋长之需要而作此种劳动者，亦有由自由团结的共同体，因建造船舶而作此种劳动者（那样的话很有从事投资活动之机会）。除此而外，亦尚有许多自由人之团结，为获得金属而作此种劳动者（铁之锻炼，为比较后来时之现象。起初时候，家屋并不用金属钉建筑之，阿尔卑山上之家屋，虽有积雪压于其上，但仍作平顶屋者，就因没有作倾斜屋脊用之金属钉之故）。

由帮忙劳动之扩张，可知最古的技术专门化虽已发生，但尚未有熟练的职业。在古代，魔术的观念，对于熟练职业有重大的意义。最先发生者，为此种信念，即个人只能用魔术的方法，以成就所需的事物。特别对于医业是如此，所谓药师（Medizinmann）是最古的需要技术的职业。通例，任何极熟练的工业，开始时都视为受有魔术的影响。特别是治工，各处都成为具有神秘的特质，因为他们技术的一部分似乎很神秘，而他们自己又故作神奇。熟练职业发现于酋长或庄园领主之大家计内。大家族能使其隶属者，受某一特定方面的训练及学习，且亦有需要熟练劳动之处。但熟练职业，亦可因交换机会而产生。于此，有决定的重要性的问题便是工业能否向市场接触，最终的生产物，经过各生产者之手后，由何人出卖？这些问题，与基尔特之斗争，和崩坏，也有重要的关系。一位专门化的熟练劳动者，可自由为供给市场而劳动。他可为小企业者，以其劳动生产物，供给市场。吾人可称其极端的事例为价格工作（Preiswerk）；其前提是他有处分原料及工具之权，还有一种可能性，即原料或劳动手段由组合供给与他。因之中世时之基尔特，为了保持同业者之平等计，颇广泛的共同购入并共同分配原料（如铁及羊毛等）。与此相反者，是手工业者为别人服役成了工资劳动者。如他没有原料及劳动工具，故只以其劳动力而不以其劳动之生产物供给市场，往往即成此种原因。在两极端之间，尚有手工业者，应他人之定制的事。他可成为原料及劳动手段之所有者。如是，即有次述的二种的可能。第一个可能性是手工业者贩卖与消费者（他也许是一位定他货的商人），我们可称此为自由的顾客生产。或者手工业为独占他的劳动力之企业者而生产，这种方式大多由于对企业者之债务所致，或则如中世纪之输出工业，因事实上无法插入市场所使然。普通名此为家庭工场制度，或更加明白的名为批发制度（Verlagssystem）或工厂制度；手工业者是"批发的价格工作者"（Verlegter Preiswerker）。第二个可能性，是原料及工具，或其中之一，如原料，系由消费者的定制人所供给，吾人即可呼之为"顾客工资工作"（Kundnlohnwerk）。此外，亦有为营利而定制者，企业者为定制人。此即为家内工场工业（Hausindustrie）。于是一方面为购入原料有时且设置劳动工具（虽未必常常如此）的商人企业者，另一方面为没有手工业之适当体制，因而不能将自己之生产物列之市场的在家内生产订货的工钱劳动者。

按劳动者对劳动场所之关系，我们可作如次的区别：其一，是在自己寓处中工作的。他也许是由自己规定生产物价格的价格工作者，也许是为家庭工作的顾客工资而工作，即，应消费者之定制而工作的；再或者为家庭劳动者，为企业者作工。其次，工作亦可在家外进行。或者在消费者之家中工作，此在今日，尚可于补缀女工方面见之。这种工作最初是由游动的劳动者所担任的，或者因工作性质，不能在自己家中进行，如涂壁业一类的装置工业即是。此外，工作地方亦可为一工场（Ergasterion），既然如此，故就与劳动者之住所相分离。工场不必一定是工厂，也许是工场与贩卖处同在一处的劝工场（Bazarwerkstatte），它或为许多劳动者所共同租用或属于一位企业者，他使其奴隶工作于此，生产物或由他自己贩卖，或明定偿付定额委之于奴隶去贩卖。工场之特征，最纯粹的表现于近代的企业家之工场中，于此，劳动者在企业家所预定的劳动条件下，由企业家支付工资而为他劳动。

固定资本之专有，包括劳动场所及劳动手段之专有（劳动手段不包含于工具一概念之中），亦可用种种方法实施。首先，也许并不需要何种固定的投资，如中世纪之基尔特经济，则为纯粹的手工业。设备之缺如，为中世纪基尔特经济之特质，一待固定资本出现之时，基尔特经济即有崩溃之危险。假使有了一个固定的投资，它也许由一个（村落、都市，或手工业）团体所设置经营者。此种情形，常常见之，特别在中世纪时，基尔特多自身供给资本。此外，有准手工业者付赔偿金后即能加以利用的领主设备。例如僧院所设置的漂布场，准自由劳动者使用之。又，此项设备，不独其所有者准许自由劳动者使用之，且可强制手工业者于此生产其所欲出卖之生产物。这即所谓埃及国王所创始的村落手工业（Oikenhandwerk），其后于中世纪时，在诸侯、庄园领主、僧院之经营中见之，不过形式有种种改变。在村落手工业之下，家族与企业经营之间无何等的区别，后者仅为企业家之副业。但在企业家资本设备中，所有这一切都改变了。于此，须用企业家所供给之劳动手段而劳动，因而并须适应于工场之纪律。企业家工场设备有固定资本之任务，在企业者之计算上，有重要之意义。这种资本之存在于个人之手，实为使基尔特制崩溃之原因。

第二节　工业及矿业之发展阶段

此发展之出发点，系为生产小家族或大家族自己需要的家内工业。由此出发，可发展为部落工业，因为部落可独占一定的原料或技能。部落工业，开始原视为可喜的副收入，其后始渐推广为纯粹营利的经营。其意义是（在此发展阶段之任何阶段内）以家族共同体之工具及原料生产出来的家族工作之生产物，拿到市场去出卖，因而在自足的家内经济之障壁上，开通了至市场之门。于此，因为某种石材、金属及纤维材料（最多者为盐、金属、黏土）只存在于部落之一定地域内，故发生了原料独占。采掘此等材料之结果，第一，可成立游动的商业（Wanderhandel）。它可以为该工业经营者所自营，如许多巴西的部落或俄国之 Kustar 方面者，他们在某季节为农民，生产农产物，在别一季节则为商人，贩卖其生产物。但亦有因为保有营业秘密或不易一时转移的学得的技巧而独占劳动技术之资质者（在带有艺术资质的羊毛工业方面常见之）。这种情形，牵涉到计件工作所特有的一种形式，于此，因土地所有而独占了手工业，并因相袭的传授而附着于部落或氏族。在异种族的团体之间，也发生生产的专门化，或如非洲那样仅限于与地理上邻接地域作生产物之交换，但亦有更进一层的发展者。其中之一种可能性，是进向印度那样的种姓阶级之构成。起初本为平行的个别部落的工业，至此因各部落之联合，在一支配之下成为垂直的上下层了，异部落间之分工，现在在隶属于同一支配之下的人民中可以看出。异部落间之相排性的原来关系，表现在种姓阶级制度之中，相异阶级的分子不共同聚食，不通婚姻，相互间只有某种特定的劳役。印度的种姓秩序，因固着在仪式上，因而在宗教制度之中，所以对于整个社会秩序，有巨大的影响，它将一切手工业嵌入于一定的模型中，因而使具有资本主义基础的产业无由成立，新发明亦不能采用，如采用某种技术的发明时，即将被视为一个新的种姓，被列入原有各种姓阶级之最末级。共产党宣言中所谓，"无产者将获得全世界，除锁链而外无可损失"一语，亦正可适用于印度人，惟印度人则谓必须今世履行最后之种姓阶级的义务后，来世方可脱离束缚。印度之每一种姓阶级，均有其传统的固定的生产程序，凡放弃其种姓所传下的生产过程者，不独被放逐出种姓成为流浪无依之人（paria），且失去其达到彼岸之机会（jeuseitsehance），即失去其轮回至更高种姓之希望。因此，印度之种姓阶级秩序，成了最可能的保守的制度。在受英国的统治之下，它始渐崩溃，但即在今日，资本主义之进行，亦殊迟慢。

由于异种族团体间交易阶段所发生第二个可能，是向市场专门化之发展。职业的地方分布，那就是说虽已不复是限于部落间的分工，但尚未与市场发生关系，由村落或领主用手工工人（大抵为他部落之人），强迫他们负担为村落或村落工作之义务。如印度之村落工业即属此类。德国至十四世纪时，领主尚有供给村落以一队手工工人之义务。于此已有了为自治生产的地方专门化，而此特化，大抵与劳动场所（arbeitsstatte）之世袭的专有相结合。

超乎此者，是一种地方的专门化，其结果成为对市场之专门化。其前阶段为村落及庄园工业之专门化。在村落内，一方为农民，一方为领主，领主为其需要，以代价（收获物之一部分等）使人劳动，雇用手工业者定住于村落内。因缺乏交换，故此与对市场的专门化不同。又，它尚带有异种族间专化之遗迹，盖手工业者多为外来之人；但亦许包括破落之农民，他们因土地不足，无法维持自己的生存。

诸侯或领主之家产的专门化的大家族内工业中，其使用手工业者即与此不相同，此项大家族内工业，可以为私目的也可以为政治的目的。此地，也是没有交换而发生专门化的。为领主支配供给他以某种服役的义务，是由个别的手工业者或全部手工业者担任的。古代时，曾广行此种状态：除Officia（大家族的职员，如账房处，通常由奴隶充当）而外，尚有artificia。后者，大抵由奴隶组织之并包有为大领地之自己需要而工作的佃户家（Familia rustica）内之某种手工业者，如冶匠、制铁劳动者、建筑劳动者、车匠、纺织工人，特别是妇女住处（Ruvaikeiov）方面之女工人、水车工、面包师、厨师等。他们也见于拥有众多奴隶的高级贵族之都市家族中。奥古士都皇后，即莉维亚（Livia）女皇之资财目录，是众所周知者，其中包有供应女皇之衣裳及其他个人需要的裁缝匠、木匠、建筑师等种种手工业工人。在印度及中国之诸侯宫廷中亦有类似的情形，在中世纪的庄园领主或僧院之庄园中亦可见之。

除为领主之个人需要而从事的手工业者外，尚有为其政治目的而服务者。希克索（Hgksos）王朝放逐后，埃及新帝国之皇室行政，即是大规模的一个例证。新国家中，有由以臣民之实物贡纳而成的仓廪制度。此外，有为供应国王之宫廷及政治需要的手工业上之工业的专门化。职官等由仓库领取实物作为报酬，受取一定的实物所得（Deputat），此实物报酬之证券可以流通，有如今日之国债证券然。此项证券，一部分以农民之工作为基础，一部分以已专门化的田产工业为基础。在近东方面之大田产中，如奢侈品手工业亦曾有发展和受鼓励过。埃及及米索波塔米亚之国王，使在他们工场中训练出来的工人，发展古代东方之艺术细工作品，倚赖了他们，因而使"村落"完成了文化史上的一个使命。

欲从此状态推移至顾客生产及市场生产，必须有能吸收生产物具购买能力的消费者集团方可；即须交换经济已发达至某种程度方可。这样的情势，正与农业发展中所见的相同。诸侯、庄园领主、奴隶所有者等，可将已训练过的劳动者当作劳动力使用之，为市场而生产，或亦可利用之为收益之源泉。如为第一种情形，则领主成为企业者，利用不自由者为劳动力，这在古代及中世均见之，由领主雇人贩卖。此即所谓交易人（Negotiator），即零卖商人（Kramer），他成为诸侯或类似家族之经理人。此种用人作为劳动力之方式，种类颇多。领主可用之为不自由的家内劳动者。他们住于自己的家中，须交付一定量的货物。他们用自己的原料或自领主处领来的原料，生产货物。古代时曾广行此种制度。织物生产物及陶瓷器生产物，均如此生产出来拿至市场去。这些物品，大概都在妇女住处所生产。中世时西利西亚及波美拉尼亚之制麻工业，均系如此发生。此处之领主，可说是手工业者之雇主。同时，领主亦可进而经营工作场。古代大地主之副业经营中，我人亦发现有制瓦业、砂石采掘业。此外，并有大的妇女住处，使用女奴隶从事纺织。喀罗林王朝之妇女住处亦然。中世僧院经济之工作场经营，如黑衣教团（Benedikt）及喀修昔教团（Karthäuser）派的酿造所、漂布场、蒸馏所及其他的经营，有特殊的发展。农业的副业之外，尚有用不自由的劳动的城市工业。在农村经营方面，庄园领主由他的不自由的劳动者的代理人而将生产物运到市场去，但在都市中，则有以商业资本使用不自由的劳动者而营企业的商人。这种关系在古代时，是极普通的。相传狄摩西尼（Demosthenes）曾继承其父亲的两个工场，一为武器锻炼工场，一为寝床制作场（寝床在当时为奢侈品，并非一般的需要品）。原来他的父亲，是输入刀柄及寝台上用的象牙之商人，因其债务者不能偿债即将其工场及奴隶收为抵当，故此二事业乃并在一起了。力息阿斯（Lysias）并曾述及一拥有一百个奴隶的制盾工厂（Fabrik）。由此二者，我们发现一方为少数上层阶级享用的生产，他方为战争的生产，惟两者均非为近代意义上的"工厂"，仅为一个工场。此类工场之是否以不自由的共同劳动，抑为合作的共同劳动经营，须视个别情形而定。倘使它是用奴隶劳动应市场而生产之大规模经营，则自其本质视之，应为劳动的累积，而非劳动的专门化及合作。许多工人一起工作，独立的产出同一种类之生产物。在此项劳动者之上，有一个工头（Vorarbeiter），他付二重的个体税给领主，只关心于生产物的保持一律。近世工厂之大规模的经营，在此种情形下，是完全不成问题的，因为，不必一定属于领主的（或虽有如此者）工场，并无固定的资本。奴隶蓄养之特质，使此种经营不能形成为近代的工厂。盖因人的资本（Menschen kapital），如遇贩路梗塞时，即大受亏损，与固定的资本（机械）尤全不同。奴隶特别容易有变化，易受危险；奴隶之死，是一种损失，不像今日，其生存之危险可转嫁与自由劳动者。奴隶又能逃亡，特别在战时如此，战败时更甚。雅典于伯罗奔尼撒（Peloponnesis）一役战败时，工业上所使用的一切奴隶资本，尽归溃灭。又，奴隶价格因战争而上落极甚，而在古代，则战争乃为常态。希腊之城市国家，继续在战争中，缔结永久的和平成为一种罪恶。人们均如今日之缔结商业条约那样，缔结有期限的和平。在罗马，战争亦为日常的现象。只有在战争时奴隶价格很贱，和平时则非常的昂贵。领主对此以非常高价购得的材料（奴隶），或使之合宿于营舍，或与家族一同蓄养。其次，女子与男子作不同的工作，因之，领主不能使其经营专门化，反须在自己的村落里经营极多的部门。如果已经专门化，则一位奴隶的死，往往即为很大的灾祸。此外，奴隶对于工作完全无兴趣可言，只有用了野蛮的训诫，才能榨取一些劳动，与今日自由劳动者在契约制度下之半息半作的劳动量相当。故用奴隶进行的大规模经营，实为稀有之例外。在全部历史上，此种经营能大规模进行者，只限于该部门为绝对的独占时。由俄国的前例，可知用奴隶经营的工场，与其独占之确立，有密切的关系。独占一崩坏，此等工场与用自由劳动者之工场发生竞争时，它便崩溃了。

在古代，不错工场常稍异其趣。领主非为企业者而为收利生活者（Rentner），他利用劳动力作为一种收利之源。他先使奴隶学习手工业。倘不将奴隶租与第三者时，即准奴隶独立为市场而生产，或自出租其劳动，或使奴隶自由经营其业务，惟均缴纳一种租金。这样就发生了经济上自由，而人格上不自由的手工业工人。这样的奴隶亦有一定的资本（Fondo），或由领主借与之，使之经营商业或小手工业。由此所唤起的奴隶之自己利害心，依普林尼（Plinius）所云，结果即领主甚至给予奴隶以遗嘱让与的自由。古代时，曾以此方法利用过许多的奴隶。中世纪亦有同样的状态，在俄国亦如是。而且我们到处均发现租税之一种术语，是证明上述之状态，并非异常而为常态的，如 $αποψορα'$，Leibzins，Obrok（均为税之名目）等均是。

领主利用此种奴隶时，其是否由自己经营，须倚赖于地方市场的存在，与奴隶可以出卖其劳动生产物或其劳动力的一般性质之市场而异。古代及中世纪之劳动组织，虽有同一的出发点，且最初相类似，但仍经过完全不同的过程者，其理由即由于两种文明下的市场性质之相异所致。古代时，奴隶尚在领主的权力之下，但在中世纪则已成为自由。中世纪时，已有古代所未有的自由手工业者之广泛阶级。其理由有种种：（一）西方之消费需要，较世界任何国之消费需要，有所不同。我们必须了解日本及希腊之家庭，需要些什么。日本人住于木材与纸所建之房屋中。家中之草席、木枕——寝床即由此等构成——及其他陶器等类已足形成全家之一切家私了。我们又从已被宣判的希腊贵族——此贵族大概是亚尔西巴德（Alkibiad）——之诉讼案卷中，发现其拍卖记录，据此，其家计之少，令人不能置信，此中美术品占了重要的部分。反之，中世纪的贵族之家具则远为丰富，且多为实用之物。此种差异，实根据于气候之差异。在意大利，即在今日，亦可无须暖炉，故在古时以寝床为奢侈品，一般人仅以斗篷裹身，席地而睡。然在北欧，则必须火炉与寝床。我们所有之最古的基尔特之文书，即为科伦（Köln）地方褥布织工的。希腊人只被其身体之一部分，虽不能谓之为裸体，然他们所需之衣服，实不能与中欧人所需者相比较。此外因气候关系，德国人之食欲，较南部诸国人为大，故但丁尝有"大食国德意志"（das Deutsche Fresserland）之语。只等这种需要有满足的可能，则按今日之所谓"限界效用的法则"，即不能不产生较古代更为广泛的工业生产。这种发展发生在十世纪至十二世纪时；（二）十世纪至十二世纪北欧较古代诸国，已有了更大范围的购买者和工业生产品。古代文化为沿岸文化；离海岸一日行程以上之地即无有名的都市。此狭小的海岸线以内之内地，虽亦已参加市场经济，然因仍继续其自然经济，故此等地带，购买力极其薄弱。又古代文化，以奴隶为基础。当此种文化侵入内地，开始形成内地文化时，奴隶之输入，即已停止，故领主即打算离市场而独立，以自己的劳动力以满足他的需要，罗般脱斯（Rodbertus）所认为这种整个古代世界特征的村落自治，实际上为后期古代之一种现象，至喀罗林时代达于顶点。其影响先及于市场之缩小，其后更及于财政的施设。此全部过程，是逐渐回向自然经济之过程。反之，在中世纪自十世纪以来，因农民之购买力之渐次增进，市场即开始次第扩大。农民之依存关系，压迫性逐渐减少，领主之裁制令已因农业精耕之非常进步，而失其效力。另一方面，领主因参与军事，不能由此进步获得利益，故一切土地收益之增加，均归诸农民。这个事实，使手工业的初次的大发达，成为可能，它产生了市场特许及都市建设之时代，至十二三世纪，复向东方发展。自经济的观点观之，城镇实为诸侯之投机；诸侯因欲获得有负担租税力之臣民，乃建设买卖者所集合的都市及市场。此种投机，并不一定如望成功。譬如因排斥犹太人的运动增加，犹太人多被驱至东方之时，波兰的贵族乃欲利用此机会以建设都市，然他们的投机大抵均遭失败；（三）奴隶制度作为一种劳动制度的不利。因为只有在能以贱价养育奴隶之时，奴隶制度始合算。在北方因不能贱价养育奴隶，故此处之奴隶，多用作收益之源；（四）北方之奴隶关系，有完全特殊的动摇性。逃亡的奴隶，多避难于北方各处，因为并无传达犯案者的组织，故领主们多互相诱惑其对方之臣民。逃亡者于是亦无多大危险，因为他可在其他领主之领地或都市内找得避难之所；（五）城镇的干涉。特别因为皇帝给特权与都市，由此特权，发生"都市之空气使一切自由"（Stadtluft macht frei）的原则。依此原则，凡定住于都市者，无论其从何方来，在何地位之人，皆成为都市之所属者。都市的市民阶级之一部分，即由此等新参加者所构成。有一部分为贵族或商人，一部分为隶属者，即熟练的手工业者。

因国家权力之渐次微弱，及因之而促进的都市之独立自治主义

（Partikularisums），更助成此种发展。此等都市既获得了权力，即可以藐视庄园领主。不过"都市空气使一切自由"一语，并非所至无阻。一方面，皇帝被迫对诸侯誓言，不许都市有超此以上的特权；但他方面，因皇帝需要货币，使他不得不更多给特权与都市。此为一种权力的斗争（Macht kanlpf），在此斗争中结果，与都市有利害关系的诸侯政治权力，证明比其利益在于保持奴隶的庄园领主之经济权力，更为强大了。

基于此项特权而定住着的手工业者，其来历各不同，几处于非常不同的权利地位上。他们中有极少数是有完全免除赋课的土地之完全市民。他们中间之一部分，为有支付体租之义务者（heibzinslente），须对都市内部或外部之一领主，支付赁租。构成第三种范畴者，为半自由人（Muntmann），他们在人格上虽有自由，但仍须依托一完全市民，代他们在法庭上辩护，故半自由人对完全市民，负有一定的劳役之义务，为受其保护之代价。

此外，都市中尚有自有手工工人并有特别手工业规制的庄园，但我们不能轻率的相信，自由的都市手工业劳动之规制，系由庄园的手工业劳动规制所产生。手工业者，通常均隶属于种种奴隶主（heibherr），此外尚须受制于都市领主。因此，只有都市自身，能为手工业秩序之根源，而都市领主，亦有不将都市权给与隶属其场所中之手工业者的，因为他不愿他的手工工人跻于都市的手工业者之自由地位。

自由的手工业者，没有固定的资本。他们有自己的工具。他们无资本主义的计算为根据。他们几常为工资工作者，只供给劳动力，但不供给生产物与市场。但他们常为应主顾定制而工作的顾客生产者。他们之是否继续为工资工人，或变为价格工人，皆由市场之情形而定。

工资工作，普通存在于为富裕阶级而劳动之处；价格工作则存在于为多数民众而劳动之处。民众只购买个别的已成品。故多数民众的购买力之增高，为以后资本主义成立之根柢，亦即为价格工作成立之根柢。自然，我们不能作严格的区别，工资工作者与价格工作者，可同时并存。惟在大体上，在中世纪之前期及古代，在印度、中国及德国有工资工作者皆占优势。他们可为外出的工作者（Störer），或为家庭工作者，此大概由材料之价格决定。金、银、绢、高价之布帛等，往往不让工人携往自己家中，以免盗窃隐匿，故使劳动者前来工作。因此，外出的工作者特别广行于上层阶级之消费方面。反之，家庭劳动者，则因其手工业工具非常费钱或不易搬运，故不能不在家内劳动，如制面包者、织布者、葡萄榨制人、制粉人等是；在这类职业中间，我们已发现有固定资本之萌芽。工资工作与价格工作间，尚有中介的阶段，为机会或传统所决定。但自用语之例观之可知工资工作，较占重要：εʹκδъτης，ωσθbδ，merces。这些语词，皆与工资有关，与价格无何种关系。戴克里先（Diokletian）条令中，亦趋向于工资税而不趋向于价格税。

第三节　手工业基尔特

基尔特，为手工业者按照职业之种类而专门化的一种组织，它的职务有两方面：即，对内要求劳动之规制，对外要求独占。基尔特为达此目的，对于在该地从事于手工业者，必须要求其参加，俾全体协力一致。

在后期的古期，埃瑟、印度及中国方面，有不自由的基尔特组织。它们是照顾对国家强迫贡纳义务的组织。其发生由于将满足政治需要的要求（不论其为诸侯之需要或一团体之需要），责之于各工业集团。为此目的，生产事业乃按照职别而编制。有人以为印度之种姓阶级，亦由此种基尔特发生，实在它们是由不同的种族团体间之关系所发生的。实行实物财政的国家，早已利用现存的种姓阶级，曾对工业施行实物课赋以充其需要。而上古时，尤其在军事上重要的工业方面，曾特有过有徭役贡纳义务的基尔特。罗马共和国之军队中，骑兵百人必有一工业工人队（Centuria Fabrum）。末期罗马国家，为使都市住民悦服计，曾有输入谷物之必要。为此目的，曾创设 Navicularii 之组织，使之造船。罗马帝国之最后数世纪中，因财政的理由，几将一切经济，均组织于徭役贡纳义务之上。

基尔特亦有形成为仪式的组合者。印度之种姓阶级，不全为基尔特，但好多确是仪式的基尔特。有种姓阶级存在之处，即没其他的基尔特，亦无存在之必要。因为种姓秩序之本质，内已含有将各劳动方式指定于一定的种姓阶级之特色。

基尔特之第三种类，是自由组合，它是中世纪时之特色。其起源或在近古时代，至少在罗马化的末期的希腊文明方面，已见有向具基尔特特征的团体的趋势。游动的手工业者，至基督纪元开始时始渐出现。要没有他们，基督教之普及，或将不可能。最初，基督教正是这种游动的手工业者之宗教，使徒保罗亦为游动的手工业者之一，他的所谓"不劳动者不得食"之语，代表他们的伦理观。

然在古代，只有自由的基尔特之萌芽。一般据我人所知而言，古代手工业实带有世袭祖传秘诀（Charisma）所决定的氏族工业（未结合于"村落"者）之特色。希腊、罗马时代之民主政治中，完全缺乏基尔特之思想，它与基尔特民主思想正相反。在雅典镇守神庙圆柱之下，雅典市民、客民与奴隶均一起工作。其没有基尔特思想的理由一部分为政治的，但主要则为经济的性质。奴隶与自由民，不能参与同一的礼拜。在已有种姓阶级制度之处，基尔特已不存在，因为它已完全不必要。在中国那样实行氏族经济之处，基尔特亦无重要意义。在中国，各个都市手工业者，均属于村落。反之北京或任何其他都市，都没有市民权，因之，亦没有与都市制度不可分离的基尔特。

反之回教徒间之有基尔特的组织固然是不常见，但往往如布哈尔（Buehara）方面那样，曾发生过基尔特之革命。

西方中世纪时基尔特之精神，可一言以表明其特征：基尔特政策即生计政策（Nahrungspolilik）。此即是，生计范围之缩小，虽使竞争增加了，但仍统制调整基尔特内部各分子之有利的合于市民的繁荣；使基尔特之各分子能维持和保障其传统的生计。这种传统的生计之观念，与现代的最低生活工资相类似。

基尔特以何种手段以达此目的呢？

基尔特之对内政策，在用一切手段，使基尔特之一切分子能机会均等。此与将耕地分为狭长小条使农民得机会均等者相同。为实现此均等，不能不阻止资本力之发展，特别是抑压各业主之资本的不平等增加，以及因此而发生的业主间之分化，其用意在不使一业主超出其他者之上。为达此目的，乃统制劳动过程。任何业主不许用传统方式以外的工作方式，基尔特并监督商品之品质，统制及规定徒弟及工人的数目。如果已成立了价格工作，则尽可能的规制共同的原料之获得。此外，基尔特或都市并购入原料，分配与各业主，及至向价格工作推移，手工业者作了小资本家，有充分资本以购入必要的原料时（十四世纪以来），基尔特即要求财产之证明。无财产者，可作工资劳动者，为他人所雇。当生计范围挤满之时，即行闭锁基尔特，限制业主之数目（惟此种情形发现不多）。最后它统制手工工人间之关系。基尔特愿意未成的生产品经过尽量长的过程，劳动者将其劳动对象，尽量长久的保持于其手中。因之，分工只当为单纯的分开，而非技术的专门化。例如在制衣工业方面，自原料之麻至制成衣服之生产过程，并非按照纺、织、染、制布等个别程序而分开，基尔特尽可能强制最后的生产物之专门化，例如要某劳动者专门生产长袜，某劳动者则生产衬衣，故在中世纪基尔特之目录中，吾人发现有二百种基尔特，然我们如从技术的见地看来，将需要二三千种。因为在生产过程之交错关系中，与市场最接近的手工业者，将压迫其他手工业者，使之降低处于工资劳动者的地位，基尔特的这种焦虑，是很有理由的。

基尔特如上所示，实行其生计政策，但尚须为其同业求取和保障机会的均等。为达此目的，必须限制自由竞争。因此，基尔特统制下述诸项：第一，是工业的技术，它限制各一分子所可有的工人人数，特别是学徒之数。倘将学徒制度用作为贱价劳动力时，即限制学徒之数目使每位主人只能有一人或二人。其次，是关于原料之品质。特别在合铸金属之工业中（如铸钟业），为保持制品之品质，免除不义之竞争计，合铸时施行颇严密之监察。第三，是关乎经营技术与商品之制作技术，如制造麦芽、制革装饰、染色等工业。第四，是使用工具之品质的监督。各个基尔特，各自保有只能自己使用的工具之独占权。工具之品质，受传统所规定。第五，在将生产物送入市场之前，必须检查其品质。此外，基尔特并统制产业之经济关系。第一，防止基尔特之内部，有某一企业特形发达，致凌驾其他业主使之屈服于其下，因而此种办法有限制资本之意味。为达此目的，乃禁止与基尔特外之外人协作。但此事之实行甚少。其次，禁止已承认为业主的会员为其他业主工作，否则他们将降为普通职工。又，为商人劳动时，将使商人发生批发制度，故亦禁止为商人的劳动。完成品出于工资工作的基尔特中之劳动者时，须当作顾客工资工作交付之，自价格工作者视之，以将生产物作价格工作卖与自由市场为理想。第三，基尔特统制购入机会，禁止争买。即，无论任何会员，均不许较其他会员更先的购入原料。又，常可应用通融权，即，会员之一遇不时之需时，可要求别一会员以原价让与原料。第四，基尔特亦禁止私卖。为达此目的，它常实行市场强制（Marktzwang），加强制止廉卖或用廉卖以争夺顾客的规定；这样价格的竞争被阻止了。第五，基尔特禁止贩卖非会员之生产物。如会员违反时，即认之为商人，逐出该基尔特之外。第六，基尔特为保障传统的生活标准，用评定价格（Preistaxen）以统制贩卖。

基尔特之对外政策，纯为独占政策。第一，基尔特为处理许多事件，常设置工业警察（Gewerbepolizei），及工业法庭（Gewerbegericht）。要不然，它就无法管理技术及经营，以确立会员间之平等。第二，基尔特大抵欲行，且已实行强迫会员制。此种强制，事实上虽屡屡卸避，但最少在名义上已做到。第三，基尔特多已获得基尔特地域权（Zunftbaun）。它大抵均求此项权力，在德国已完全实行，英国则全未实行，法、意两国只实行一部分。基尔特之地域权，就是一地域之独占权，在一基尔特占有绝对权力之地域内，除该基尔特外不许其他分子经营任何工业。此方法在于对付已归衰退之游动工人及农村工业。在都市内部，基尔特一旦掌握权力，即行取缔农村方面之竞争者。第四，一个基尔特之制品转至其他基尔特之手时，即须评定价格。此价格对内为最低价格，对外则为独立价格。第五，为使基尔特之方策有效计，尽可能的由分工以实行劳动之分化，这不是用劳动过程之分析的办法，此即是，如上所述者，而是使同一劳动者须自始至终以一人生产一己专门化之最终制品，将其保持于自己手中。它以此一切方策，防止它工业之内部发生大经营。它所无法防止者，即为批发商之发生，即手工业者对商人之依存关系。

此外，基尔特发展之后来的产物，尚有数种方策。此项方策，系以此为前提，即基尔特已达于生计活动范围之极限，不由地方的分工、资本主义的经营、市场的扩张，即不能创造新的营利机会了。基尔特先使升作主人的可能日益困难，曾设立"杰作制度"（Meisterstück），以达此目的。自其发达过程言之，此制度为比较后来的产物，自十五世纪以来，对杰作品已提出了非常严格的经济规定。杰作品之制作，自价值上言之，虽无何等意味者，甚者或有附以无意义之条件者，它无非是一种强制的工作而无报酬的时期，对于不甚富裕的人，发生故意留难之作用。除了杰作品强制之外，尚欲新进的主人有一定的最少资本之证明，俾已成为价格工作者的主人，得独占其地位。

至此，始有学徒及普通职工之组织，这特别是欧洲大陆之特征。开始时，先规定徒弟之修业年限，以后则次第延长年限，在英国，曾延长至七年，但在他国为九年，德国大抵为三年。徒弟卒业以后，即为普通职工（Geselle）。对于普通职工，亦规定有一个工作无报酬的期间（Karenzzeit）。在德国，此种事情曾使游动的职工制（Wandergesellentum）由以发生。职工欲自为主人以前，须先游动一定的期间。法国与英国均完全无此制度。此外基尔特设定绝对的最高数，以限制主人之数目。此方法不独因基尔特之独占利益而行之，也是因都市（特别是由都市领主或都市参政者）而成立的，因为主人数目过多，尤其后者恐将使军事上或生计政策上重要工业之供给力不足。

此种主人数之确定法，与世袭的主人地位之倾向，有密切的关系。结果，加入基尔特时，主人之子息或子婿，享有优先权，成为中世诸国之一般现象，虽然它从未成一种普遍的原则。因此，中世末期之手工业，现出小资本主义的特征。与此相当者，为普通职工阶级之形成。此阶级虽非只发生于手工业作为价格工作而经营、有一定资本用于购入原料及经营之处，但在实行限制主人数目之处则发生最多。

第四节　欧洲的基尔特之起源

庄园领主及诸侯之大家族中，我人已知除offcia而外，尚有所谓artificia，以供给经济上及政治上之需要为任务。基尔特是否由此项庄园领主的组织产生出来，像所谓"庄园法说"（Hofrechtstheorie）所肯定的？此说之见解如下：庄园制度因自己之需要而保有手工业者，此为显明之事实，此庄园的组织随乃发生庄园法。特许的市场制发生后，乃开始货币经济之时代。庄园领土因可向商人征收关税，故以设立市场于自己领域内为有利。因此，从来只为庄园领主之需要而贡献徭役的手工业者，今则有了贩卖机会（absatzgelegenleit），且可利用此机会了。其次的发展阶段为城镇。都市通常均为基于皇帝所给与诸侯或庄园领主的特权而建设的，诸侯或庄园领主，为欲将因庄园法而依附他的手工业者，用为收益源泉，故利用都市。因之，他使手工业者设立基尔特，以达其军事性质之政治的目的，或出于家计之需要目的。因之，基尔特原为都市领主（即 magisteria）之正式组织。至此，乃开始第三阶段，即基尔特之联合时代。结合于此庄园法的组织中的手工工人，实行团结，又因他们由市场之生产可得货币，故成为经济上之独立者。于是开始为市场及自治而斗争，手工业者次第获得胜利，随之庄园领主因货币经济之侵入，终被夺去其专有。这个说法就整个而言是不足取的。此说并未充分观察到都市领主，即司法领主（gerichtherr）与庄园领主间之不同，以及都市之建设，常须由赋有都市特权之人接受了司法领主裁判权力而后可。司法领主可以如庄园领主、奴隶领主之对其臣下那样，借他的司法官身份的权力，对住居其管辖区内者，征收平等之课税（但因为要鼓励来者，不能不将负担力求减轻，故其课赋有一定之限度）。因之，我们亦常见臣民之贡纳入于司法领主之手中，此项享受，本来只限于奴隶领主者。故领主之有遗产税或对继承遗产之要求份额权，并不一定是奴隶制度之确实的表征。都市领主，亦可向非奴隶的非庄园的臣下，要求此等权利及份额。故隶属于都市领主的手工业者，并不一定由该司法领主之奴隶关系中所产生出来。至谓基尔特为庄园法所产生，此种主张，实证上更不能谓为得当。事实上，我们在同一都市中，可发现分散的庄园，同时又可发现其后变为基尔特的一种统一之趋向。谓庄园之一的习惯法，便足作为此种统一之根基，实不可能。不独如此，庄园领主甚或阻止属于 artificia 之臣从的手工业者加入基尔特。又，基尔特勃兴前之结合〔如友爱会（fraternitates）〕，是否就发展成为基尔特亦无何等的确证。友爱会为宗教上的团体，但基尔特的来源，则为世俗的。不错，有许多宗教团体，后来成为世俗的结合，但就基尔特而论，它的起源实在是世俗的，其宗教的职务，乃是中世末纪，特别是在圣礼祭行列再兴后的事。最后，庄园法说太概括的估高了领主之权力。他们的权力，在不与司法权力相结合之时，实比较为微弱者。

庄园制度实际上所贡献于工业及基尔特之发展者，乃在庄园法说所提及的另一方面。庄园制度与市场特许及古代之技术上的传统相结合，助成脱离家族团体、氏族团体而独立学习的手工业者。因而在西方，庄园制度乃阻止其发达为家族工业、氏族工业、部落工业（如在中国及印度）的因素之一。因古代文化之自沿岸进入内地，乃完成了这个结果。实行地方专门化，成立以地方市场为目的而劳动的手工业制之内地都市，亦即发生，且将异种族间之交换排斥了。村落经济，养成了高度熟练的手工业者。因为他们开始以贩卖为目的而劳动，故有支付体租义务的劳动者相率流入都市，为市场而生产。基尔特助长了此倾向，帮助它胜利。凡基尔特不占胜利或不发生之处，则如俄国那样，家内工业与部落工业仍继续存在。

西方的自由手工业者与不自由手工业者孰为原始，对于这个问题，不能概括的作答。无疑的在文献上，不自由手工业者较自由手工业者为先提及。并且最初仅有少数种类的手工业，在《舍拉法典》（Lex Salica）内，只有 faber，他为铸铁者，亦为木工或其他的劳动者。六世纪时，南欧已提及自由手工业者，但在北欧则至八世纪时始有之。自喀罗林王朝时代以来，自由手工业者乃次第增多。

与此不同者，基尔特系先发生于都市。故人欲明确理解其成立过程，必须明白中世纪时都市之住民，实为种种成分所构成，并非只有自由身份者始得享受市民之特权。多数的住民，为不自由者。同时，类似于奴隶制或庄园制的对于都市领主之贡纳，未必即为不自由之前提。无论如何，都市手工业者之大部分，多从不自由中发生，则要为无疑，只有为市场而生产、以价格工作送至市场的人，乃被认为"商人"（Mercator，技术上说来此语之意即为市民）。多数的手工业者，原处于一种监督关系（Muntmaun）之下；而凡尚属不自由的手工业者，则在领主之司法权力裁制之下，这些都是明确之事实。惟所谓属于领主之司法权力者，只限于属于领主裁判权范围内之事，即，只限于手工业者尚有庄园内之土地，且有庄园的贡纳义务时；至于市场之事件，则不属于领主裁判，而属于其所属之村长或城市法庭裁判。他之受村长或城市法庭之裁判，也并非因手工业者之为自由或不自由；而因其为"市民"参与都市事务之故。

在意大利，基尔特似自后期罗马时代以来即继续存在。反之，在北方，似乎没有不基于司法领主所许与的权利之基尔特，因为只有司法领主，才能行使维持基尔特生命所必要的强制权力。在基尔特之前，或许先有种种私人的结合，不过我们无从知其详细。

都市领主对基尔特原保有某种权利。特别是，为都市之目的，必须自基尔特抽取带有军事及经济性质之贡纳（租税），故要求有任命基尔特首长之权。领主屡以生计政策的、警察的、军事的理由，深入干涉基尔特之经济事务。其后，基尔特或以革命手段，或付代价买收，获得此一切都市领主之特权。一般说，他们自始即已实行斗争。最初，他们为获得自举首领或发布命令之权而斗争。盖要非如此，即不能实行其独占政策。关于会员强迫加入基尔特的斗争，因为与都市领主自身有利，故未遇大的困难。它们也为解除课于他们的负担、徭役（都市领主或市参事会员的）、免役税（身体的或与地租有关的）、警察的罚金〔一〇九九年时，马因斯（Mainz）的织工已为免除徭役的决定斗争，曾得到有利的解决〕、房租等等而斗争。此种斗争，结果往往由一次付与一定金额，作免除负担的代价，此金额则由基尔特以连带责任募集。此外，同业组合并对监护制度斗争，特别对于裁判时领主作被监护者之代辩人一事斗争。政治上一般的与豪族争取平等的地位。

此项斗争获得胜利以后，基尔特特有之生计政策，以实行基尔特之独占为倾向，即行开始。消费者最初起而反对。但消费者有如今日，他们是没有组织的。但都市或诸侯，也许可为消费者之代表。此两者，在其力之所能及者，曾强烈的抵抗过基尔特之获得独占的要求。都市为要充分供给物品与都市之消费者，常不顾基尔特之决议，保持其任命"自由主人"（Freimeister）之权。都市并设置市立屠畜场、肉类发行所、面包灶等，往往强令手工业者，使用这种设备，由此而将食料品工业，置于广遍的管理之下。此种控制，当基尔特之初期尚未有固定资本时，更易实行。此外，基尔特确定最低工资及最低价格，都市则确定最高工资及最高价格，以评价的方法与基尔特之优越权抗争。同时，基尔特又不能不与其他的竞争者抗争。在这一类竞争者的名目下，包括庄园手工工人，特别是乡村或都市内的僧院手工工人。僧院与受军事上之妨害的世俗庄园领主，完全不同，因其合理的经济经营，故僧院可有种种工业的设备，且可集积巨额之财富。僧院为都市市场而生产时，实为基尔特之强有力的竞争者，故基尔特与之作激烈的斗争。即在宗教改革时代，僧院的工业劳动之竞争犹为使市民立于路德方面之一原因。此外，对反对乡村之手工业者，不问其为自由或不自由手工业者，定居的抑或是巡行的。在这个斗争中商人常与乡村手工工人一起对付基尔特。斗争的结果，便是家内工业和部落工业广泛之毁灭。基尔特之第三种斗争，系对劳动者方面的。即，自基尔特以各种形式，或者如闭锁基尔特，或增加成为主人的困难以阻止会员人数后，他们便不易或不许成为主人了。于此禁止不依主人经营而独立经营的劳动，不许有自己的住宅（因为普通职工如有自己的住宅，则不易监督，不能使之受主人的监督）。且禁止普通职工在成为主人以前结婚，不过此事并不能实行，一种已婚的职工阶级成了通例。基尔特并与商人，特别是零卖商人斗争，因为零卖商人供给都市之市场，且以最廉的价格获得生产物。零卖商人较之远地商业（Fernhandel）危险较少，因而能得确实的利润。所谓零卖商人，兼营商业的裁缝可谓其典型，实为乡村手工业者之友，都市手工业者之敌。他们与基尔特之斗争，为中世纪时最激烈的斗争之一。与此斗争相同时者，在同一基尔特之内，以及各基尔特之间，亦有斗争。此项斗争，发生于同时包含有资本的手工业者与无资本的手工业者的基尔特中，无资本的手工业者即有变成为有资本的手工业者之家内劳动者的机会。同一生产过程内，有资本的基尔特与无资本力的基尔特间，亦起斗争。此种斗争，在德国、弗兰特及意大利，曾发生了残酷的基尔特革命，在法国曾爆发一次大骚动；在英国则推移至资本主义的批发制度，几乎完全没有革命的暴力行动。此斗争之发祥地，为生产过程横断的被分割而非纵断的分割之处。斗争特别发生于纺织工业方面，因为在这里，织工、整毛工、染工、成衣工等相互并立，故发生了，生产阶段之那一个单位，将使市场归于自己，将主要利得归于自己，而使他人作自己之家庭劳动者。于此，整毛工往往获得胜利，将其他一切部门都推倒了，使他们只能以购入原料加工制成而将其生产品运至市场为满足。在其他方面，亦有洋毡制造者或织工得胜利的。而在伦敦，裁缝师颇得势力，将其他一切起先的生产阶段尽置于其自己的支配之下。结果，在英国，基尔特中富裕的店主与手工业变成没有什么关系了。此种斗争，初以妥协告一结束，但后来，此妥协发生了生产阶段中之某一阶段将市场据为己有的结果。在苏黎京（Solingen）方面之事例，也许可以作为典型的例证。在那里，铁匠、磨刀师、擦刀师于一四八七年经长期斗争后订立一个条约，按此，三个基尔特皆保有市场的自由。不过结果，却由磨刀师的基尔特掌握了市场。在此类角逐中，大抵生产过程之最终阶段，能获得市场，因由最终阶段，最易通晓顾客之情形。在某种最终生产物保有特别有利的市场时，大抵如此。故马具师在战时，有使鞋皮店服从自己权力之最好机会。或者，在生产过程中资本最多的阶段，能使用贵重的生产设备者，常占胜利，使其他的人服从其自己的支配。

第五节 基尔特之崩坏及委托工作制度（Verlagssystems）之发达

中世末期以来日益显著的基尔特之崩坏，沿着好几种路线：

（1）在基尔特之内部，发生了手工业者变成为商人或雇主的事实。有经济能力的主人们，购入原料，将工作委与同基尔特中人，由他管理生产过程，然后再以制出品出售。此为与基尔特体制相矛盾者，然它正就是英国尤其是伦敦基尔特发展之典型的路径。基尔特民主制虽对元老（olderman）们作绝望的抵抗，它终变成为商人的组合（livery-company）了。在其中只有为市场而生产的会员，始有完全的资格，另一方面降而成为替他人劳动的工资劳动者或家庭劳动者，选举时均丧失投票权。因之，并丧失其所有的一分的监督之权。但此转变，却使从来被基尔特民主制所妨阻的技术进步，成为可能了。在德国，未曾有此种形式的发达；在德国，手工业者如成为批发商，则改换基尔特而加入杂货小商人、裁缝师或兼营商之 Konstabler（警吏）等高级输出入商之基尔特。

（2）一基尔特可以别的基尔特为牺牲而勃兴。好像许多基尔特中，都有商人的主人，手工业者之基尔特，亦有成为商人基尔特者，且强制其他的基尔特人员为他们服役。此在生产过程被横断的分割时，即有可能。英国（如兼营商业的裁缝）与其他各处都有此种例证。特别是在十四世纪时，为欲对其他基尔特获得独立权而起的基尔特间之斗争，不胜枚举。通常往往有两种过程，同时进行，即在个别的基尔特内部，一部分主人变成为商人，同时，许多基尔特变成了商人的组织。此类事件之征兆，大抵为基尔特之联合。基尔特之联合，见于英、法而不见于德国。与此相反之现象，为基尔特之分裂，及特别在十五六世纪时所有的商人之结合。例如整毛工基尔特、织工基尔特、染工基尔特内之商人，进而组为一个组织，以共同统制整个工业。于是完全不同的生产过程，即结合于小经营之共同基础之上。

（3）凡原料价格很高，且其输入需要巨额资本之处，基尔特即成为依赖于输入业者。在意大利，丝绸曾为此种过程之动因，在佩鲁查（Pergia）亦然，但在北方则为琥珀。新的原料亦可成为此种动力。如棉花即曾有过此种影响。棉花一成为一般需要之对象时，即成立与基尔特并立而变其形态的委托企业。例如德国对于此种发达，阜格家（Fugger）曾有重要之任务。

（4）基尔特成为依赖于输出业者。只在经济发达之初期，家内工业或部落工业，能自行发卖其生产物。反之，一种工业如果全部或强度的以输出为目标时，批发商即成为必不可缺；手工业者个人，在这种输出的要求中失败了。反之，商人不独有必要的资本，且对市场经营，有必须具备的知识，而且把它们当作营业的秘密。

曾为委托工作制度之根据者，为纺织工业。远在中世，即已开始发生。纺织工业中，自十一世纪以来，即有羊毛与麻布之斗争，十七八世纪时，则有羊毛与棉花之斗争，结果，都是后者获胜。查理曼大帝只穿麻布，其后，随军备之日益缩小，对羊毛之需要增加，同时随森林之开垦，供给毛皮的兽类日益减少，毛皮因以日益腾贵。羊毛制品，成为中世市场之主要商品，它在法、英、意各处均成为主要角色。羊毛虽有一部分是在乡村加工的，但成为中世都市的盛大及经济的繁荣之根基。例如佛罗棱萨之都市革命中，先头前进者即为羊毛劳动者之基尔特。在此处我们也发现有委托工作制之痕迹。早在十三世纪时，巴黎之羊毛批发者，已曾为香槟（Champagne）展览会之永久市场而工作。大体而论，在弗兰特最先有委托工作制度，后来英国亦有之，在英国、弗兰特之羊毛工业者促进了羊毛之大量生产。故概括言之，粗制羊毛、半制羊毛及完成品羊毛之三阶段，实决定了英国经济史之过程。在十三四世纪时，英国输出羊毛及羊毛的半制品。因染工与成衣工之要求，英国之羊毛工业，终变为完制品而输出。此发达过程之特质，为依靠乡村职工及都市商人的委托工作制之勃兴。英国的基尔特主要者成为商人基尔特，至中世末期，又允许乡村手工业者之加入。此时成衣匠及染色工等住于都市，织工则住于乡村。终至在都市商人之基尔特内，一方面勃发染色工与成衣匠间之斗争，他方面，勃发与输出业者间之斗争。输出资本与批发资本相分离了，故当依利萨伯[1]（Elisabeth）女皇时代及十七世纪时，在羊毛工业内部，曾有抗争；在他方面，批发商资本又不能不与基尔特斗争，此为工业资本与商业资本之最初的斗争。此类事情为英国一切大工业之特征，亦为使英国基尔特完全丧失其对于生产发展上之影响的原因。

更进一步的过程，英、法两国与德国互异其路径，这是因为资本与手工业基尔特间之关系两者不同所致。在英国，特别是在法国，向委托工作制度的推移，实为普遍的现象。对此之抗争并未受任何干涉

---

[1] 依利萨伯，今作伊丽莎白。——编者

而自动停止。结果，在英国，自十四世纪以来，代劳动阶级而兴起者，有小主人的阶级。在德国，情形恰好与此相反，英国方面上述的发展过程，即为昔时基尔特精神之消失。在基尔特相联合或合并之处，此过程之发动力，即出于不愿受基尔特之限制所妨害的商人阶级。因此，商人阶级结成基尔特实行团结，摒斥无资本的主人。因此基尔特能够自己维持着长久的时候。实际上为富裕而有名誉者之组织的伦敦市，其选举权即为基尔特之遗迹。在德国，其发达过程与此不同。德国之基尔特因生计范围之缩小，及次第自封，并且政治的关系亦占有一部分影响。英国方面，没有那种支配全部德国经济史的都市独立自治主义（stakpartikularismus）。德国之都市，曾尽量进行独立的基尔特之政策，即在已被诸侯领土所并合之处，亦是如此。反之，在英国与法国，都市之自立的经济政策，因都市之自治已被截断故早已归于衰颓，英国诸都市，因为可以选代表出席议会，而当十四五世纪时（其后虽与此相反），议会议员大多数，系由都市选出，故觉得前途进步无可限量。与法国作百年战争时，议会决定英国的政策，又集合于议会之各种利益，曾并合施行合理的统一的工业政策。其后，十六世纪时，曾确定统一的工资。工资之确定，不再经治安法官之手，而由中央当局决定。这便减轻加入基尔特之条件，亦即为在基尔特中占重心，且选代表至议会的资本主义商人阶级得势的前兆。反之，在德国，都市成为诸侯之领土，掌握基尔特之政策。诸侯虽为秩序与安宁计监督基尔特，但一般他们的策略都是保守的，和依照基尔特之陈旧的政策的路线。因之，即在十六七世纪之严重时期中，基尔特仍维持存在，能实行闭锁它们的组织；摆脱了锁链的资本主义之奔流，已经泛滥于英、荷两国，法国虽不如英、荷之盛，亦已流入，但德国则留在后头。德国在中世末期与近世初期之初期的资本主义运动中，未占领袖的地位，正与其在数百年前封建制发展中居于领袖地位相反。

社会的紧张关系之差异，更生出其他显著的分歧。德国自中世末期以来，在职工间曾有工会同盟罢工及革命之事。在英国或法国，此等事件极其难得。因为在英、法等国，职工有成为直接为批发而劳动的家内工业小主人之表面上的希望。反之，在德国，因为缺乏委托工作制，故并无此种表面上的独立希望，同时，亦因基尔特之闭关政策，使主人与职工之间发生了敌对的关系。

西方前资本主义期的委托工作制，不一律是从手工业发展而成，甚至也不成为一种通例；此类情形在德发生最少，在英国则较多。因乡村劳动力代替了都市劳动力，或因新原料（特别是棉花）之出现而发生了新的工业部门，而使手工业与委托工作制度并立者，情形极其普通。手工业尽量持久的对委托工作制度斗争，斗争的时间在德国比在英、法为长。

委托工作制度发展之典型的阶段，有五：第一，对手工业者，批发者有事实上的买入独占权。此买入独占，大抵由手工业者之负债发生，即批发者强制手工业者将其全部制品批给他，理由是说既为商人，当然比较更熟悉市场的情况。故买入独占与贩卖独占及代理商之占取市场，有密切的关系。只有他能知商品最后停于何处。第二，批发者之供给原料。这现象是常见的，然并不一定一开始即与批发者之买入独占相结合。在西方，此阶段虽为一般的，然在欧洲以外，则为稀有之现象。第三，生产过程之管理。批发者对于此点，有重大之关心，因为他对制品之品质的均一不能不负完全责任。故半制品之供给多与对手工业者之供给原料有密接的关系，如十九世纪之卫斯特法楞麻织工，不能不按照先指定的方式以制作经线与捻线是。第四，由批发者供给工具，这种情形虽常见，然亦不能谓十分普通。在英国，十六世纪以来，批发者即已供给工具，然在大陆，则其传播较迟。就一般言之，此关系只限于纺织工业：批发者曾大量的定购织机，以之租与劳动者。于是劳动者完全与生产工具脱离，同时，企业者更努力于独占其生产物之处置。第五，批发者更进行种种生产过程之合并化；这也是不常发生的，比较在纺织工业中最习见些。批发者购入原料，委托给各劳动者，使生产物在完成状态以前，保留于劳动者手中。一经实现此阶段后，手工业者乃复有一个主人，与家产手工业者完全相同。所不同者，他领受主人之货币工资，为市场而生产的大企业家，代替了以前贵族家族。

委托工作制度之所以能存持如此久者，实因固定资本微薄之故。如在织造业方面，所谓固定资本者，不过是织机而已，在机械的纺织机发明以前，纺织业中几无有配称为固定资本者。此种固定资本，仍为个别劳动者所有，其构成的部分，散在各处，并不像近代工厂之集中于一处。因之，固定资本，并无特别的重要性。

家内手工业虽曾普及于全世界，然其进步至最后的阶段，即由批发者供给劳动用具及详细管理生产之各阶段，则除西方以外，均为比较上稀有之现象。据我人所知，在中国及印度虽非全无此种制度，惟就一般而言，则在古代，殊难寻出委托工作制度之痕迹。即在一般通行制度之处，形式上，手工业主人制度亦仍继续存在。此制度亦能使包含有职工及徒弟的基尔特仍存在，惟基尔特于此已脱离其原始的意味，即，它或成为家庭劳动者之组合（但此非近代的工会，只为近代工会的先驱而已），或在基尔特之内部，发生工资劳动者与雇主之分化。

就不自由的劳动力之资本主义的管理方式而言，我们看出家内工业正如庄园工业，或僧院工业一样，普及于全世界。至于作为自由的制度而论，则家内工业与农民之工业活动有关；农民渐次成为为市场而生产之家内工业劳动者。这种发达之过程，特别见于俄国之工业。所谓 Kustar 者，最初将小农家庭之剩余物，携入市场，经第三者而贩卖出去。此为家内工业，不趋向于部落工业，而推移至批发制度之一例。在东方及亚洲，亦有同样的事情。不过在东部批发制度之发达，显为劝工场（bazar）制度所改变，即，手工业者之工作场，与其住宅分离，接近于集于一处的共同贩卖场所，欲以此尽可能的离商人而独立。在某种程度内，它代表中世的基尔特制度之加强。

除了小农的手工业者而外，都市的手工业者亦须依赖批发者或代理商。特别是中国为最好的例证。惟在中国，氏族贩卖其所属者所生产的制品，与氏族工业之结合关系，阻止了委托工作制度之成立。在印度，种姓阶段妨碍了手工业者之为商人所全部屈服。至最近为止，商人并不能像别处那样将生产手段收入掌中，因为在种姓阶级内，生产手段是世袭的。虽然在印度亦曾发生过原始形态的委托工作制度。此种制度，在此等国家内所以不能如欧洲之发达者，其最终且最本质的理由，在于不自由的劳动者之存在，以及尽中国、印度之神秘的传统主义。

第六节　工场生产——工厂及其先驱者

所谓工场生产，与家内劳动相反，包括家庭与工业经营的分离，在经济史上，曾以种种形态表现出来。它的各种形态如次。

（一）**分离的小工场**　此种工场，曩昔存在于各处。为便于共同劳动而并置多数工场于一处的劝工场制度，即以家庭与工业经营之分离为基础。

（二）**工场（ergasterion）**　它也是普遍的；它的中世纪的名称为Fabrica，这一语的意义是多义的，也许可以释为由一群工人所租来用作为劳动场所的窨室者，亦可以释为强迫工人使用的庄园工资工场制度。

（三）大规模的不自由的工场经营　此种经营在一般经济史上是常见的，特别在后期埃及更为显著。它无疑是从古埃及王之大产业（cikos）中所产生；由此似乎发生出工资劳动的工场。后期希腊文明时代上埃及有些棉织工场，或即为此种最初的经营，然正确的断定，须俟究明拜占庭帝国及回教国的资料后，始有可能。这样的工场，在印度及中国也许有之，而在俄国者，则为其典型。但俄国之工场，似乎模仿西欧之工厂而发生。依旧时之学者——包括马克思（Karl Marx）——把工厂与制作场加以区别。制作场为用自由劳动的工场经营，不使用任何机械的劳动力，而使多数劳动集合一起作有规律劳动的工场。但这种区别，带有诡辩的意味，其价值殊有可疑。其所谓工厂，则为用自由劳动及固定资本的一种工场经营。固定资本之组成如何，于此并无问题，它也许是一架高价的马力起重机，或水力机。其有决定的重要性者，厥为企业者之以固定资本而经营，在这一方面使资本计算成为必不可缺。因此，此种意义的工厂，表示生产过程之一种资本主义的组织，换言之，即使用资本主义计算及固定资本，在工厂内作专门化和协作劳动的一种组织。

　　成立而且维持此种工厂之经济的先决条件，为大量的需求及继续的要求，那就是说即市场之一定的组织。不确定而且非继续的市场，在企业家视之，是不足恃的，因为景气消长之危险，将置于他之肩上。例如织机为企业者所有时，他遇不景气解散织工以先，他对于织机必须妥加计算。故其所作为目标的市场，不独须广大，且必须比较继续的。为此，又须有一定量的货币购买力。货币经济，非与之有并行而充分的发展不可，因而才可计算一定的需求。第二个先决条件，是生产过程之技术，须比较便宜。此种必要，为固定资本所规限，因为固定资本，必使企业家虽在萧条时，亦得继续进行其经营方可，如企业家只使用雇用的劳动者时，他可以把机器停下的损失转嫁与劳动者，为要获得继续的市场，企业者须较家内工业及委托工作制度之传统的技术，更能贱价生产方可。

最后，工厂之成立，与一定的社会条件亦相连系，即非有充分的自由劳动者不可。工厂之成立，在奴隶劳动之基础上，是不可能的。

近世工厂经营上所必要的自由劳动者，只有西方存在，且只在西方有充分够用的分量。因之，工厂制度也只有在西方才能成立。劳工群众是在英国——后来工厂资本主义之本家——用了没收农民土地的方法而产生的。英国因为岛国的关系，不必要庞大的陆军，只用少数曾受高度训练的佣兵及临时兵即已足用。故英国从未有保护农民的政策，并且成了没收农民土地的本家。因此而投入市场的多数劳动力，第一，使委托工作制度及小主人制度能成立，其次，则使工业的工厂制度得以发生。因农村人口之无产化，故早在十六世纪时，已有浩大的失业人，使英国焦虑于救贫的问题。所以在英国工场制度，是自然地发生的，但在大陆上，国家不能不加以有计划的培植，这一事实，也足以释明为什么关于工场制起源的资科[1]，在英国的文献比起大陆方面的文献要贫弱得多。十五世纪末以来，在大陆方面，生计范围因一切营利机会之专有而减少，救贫问题乃逼迫而来。故在德国，最初的工厂出于强制雇佣的贫民救济及劳动者救济的设施。这样，在德国，工场制度之成立，只为当时经济制度的人口收容力（bevölkerungskapazitäl）之一个函数，即，当基尔特不能供给人口以谋生的必要机会时，推移至工场制度之可能性便逼近了。

西方工厂制度之先驱　手工业基尔特的经营，是不用固定资本而进行的，故不需多大的设备费。但即在中世，已经有些生产部门，需要某种的设备。此等经营，或由基尔特公用地、或由都市、或由封建

---

[1] 应为"资料"，误作"资科"。——编者

地领主供给资本而经营，在中世以前在欧洲以外，它们不过是领主经济的补助。

与基尔特手工业并存的工场式设备，有下列数种：

（一）**各种磨坊** 碾粉磨坊初为庄园领主或司法领主所设立。特别是水磨如此，因为领主有管水权，故水磨也就归他所有，它们通例有合法的强迫使用（Miihlenbaun），要非如此，它们或许便不能存立。其大多数为僧院、领主、都市或地方领主所占有，如勃仑敦般（Brandenburg）侯在纽玛克（Neumark）地方，于一三三七年时，曾有五十六所磨坊。磨坊均为小规模者，但其设置决非各个制粉业者之经济能力所能及。一部分磨坊，为都市所有，通常它们由诸侯或都市出租，出租常常沿为世袭，经营常以零售为基础。无论谷物水磨坊，或锯木磨坊、榨油磨坊、漂布场等都是如此。因国王或都市之将磨坊贷与都市之贵族（patrizier），故形成一都市的磨坊特权阶级。当十三世纪之末，科伦地方有十三个磨坊的贵族们，组织一个组合，按照一定比率分配所获利益。此种组合与股份公司不同之点，在于它利用磨坊，即将之作为收益的来源。

（二）**面包灶** 此地也是只有封建领主、僧院、都市及诸侯才能在财政上完成焙面包灶的技术设备。它原为自己之需要而设置者，但其后则用于租赁，因而发生面包灶强迫使用之事。

（三）**酿造场**（branhaüser） 酿造场之大多数，原为庄园领主之物，有强制使用的特权，虽然主要在于供庄园的需要。其后，诸侯将酿造场，作为一种封建的赐与，且一般以这样设备的经营作为有特许的让与。这是在大量的麦酒贩卖开始之时便发生，竟致一地因酿造场太多而有不能得租税收入的危险。在都市内，除自己用酒的酿造不计外，有都市的强制使用酿造场特权，它一开始便是一种世袭相传的工业，因之酿造业是以贩卖为目的。强制使用酿造场之特权，为都市贵族之一重要权利。与麦酒酿造之技术的进步相同时者，即与加味，强烈混成酿造，及调制浓厚之麦酒等相同时者，贵族的特权也有了专门化。每种制酒各属于不同的贵族市民，因之酿酒的权利，即归之与最先采用最完备的技术经营法的各都市个别贵族了。与此制度而并立者，有自由的酿造之权，即，有酿造资格的市民，可在酿造场任意酿造。因此，我们在酿造业中，亦发现有无固定资本而共同经营的企业。

（四）铸造业（giesserei） 它们在枪炮发达以来，占有极大的重要性。意大利较其他诸国，曾先使用大炮（bombardieri）。铸造业最初为都市的设施，因为都市最先使用炮兵，而在各都市，据我人所知以佛罗棱萨为最先。诸侯之军队，自都市采用炮术，因之，发生了诸侯的铸造业。但都市之铸造业与诸侯之铸造业，均非资本主义的经营，都无固定资本，仅为直接满足所有者之军事政治需要而生产。

（五）锻铁场（hammerweck） 此与制铁业之合理化同时兴起。此种设施之最重要部分，设于矿山业、熔矿业及盐坑业之地域内。

以上所观察的一切经营，均系共同地，而非资本主义的经营。私经济的设施，能相当于资本主义之最初阶段者，即将工场、工具、原料等集于一人之手，与近世工厂之形成只缺少大的劳动机械及机械的原动力者，当十六世纪时，随处均能找到例证，或在十五世纪时，即已有之，惟十四世纪时则很明显绝无存在。最初先发生者，为工作完全没有专门化或专门化极有限而将工人集中于一处的经营。此类等于工场的经营，曾存在于各时代。惟此处所论者，与工场有所不同，即它使用自由的劳动。不过于此，"穷困"的强制，是从来所常常见过的。不能不参加此种工作的工人，因绝对不能自获工作并置备劳动工具，更无其他的出路可供选择。其后来与贫民救济有关，更采取强迫贫民参加此类经营的方案。此种工场之组织，特别是纺织工业方面者，可于十六世纪之英国的一首诗歌中见之。工场中将二百架织机装置一起，它们是属于企业的所有主的，由他供给原料，生产品亦归于他。工人为工资而劳动，于此，童工亦被佣用作为正式工人或助手。这是并合劳动之初次的出现。为供养劳动者计，企业者雇佣有屠夫、面包师等等。此种经营，曾为人民所耸异，连国王亦幸临观光。但至一五五五年时，因基尔特的严令，国土乃禁止此类集中的经营。其能发此种的禁令，实为当时经济情形之特征。至十八世纪时，单由工业及财政政策之见地观之，已无压抑大工业经营之可能性。但在那个时候尚有可能者，因为在形式上，上述经营与委托工作制度间之差异，只有于织机集中于所有者一人之手这一点。这对于大企业者，为一大便宜，因为纪律的劳动初次成立了，使统制产物及产量归于一致成为可能。但对工人这实在是一种不利（它迄今仍为工厂劳动的一大恶点），即他在外界情形的强制之下而工作。劳动管理虽对企业者有利，然同时危险亦增加。企业者如果像一位批发者那样将织机出租，那么它们之被天灾人祸而一举毁灭的机会，要比较集中一处时少得多。且怠工、叛乱等事，在那样情形下亦不易实行。总之，这样的规制就整个而论仅代表同一工场内若干小经营单位之集积。故当一五四三年时，英国实不难禁止保有二个以上的织机。此禁令最多仅能破灭工场，并不能破坏已经专门化了且合并化的自由劳动体制。

新的发展倾向，见于技术的专门化，工作的组织化，以及利用人类以外之动力中。内部本身有专门化及组织化的经营，在十六世纪时尚仅为少数的例外。对于此种设施之努力，至十七八世纪即已成为典型之事。人类以外的动力源，最初为动物的（马力起重机），其后为自然力，初时利用水力，后始用空气：荷兰的风车，最初被用以排出新辟低地（polder）的积水。工场中实行纪律劳动，加上技术专门化、劳动组织化及使用人类以外的动力，近世工厂之成立即陈于我人之眼前了。推进此项发展者，为最先使用水力作为动力源的采矿业。它发动了资本主义的发展过程。

由工场经营推移至使用固定资本的劳动专门化与组织化，我们已经知道其先决条件之一，须有最小范围的稳定的市场之存在。这可以说明，为什么在为满足政治需要的经营中，我们最先发现这种专门化的内部分工及有固定资本的工业。大经营之最初的先驱者，为中世诸侯之货币铸造所。为管理此铸币所计，其经营不能不为密集的经营。货币铸造者被称为"一家之人"（hansgenossen），用极简单的工具劳动，但却是实行相当深刻的内部劳动专门化的工场经营。故在此处，我人已发现有后世工厂之散见的例证。其后，在广大的范围上，随技术的及组织的规模之发达，此种设施乃大部分成为供给武器之需要，政治上统治者必须供给军队以制服时，它又成为制造制服的设备。制服之采用，以军服之大量需要为前提，反之，亦须战争能创造市场以后，对大量需要的工厂经营始能成立。此外，在此种工厂中亦占最重要地位者，为战争需要上的他种经营，特别是火药工厂。除军队需要之外，可有确实贩路者，为奢侈品的需要。奢侈的需要，要求有花毡工厂，地毡（其成为墙壁及地上装饰品，在十字军以后，系仿效东方者，遂成为诸侯宫廷之惯用物了）工厂；金器、陶器（西方诸侯的制作所之范本，为中国的工场）工厂；玻璃窗、玻璃镜、天鹅绒、绸绢及其他精巧的布、肥皂（它的起源比较是近代的，古代用油相代）工厂、糖厂，所有皆供社会之上层阶级享用。其第二种类的经营，则由于仿造为高级人士所享用的生产品，使奢侈品民众化，以满足人民大众的奢侈需要者。凡不能得到花毡等织物，又不能购买美术品者，亦得用纸裱壁。因此，壁纸工厂早即成立。青色染料、浓糊粉、zichorie（咖啡代用品）等，也属于此类。民众们用模造品以代替上层阶级所享用的奢侈品。

除此中最后所述者（糖）为例外而外，一切此类生产物，最初时之市场均非常有限，只限于有宫廷或类于宫廷的家计之贵族阶级。因此，此种产业，如无独占或国家特许之基础，便无一能存在下去。此项新经营之对于基尔特的法律地位，极不稳定。新经营不为国家所支持，或不能得补助金时，至少须要要求获得明白的特权及特许。国家为了确实保障供给贵族家计之需要，为替在基尔特内不能生活的过剩人口谋生计计，因国库收入而为增进人口之租税负担计，即授予它们以这样的特权和特许。

因此，法国的法兰西斯（Franz）一世，曾设置圣爱亭（St. Etienne）武器工厂及封腾布罗（Fontainbleau）之毡帐厂。于是就陆续发生为国家之需要及上层阶级之奢侈需要而有特权的皇家工场。由此开始的法国之工业发展，在科尔白特（Colbert）时代，又采取了另一种形式。此种国家的处置，在法国亦与英国相同，得以容易实行，因为基尔特之特权，不一定行于该基尔特所在之都市全体，例如，巴黎有颇大的部分即在基尔特的管辖之外，故近世工厂之先驱得设置于此项"特权环境"（Milieu privilegie）内，不受基尔特的干预。

在英国，基尔特纯粹为都市的团体。在都市外部，基尔特的法令不生效力。故工厂工业仿委托工作制度及工场经营之先例，完全设置于非都市的地方。因之，直至一八三二年之改革令时，工业方面尚不能选议员至议会。在其他方面，至十七世纪之末，几尚不见有关于此种制作场之记载，但亦不能谓其全无此种工场。因为基尔特之权力已经非常衰落，故工厂对基尔特并不需何等特权，即无国家之保护，亦可成立。此外，尚可假定，倘有德国那样的情形存在，而无以小主人制度作更贱价的生产可能时，则更可较快的发展至工场生产。

荷兰方面，我人亦未闻有何种国家的特权给予，然在阿姆斯特丹（Amsterdam）、哈连姆（Haarlem）、乌特勒支（Utrecht），则早已有荷古诺新教徒（Hugenott）所设立的许多制造镜、绸、绢、天鹅绒等的工厂。

在奥地利，一方面，当十七世纪时，国家曾屡用抵制基尔特的特权之给予，以吸引制造业者至本国。同时，另一方面，大的封建领主设立工厂，其最初者，或为布希米亚辛纯道夫（Sinzendorff）地方诸侯爵所建的丝织厂。

在德国，最初的工厂，发生于都市的地盘上，当十六世纪时，发生于沮利克（Zürich），即荷古诺新教徒的亡命者，在此建立丝绸工业。其后即迅速的普及于德国各都市。奥格斯堡（Augsburg）于一五七三年时，有糖之制造，一五九二年时有缎的制造，一五九三年时努连堡（Nürnberg）有肥皂制造，一六四九年时安纳堡（Annaberg）有染色工业，一六八六年时萨克森（Sachsen）有精巧织物之工场，一六八六年时哈勒（Halle）及马德堡（Magdeburg）有织物工场，一六九八年时奥格斯堡有金丝工业，及十八世纪以来，各处有由诸侯经营或由诸侯保护的陶器工场。

于此，我人可总括一言，即工厂并非自手工业发起，亦非牺牲了手工业才发生的，最初实与手工业相并存者。工厂系向新的生产形式或生产物进行，例如生产基尔特手工业所不能生产的棉花、陶器、彩色绸缎、各种代用物之类，以与手工业竞争。从工厂方面，大量的侵入手工业之领域者，实为十九世纪之事。而在英国之纺织工业方面，则此种侵入，曾以委托工作制度为牺牲，于十八世纪时已即发生。手工业当然也对工厂及由工厂产生的密集工场竞争过，尤其在根据原则的理由上；因为它们感到新的生产方法之威胁。工厂既非由手工业产生，同样，亦非由委托工作制度产生，而是与委托工作制度同时并存。在委托工作制度与工厂之间，有决定的意义者，厥为固定资本的数量。在不必要固定资本时，委托工作制度直至今日亦尚可继续存在，在必要固定资本时，则工厂便发生了，虽则工厂并非由委托工作制

115

度所产生；一个原为庄园领主或共同经济的设施，可以由一位企业者承受，在私人的经营之下，作供给市场的商品生产。最后，应须注意者，即近世的工厂，并非由机械所产生，毋宁说两者之间有相关的关系。机械的经营，最初曾利用动物力，即阿克来（Arkwright 一七六八）之最初的纺织机，亦用马力运转。但工作之专门化以及工场内之工作纪律，实为先决的条件，亦即是使用机械及改良机械的推动力。于是设置奖金，鼓励新机械的发明。"用火举水"的原则，出于矿山的经营，建立应用蒸汽动力之上。从经济上看来，应用机械的重要性，即在于系统地计算之采取。

近世工厂之成立，影响于企业家及劳动者，非常广大。

工场经营，即在应用机械以前，其意义已包括：工人不在消费者之住宅，亦非在自己之住宅，而在工场中工作。某种形式的劳力之集中已经有了。在古代，埃及之王或庄园领主为自己之政治的或大家计的需要，而进行生产。反之，现今的劳动者之主人，则为市场而生产的工场所有者，即企业家。将工人集中于工场之事，在近世之初期，一部分是出于强制的。例如穷人、无家室者、恶汉，均被强制派入工厂，在纽喀斯尔（Newcastle）矿山内，至十八世纪时，劳动者尚带有铁镣。至十八世纪以后，契约劳动到处代替了不自由劳动。劳动契约有种种意义：第一，因不须购入奴隶，故节约资本。第二，奴隶之死亡，原为领主之一种资本损失，但用劳动契约时，则此项危险即可转嫁与工人本人。第三，不用担心工人之生育，反之如用奴隶经营，便须注意奴隶之家庭的生育问题。第四，能纯粹按照技术上的目的作合理的分工，虽则它已有先例存在，惟终须有了契约的自由劳动集中于工场，始成为通例。第五，使正确之计算成为可能，此种可能性，亦须工场与自由劳动者结合在一起时始能有之。

虽有此一切使工场经营得以发展的有利条件，然起初时，工场经营仍不稳定，有些地方常遭失败而消灭，例如，在意大利及西班牙均如此，西班牙未拉斯揆司（Velazquez）之名画，曾为我人描绘此种工场经营，后来却没有了。十八世纪前半期以前，工场经营尚未占有供给一般需要上所必不可少的不能代替的地位。有一件事，是确实无疑的；即在机械时代以前，用自由劳动的工场经营，无论何处都未曾有如近世初期之西方这样发达的。在其他地方，发达过程之所以不出于同一途径之理由，将于下面说明。

印度曾有过高度发达的工业技术。但在印度，因种姓阶级之障阻，不能发达出如西方所有的工场，因为种姓阶级不能互相协调。印度之祭祀权（Sakralrecht），固未致使两同种姓阶级之人不能在同一工场内工作的程度，"工场是清洁"（werkstall ist rein），是句流行的话；但印度工场制度之所以不能发达为工厂者，种姓阶级的排外性无疑要负一部分的责任。凡与种姓阶级以外之人共同劳动的工场，即视为非常变态者。在十九世纪以前，一切想采用工场经营的努力，即在黄麻工业方面，还是十分困难。就是种姓阶级之严峻的束缚和缓以后，印度人之缺乏劳动训练仍为一种大障碍。各种种姓阶级，有其不同的礼拜形式，有其不同的劳动休养，要求不同的休假日。在中国，村落的氏族关系势力非常之强。工场劳动，在中国为共同的氏族经济。此外，中国只发展委托工作制度。只有皇帝与大的封建领主，创设集中的经营，特别在陶业方面用了奴隶的手工业者，为自己需要而生产，只有极有限的一部分供贩卖，大抵皆作继续经营。古代之特征，为奴隶资本之政治的变动性。在古代，虽曾有奴隶的工场，但这是一种极困难，且危险的经营。故领主宁利用奴隶作为收益之源，不利用作为劳动力。如我人更精确的观察古代之奴隶财产，则可知奴隶财产中实混合极多种类的奴隶，故无论如何不能实行近世的工场经营。这也并不难了解，有如今人之将其财产投于各种证券，古代的奴隶所有者，为分散其危险，乃不得不雇用各种各色手工业者。不过最后结果，使奴隶所有不能促成大经营。在中世初期，曾发生缺乏不自由的劳动者之现象。市场虽或有供给不自由的劳动者的，但数量不多。此外，更呈资本不足之现象，而货币财产则不能用作资本。农民及工业上之熟练的自由劳动者，有很多的独立机会，此与古代完全不同，因为自由劳动者可因不断殖民而避难于欧洲东部，且有不为以前领主所干涉而受保护之机会。因此，在中世初期，颇难创设大规模的工场经营。加之出于工业法，尤其是基尔特法之社会束缚，力量渐次扩大。但纵令全无此等障碍，恐亦无充分广大的贩卖市场。故即使已有了大经营存在者，我人亦见其日就衰退而已，犹如喀罗林王朝时代之农业大经营那样。国王之国库（fisei），或僧院之内部，虽亦有工业的工场劳动之萌芽，然亦归衰颓。工场经营，在近世初期固亦为诸侯所经营或赖诸侯之特权而隆盛者，但在那个时候则更孤立，且缺乏特殊的工场技术。工场技术至十六、七世纪始徐徐发生，其初次确立则在生产过程机械化之后。不过刺激此种机械化者，实为矿山业。

第七节　近代资本主义形成以前的矿山业

采矿，最初为露天的经营（oberfiächenbetrub），如非洲内部之沼矿及沼铁，以及埃及之沙金，或为原始时代的主要矿业产物。推移至地底经营时，即须设立竖坑及坑道，因而须要颇多的劳动及经费。但矿业的经营是很危险的，因为人们不能预知一个矿脉能有若干矿量，地底采掘所需要的巨额流动经费，究能得多少赢利。如不能支出此等经费，则矿业即将衰落，竖坑将为水所浸。结果，地底经营多在合作的基础上进行。实行合作的经营时，经营权（betriebsrecht）及对于会员的经营义务（belriebpflicht），同时发达，即，为使各人不致危及团体，故不许其退出经营。

经营单位，最初很小，中世初期，在同一竖坑内之工作者，普通不出二人至五人。

由采矿所发生的诸法律问题中，最重要者，为对于一定场所内之矿业，究竟谁享有经营权的问题。此问题可从种种方面解答之：第一可解答为"马克"共同体可享有此矿业经营权，但对此并无积极的典据。亦可解答为此种异常的发现物之权利，非由部落经营，而属于部落之首长者。但此亦并不确实，至少在欧洲，并无确实之典据。

在我人已不必单靠推测之时代内，法律关系依下面的二种可能性形成。第一种可能性：试掘权作为部分土地权（pars fundi），即地表面所有者，也即是地下矿物的所有者，于此农民之土地所有，不在此限，只领主所有的土地，有此权利。或者一切地中的财宝，均为国王之特权。他是政治的支配者，即裁判领主，国王之侍臣，或即为国王本人，可以处置它们，无论何人，虽为土地所有者，如无政治权力之特许，均不许经营开矿。这一种政治支配者的特权，实出于对铸币制度上所需贵金属之关心。其他的可能性，则不问是庄园领主或特权领主有此权利，只看谁为发现者。在今日已确立了采矿自由之原则。此即是，在一定的规定之下，任何人都有矿产物试掘的权利，得有执照发现矿脉的发现者，虽无土地所有者之许可亦有采掘矿层之权，只需对其所生之损害，付以一定的赔偿。近世采矿自由之原则，在国王特权之基础上，较在庄园领主法之基础上，更易形成。庄园领主有权利时，将排除他人而使矿脉之探求成为不可能，但特权领主，有时反以吸引劳力来开发较为有利。

详细地说，开矿法及矿业经营之发展历史，采取如次之路径：

关于印度、埃及等西方以外的最古经营，我人只知极少的事实，如上古埃及王在赛奈（Sinai）山所经营的矿山。关于希腊、罗马的矿业组织，则稍为明白。罗林亚（Lanrion）之银矿，为雅典国家所有，由雅典国家出租经营，而将其生产分配给市民。萨拉密斯（Salamis）海战时得胜的船队，即由市民数年不领其分配额所造成的。至于矿山如何经营，则无由知悉。惟从富裕之家，常有熟练的矿山奴隶，如伯罗奔尼撒战役内的尼舍斯（Nikias）将军，曾有数千奴隶，他将他们出租与矿山租地人，从此我们可以窥测一二。

关于罗马事情的资料，也不是完全明晰的。一方面，《罗马法典》（*Pantekten*）中曾提及罚为矿工之事，由此观之，似乎因犯罪判为奴隶或购入的奴隶是普通的。但在他方面，又确曾实行过某种淘汰，至少可证明，凡在矿山犯法的奴隶，常被鞭打，而逐出矿山。无论如何，在葡萄牙所发现的哈德良（Hadrian）时代之 Lex metalli Vipascensis，表明已曾使用自由劳动。采矿是一种皇家的特权，但却不能因而就推论有一种采矿的王家特权；皇帝在他的属省可以自由处置，执取矿山是他们习见的行使权力而已。Lex metalli Vipascensis 所提及的技术，与古代其他资料上所传者相反。在普林尼的著作中，知因欲从矿洞排水出地，故用一列奴隶，以吊水桶为之，反之，在 Vipasca 所述，矿洞排水，除卷上竖坑之外，并已设有坑道。中世之掘凿坑道，亦可传统地追溯至古代，但其他方面，在 Lex metalli Vipascensis 中，有许多反映中世后期的情形。矿山受皇帝之钦差（procurator）支配，他等于中世政治领主之矿山监理者。此外，并规定有工作的义务。个人有将五架不同的掘凿器（putei）推入地中的权利（中世时竖坑之最大数为五，正与之适应）。我人并须假定，每人有完全将五部掘凿器用于经营的义务。如在规定的一定短期间（其期间较中世所规定者更短）内不行使其权利，则即被夺去，由任何能实行此权利的人占有之。我人也发现，在最初有强迫的付款，如不付款，则任何人均可占取其矿山。矿区之一部，系为国库保留（后来中世初期亦如此），并须将其总收入之一部分，缴纳国库，其量为收入之一半（但在中世，已次第减少，减至七分之一或七分之一以下）。经营由协作的工人进行之，凡自愿参加者均可加入。为筹措建设坑道及竖坑之费用，此组合之各参加者有付款与组合之义务。如不付款时，该项权利即作无效，任何人均可获得之。

中世时，德国贵金属之生产冠于各国，但锡由英国开采。在德国，先引起我人之注意者，为王有矿山之存在。但此种国王的矿山，非因国王采矿特权而生，乃因土地属于国王而起，例如十世纪时近哥斯拉（Goslar）之拉密尔斯堡（Rammelsberg）矿山。此外并在国王之河川中，淘取砂金，由国王受取租金，但此亦与矿山相同，并非基于矿山特权，而基于国王对该河川之权利。国王以采矿权出租，始见于亨利二世之时；但根据亦非因国王之有采矿特权，不过将土地出租与寺院而已。一般说来，凡所贷与僧院者，以国王因有国家之土地支配权而保有合法权利者为限。本来，国王对一切矿业产品，均有什一税权。此权利大抵即贷与私人；不过在寺院方面，在十一世纪时，已由国王，作为王家财产而贷与。

公家权力对于矿业之关系，至霍亨斯多芬（Hohenstanfen）王朝时代，更进一阶段。作为康拉特（Konrad）三世之政策基础的国王特权，由腓特烈一世（Friedrich Barbarossa）明白规定了：他明言无论何人均应负担一种贡纳，以得国王之特许，乃可有采掘的特许（licentia fodiendi）。如此，则即在庄园领主亦须得国王之特许。此种情形，迅速地成为公认的事实，萨泽森斯必格尔时已承认国王之矿山特权。但国王矿山特权之理论上的权利，随即引起与诸侯之冲突。最初承认矿山特权为各诸侯之特权者，即金字条令（Goldene Dulle）。

矿山方面国王与封建领主之斗争，亦见于其他各国。在匈牙利，国王曾屈服于国会之上院议员，因为他欲经营矿山，则非完全购入该处地面不可。罗杰（Roger）一世时尚认地中宝藏属于土地所有者的西西利，至十二世纪后半期，实行其矿山特权之要求权了。法国及英国，则向反对方面发展。在法国，约一四〇〇年以前，贵族曾要求矿山权作为部分土地权。其后，因国王得胜，成为特权的绝对所有主，一直至法国革命，才宣布矿山为国家财产。在英国，国王约翰（Johen）要求一般的矿山特权，特别是重要的锡矿。但一三〇五年时，国王已不能不承认，采矿已可不必依国王之特许。至十六世纪依利萨伯时代，事实上，特权只限于贵金属，其他一切矿山，均被认作为部分土地权；所以正在勃兴的煤矿业，免除了国王的特权要求。在查理一世的时代，发展过程又再变动。结果，国王完全屈服，一切矿山之财宝，均成土地所有者或"地主"的财产。

在德国，矿业自由，即试掘自由，非由马克团体得来，乃由所谓"已被解放之山"（Gefreiter Bergen）而来。已被解放之山者，乃庄园领主得容许任何人可去采掘之处。在十世纪时，拉密尔斯堡矿山，尚为国王所经营。十一世纪时，国王将其贷与哥斯拉市及华尔根雷特（Walkenried）之僧院。僧院更以自由竞争之法，收纳贡纳，容许各人掘凿及采矿。一一八五年时，特棱特（Trient）之大僧正，亦以同一方法，准许自由劳动者所组成的矿区团体内之各组员，采掘其银矿。此种发展过程，使人想起当时之市场特权与都市特权，实基于熟练的自由劳动者在十一至十四世纪时所占取的优越地位所致。因熟练的矿山劳动者极少，故有独占的价值，各自治的政治权力互相竞争，竞以给予好处以资吸引。此项好处之一，为矿业自由，即在一定范围内，有采掘之权利。以此发展为基础，德国之中世，可分为如次诸期。

有时虽间有提及农民支付关于矿山的贡纳，但发展趋势，似从最有力者之集中的自己经营的情形而出发。其次而且最重要的时期，为矿山劳动者有强大势力之时期。此时期内矿山日益变成为劳动者之所有，领主成为单纯的租赁领主，仅利用矿山作为收益之源。领主渐被夺其专有了。因此，经营之所有者，成为劳动者之合作者，他们共分收入，正如农民之分配其土地所入相同，竭力严守平等的原则。于是成立了包括矿山利害关系者，即在矿山劳动者（其后已曾工作者）之矿区团体。但矿山领主不在此内。此团体对外代表其团员，且对领主作贡纳之保证人。结果，矿区团体之团员，即所谓矿夫（gewerke），负有矿区生产费用之责任。工作经营完全是严格的小规模的，各个矿夫所能获得的最大限，为七个竖坑，而竖坑则只为原始之穴洞，矿夫在竖坑采掘时，坑即为其所有；如果停止工作，哪怕期间极短，亦将失去其所有权。因矿区团体连带保障租费，故矿山领主完全不再自行经营。其租赁权，即其应得之部分，复不断的减低，原来收取生产物之一半者，逐渐变为七分之一，终于减至九分之一。

其次时期，为劳动者开始分化之时期，形成了一个不参加劳动的矿夫阶级，以及虽参加劳动，但须依于不劳动者的阶级，与委托工作制度领域内之发展过程相同。此种状态在许多地方于十三世纪时已屡屡发生，惟尚未到普遍的境地。在此状况下，领主所得的部分之限制，亦依然存在。因之，不能发展为大资本主义（虽在比较短时期间，曾获巨大的利益），只能为小收利生活者之私有。

第三时期为资本需要增加的时期。此资本需要，特别因坑道经营之范围日渐增大而来。为换气与排水，须日益开深坑道——此种深坑道，到后来才有收益——故须预支巨额的资本。因此，资本家乃加入矿夫之团体。

第四阶段为矿石交易集中之阶段。本来各个矿夫各自获得他所有的一份实物，可以自由处置。结果，矿石商人事实上获得了处理采掘物之权利，于是商人之势力日益增大，其最显著者，特别是十六世纪时的大矿石商人之出现。

在此种状况的压迫下,矿石之贩卖,次第进展至矿夫组合(gewerkschaft)一手贩卖的情形,因为用此方法,矿夫得防御矿石商人之权力。结果,矿夫组织即成为经营上之指导者,代替以前由各别矿夫独立采掘的情形。于是复发生下面的结果,即矿夫组织成了有资本计算的资本组合,矿夫之采掘物及红利,由矿夫组织之会计处发给。于是就有按期的清算期,按各劳动者的工作记入其贷借对照表。

个别的观之,近代资本主义形成以前的经营形态,作如次的发展。矿山劳动者团结起来后,领主不得不放弃干涉经营之权。矿夫禁止领主的办事人进入竖坑。只有会员,有互相监督之权利。经营义务,虽尚存在,然此已非为领主之利益,而为组合之利益,由组合负贡纳的责任。因此,这颇类似于虽已废止奴隶制而各人依然为土地所束缚的俄国之密尔。更进一步,对于份额,更发生矿夫之确固的专有。如何获得此份额,最初是否为实物的,是否由此实物的份额至以后始发生矿山采掘权(kuxe),即抽象的份额,这是争议未决的问题。一切工资劳动者,均属于矿区团体,但只有份额之所有者属于矿夫组织。何时发生矿夫组织,虽为疑问,但矿夫组织与矿区团体之所属者,并非同为一事,此为确实无疑之事。在矿山工人不独保有生产手段且保有原料之后,工人之间发生内部之分化及分解,结果,为资本主义的出现。对矿山劳动者的需要之增加,引起了新参加者之增加。但比较老资格的工人,拒绝容纳新参加者加入团体。此项新参加者,成为"同伴外者"(ungenossen),即工资劳动者,为各个主人做雇工,主人按其自己的计算,付给工钱。因此,即发生协作的或相赖的矿夫,外部的分化以后,继之以内部的分化。各劳动者因在矿夫的生产过程上所有之地位不同,发生对矿山权利之差异。例如,因专门化之需要增加,对矿山冶工之需要亦增加。他们很早成为工资劳动者,除货币工资之外,尚可领受生产收益之一定的份额。各竖坑之不同的生产力,亦影响此种分化。矿夫组织原先采用基尔特的原则，组织了占有生产力特别大的竖坑，有权以所收入分配于全体矿山工人间。但此原则已被抛弃。在各个别矿山劳动者对于受危险的机会，渐次发生差异。有获得巨大的利得；但有时只好忍饥忍寒。股份转移的自由，同样促进这种分化，因为不参加劳动的分子，可以将其所得份额贩卖。因此，一种纯粹资本家的利害关系，亦能加入矿区团体了。因矿山深度增加，资本之需要亦增加，乃完成了此全部过程。于是排水用的坑道之建设以及设备高价的搬运装置，日益成为必要。资本需要之增加，一方面，只有富裕的矿夫才能有完全的矿山所有权了，同时，他方面，新的贷与，亦逐渐限于有相当的资本的人了。同时矿夫的组织，亦自行开始集积财产。本来矿夫组织是没有财产的。各个矿山劳动者，处置自己的竖坑，且须先付费用。矿夫组织只在矿夫不履行经营义务时出而干涉。但现在，则矿夫组织因为建筑排水竖坑及开发横层的需要增加，不能不自筹资本了，在最初时，建设竖坑、横坑均由各同伴分担，各自得到矿业收益的一份。矿夫视这种份额的分去为眼中之钉。他们努力将坑道收为己有。矿夫组织今已成为资本所有者了。但各矿夫仍须对其竖坑之费用负责，换言之，即仍须先付费用；在他不复实际参与经营之后，这便被认为他的最重要的职务，与从前相同，矿夫仍常须雇入工人，仍须与他们缔结契约，支付工银，此种情形，逐渐地趋于合理化。各竖坑所需要之费用是非常不同的。实际工作的劳动者可以协同一致对抗个别的矿夫。于是矿夫组织终乃掌握了雇用工人及付工钱之权，由它预付总计算上的开凿竖坑费用及支出其他费用，且制作总计算，最初时，范围极小，每周计算一次，其后，每年作一期计算。各矿夫只需付其应出部分之金额，对采掘物即有要求分配之权，最初时系以实物分取。此种发展过程，最后成为矿夫组织将采掘物全部贩卖，按各矿夫应得之部分，分其收益与各矿夫的情形。

因此种发展过程，矿夫等前所努力过的阻止其内部不平等的方策，今乃消灭了。例如，本来不许一人有三份以上的矿山份额，以防止此种矿山份数之集中的禁令，今已被废除。随着矿夫组织自身之愈益掌握全体经济之进行，矿区组织之愈益扩大，以及已扩大的矿区贷与个人者为数愈多，此类的限制，不得不告废除。特别是从前可无限制的容许自由劳动者之加入采掘，结果发生不合理的技术及不合理的竖坑设备，到现在都改正了。更因经营之合理化及无出产力的竖坑之休止，增加了矿夫组织之联合，此在十五世纪末，已实行于夫赖堡（Freiberg）之矿山。此种现象，在许多方面，使人想起基尔特之历史。发展至此，自十六世纪以来，特权领主乃与矿山工人团结起来进行干涉。在小资本家矿夫下的矿山工人，以及各矿夫自身均苦于经营之不合理及危险，同时特权领主之收入，亦因此减少。因此，由于经营之收益及工人之利益计，特权领主之干涉乃设定统一的矿山权，由此而发达矿物的贸易。此等权利，乃大资本主义的发展之直接先驱；它们根据于一般工业之合理的技术的与经济的经营之上。作初期发达之基础者，仍为工人类似基尔特组织中矿区团体之固有地位，另一方面，特权领主创设了合理的矿夫组织作为资本主义的经营机关，规定抽象的份额，和预付及采掘权的义务（抽象份额的数量最初为一二八）。矿夫组织乃一手雇用工人，与矿石购入者经商。

矿山业之外，有镕矿所亦自立的存在。镕矿所与矿山业同为较早即带有大经营性质的工业。木炭为经营镕矿所必不可缺之物；因之大森林的所有主，即庄园领主或僧院，亦即为昔时之典型的镕矿所所有者。有时，亦有镕矿所之所有与矿山业相结合者，但非多数如此。在十四世纪以前，均为小规模经营，如英国一僧院，曾有不下四十个的小镕矿所。但最初的大镕矿所，亦正以僧院为基础。在镕矿所与矿山业兼为各别经营时，矿石商人即参与其中间。矿石商人一开始即组成基尔特与矿夫组织斗争。在其业务之执行上，因矿石商人极为敏捷，故立于有利的地位。但无论如何，我人不能不承认，在他们的联合上，已胚胎有勃兴于十五世纪末，及十六世纪初的大独占之萌芽。

最后，不能不注意者，为最有价值、最有决断性，而为西方世界所特有的煤。在中世纪时煤已次第增加其重要性。我们发现僧院曾创立最初的煤矿，在十二世纪时已经提到灵堡（Limburg）煤矿，纽喀斯尔（Newcastle）煤矿，在十四世纪已作市场生产，十五世纪时萨尔（Saar）地方煤的生产已经开始。惟此一切经营，皆为消费者而生产，并非为生产者而生产。伦敦在十四世纪，烧煤是禁止的，说煤足以污浊空气。但此禁令没有收效。英国之煤的输出非常增加，以致不能不特别设置检查炭船之官员。

以煤代木炭镕解铁矿而成为典型的经营者，起于十六世纪。此时乃开始铁与煤之富有运命的关连，一个必然的结果，便是竖坑掘凿之加深，于是对于技术上，又发生了各种问题，即，如何始能"用火举水"的问题。近世蒸汽机之观念，实发源于矿山之坑道建设。

第三章　前资本主义时代的财货及货币之流通

第一节　商业发达之出发点

最初时，商业为异种族间之事件；在同一部落或同一团体的分子之间是不发生的，它是最古的社会共同体的一种专以异种族为目标的对外现象。不过商业亦可为异团体间生产专门化之结果。在此种情形之下，或为异族间生产者的通商，或为他族生产物的贩卖。但最古的情形，常只为异种族间之交换关系。一族以其生产物自营商业者，可以有种种形式。自营商业，常由为农民及家内工业经营者之副业而发展，一般为季节性的职业。由此阶段，乃有行商及小贩之成为独立职业；随乃发展出专门经营商业的部落共同体。但也有些从事某种专门化工业的部落，而为其他部落所需要者。还有一种可能性，便是商人世袭阶级的成立，其典型的例证，可于印度见之。在印度，商业为固定的世袭阶级所独占，即，在礼仪的封锁之下，为商贾（Banja）种姓阶级所独占。除此基于异族基础上经营的商业而外，尚有为宗派、礼仪所封锁的商业，即，魔术的礼仪的限制，事实上将该宗派之所属者，驱出于其他一切的职业之外。此可于印度之耆那教（Dschaina）中见其事例。耆那教，禁止杀伤任何生物，特别是禁杀弱小生物。因之，耆那宗徒不能成为战士，不能经营许多工业，例如用火的工业，因恐虫类有死灭之虞。又如下雨时，因在水中恐踏死虫蛆，故不能旅行。因此耆那教徒除定住的商业外，不能经营其他任何业务。他们的诚实，与毗舍世袭阶级，同为众所周知者。

犹太的商业贱民之发展，本质上亦经过同样的发展。在其流浪期以前，犹太民族中曾有极多的身份阶级，如骑士、农夫、手工业者及极少的商人等。预言及流浪之影响，使犹太人由定住民族而变为寄寓民族，他们的仪节即禁止从来的一切定住性。凡坚执犹太的礼仪者，即不得为农业经营者。因此，犹太人乃成了一个市民贱民，不知法的乡人与所谓法利赛（Pharisäischen）的"圣者"间之对立，在《福音》书中仍可看出。在这种转向商业的时期中，所以特别注重货币的商业者，乃因如此始能献身于法律研究之故。因此，使犹太人经营商业，特别是使其经营货币商业者，乃有仪节上的根据，并使他们的交易仪节上限于部落间的商业或民族间的商业。

使商业发达的第二可能性，为领主商业之成立，即领主阶级成为商业之担当者。庄园领主最先想到，将其庄园的剩余生产物，供给市场，这也是各处均发生的事实。为此目的，庄园领主乃采用职业的商人为吏属。例如以庄园领主之名义执行业务的古时之主事（Actor）以及将寺院的生产物运至市场的中世之交易人（negotiator）等皆属此类。在德国，虽不能证明交易人曾确实存在过，然类似这样的人则到处皆有。主事及交易人并非为今日之所谓商人，而为被任命的代理人（kommis）。另一种的领主商业是从异族商人之没有法律权利而起的，他们随处均需要保护；这只能经过政治的权力始能达到，贵族把给予保护作为特许，收取报偿。中世之诸侯，亦与商人以特许，而向商人征收手续费。从此种保护关系，以种种形式发达了酋长及诸侯的自营商业，尤其在非洲沿岸，酋长独占了转运商业，他们自己经营商业。他们的权力，即基于此商业之独占，故独占如被破坏时，他们的地位亦即失去。诸侯所经营的商业之其他一种形态，为赠聘商业。古代之东方政治上之权力者在和平之时，常互相赠聘以通好。特别是纪元前十四世纪以后时代的推尔·爱尔·阿玛那（Tell-el-Emarna）之碑版中，曾记有埃及王与前东方国家的统治者间之赠聘往来的事。正常的交换物，为黄金和载车与马匹、奴隶的交换。在开始之时，多为自由赠聘，然因双方常发生不诚背信之事，乃渐变成互相誓约赠与相当的质量，由此，赠聘交换乃变为可正确计算的商业。末后，在经济史上，乃常有诸侯之自营商业。其大规模的极古事例，为埃及王，他是船主，因而经营输出入贸易，稍后的例证为威尼斯初期之主裁（Dogen）以及欧、亚许多世袭国家之诸侯，包括一直至十八世纪的哈布斯堡（Habsburg）王朝。诸侯可指导商业，自己经营此种商业，亦可以利用他的独占权力特许或使人承办此种商业。采取后者之方策时，他促进了独立的职业商人阶级之发生。

第二节　商品运输之技术的先决条件

独立的职业商人阶级之存在，须以一定的技术条件为前提。首先，须有正常的颇为可靠的运送机会。我们必须设想它们的极原始的经过长时间的情形。在亚述、巴比伦时代，米索波塔米亚地方固曾用过充满空气的山羊皮以为渡河之具，即当回教时代，革囊船于河川之航行上，亦久为重要的交通工具。在陆上，远至中世纪，商人等均使用下述的原始的运送方法。起初商人用肩背肩负货物，直至十三世纪；接着便用兽类运送，或用一匹或二匹兽类拉引的二轮车。商人所走的交通路线，在今日视之，实不能称之为道路。在东方及非洲内部，似早已有以奴隶担任运送的商队。即在此等地方，通例用兽类运送。当时，南方之典型的驮兽为驴及骡，在埃及之纪念书中，骆驼直至后来始见之，马更在后，马开始仅用于战争，至近世始用作运送手段。海道的商业，其同样的使用原始的运送手段自无疑问。古代与中世，一般均用桨推行，其构造自然非常粗拙。我人并发现缆之记事，即用缆以系板船，使船不致破散。帆固然早即被使用，已不能确定其为何时发明者，惟那时所谓驶帆之意义并不如今日所指的意义。最初时，只在顺风时用帆以助桨的推动，至中世初期，尚未知逆风驶帆术。在北欧神话《爱达》(Edda)中，关于驶帆仅有漠然的暗示，中世之传说，谓最初应用逆航法者是杜列亚 (Andrea Doria)，实在不无可疑。从荷马及其后之记录，我人可知船身并不大，每晚上陆时均可拉上海岸。锚在古代亦极缓发达，由重石而渐成今日一般通行的形式。自然，最初时的舟航纯为沿岸的舟航。深海舟航，乃亚历山大时代之进步，与季节风之观测有密切的关系。阿剌伯人最初利用季节风横断大洋而至印度。决定方向的航海器具，在希腊时代尚为极原始之器物，其所谓路程计者，与砂时计相似，使球降落，以其数表示经过的里程。测定深浅者，有测深器 (βολές)。星高测度计，为亚历山大时代之发明。信号火亦于此时代初行设置。中世之舟航，如阿剌伯人那样，技术方面，远逊于中国。罗盘针等，三四世纪时已用于中国者，在欧洲直至十三四世纪后始知之。地中海及波罗的海之航行自采用罗盘针以来，即开始迅速的进步。不过装于船尾的固定舵，直至十三世纪始为一般所使用。那时之航海术，为一种营业的秘密。航海术直至汉撒同盟的会议上尚为讨论的对象，在这一方面，会议成了航海术进步上之拥护者。有决定的影响者，为航海天文学之进步，由阿剌伯人所创导，更由犹太人带入西班牙，在十三世纪时，亚丰琐 (Alfons) 十世曾使人做成以其名字命名的天文图表。十四世纪以后，人们始有罗针表。在西方诸国作横断大海的航行时，其所遇的问题，一时只能用极幼稚的方法求解决。一切天文上之观测，在北方，虽可以北极星之位置确定其偏倚，但在南方，则向来须使用直角器（krenz）以作决定方位之手段。味斯浦奇（Amerigo Vespucci）以月之盈虚确定经度。至十六世纪初叶，已用时计以测定经度，其法已较完全，能将太阳一定高度之差，对正午太阳之高度，近似的适嵌于经度。四分仪似在一五九四年时始使用，用此乃易测定纬度。

舟航之速力，与此一切情形相适应。自用帆以来，较之划舟已有非常的差异。然在古代吉布罗陀（Gibraltar）海峡至奥斯替亚（Ostia）间之航路需八日至十日，墨西拿（Messina）至亚历山大里亚（Alexandria）间亦略同。但自十六七世纪英人完成合理的风帆以来，在其速力上，虽仍须倚赖风力，然已有不少帆船，并不比迟缓的汽船为若何逊色。

第三节　商品运输及商业之组织形式

A 外来商人

最初时，海上商业无论在何处均与海盗不分。军船、海盗船与商船，最初时并无分别。其分化作用，系军船自商船发达出来的，并非商船自军船发生，因为军船增加了桨之系列及其他改造，使其技术非常发达，结果，自军船之费用及其载容量之狭小视之，已不适于商船之用。在古代，埃及国王与埃及之寺院，为最初的船舶之所有者，故在埃及我人不能发现任何私人的船运。反之，私人的船运业，在荷马的希腊人及腓尼基人（Phöniker）时代，是他们的一种特色。本来，在希腊，都市君王大抵保有船舶，为交易及海盗之用。但都市君王并不能阻止大豪族之保有船舶，他们只承认都市君主为同辈中之冠首（Primus inter Pares）而已。

在上古之罗马人间，海外商业为构成都市重要性的主要根源之一。我们不确切知道其船舶所有及输出商业之大小，不过在此方面，罗马人显然未能超出迦太基人之上。其后，罗马人乃即成为输入或逆势的商业。布匿（Puni）战役后，复新成立罗马的私人船运业。然因罗马之政策为大陆主义者，故最初时，在元老院议员视之，船舶之所有为不相称的事。在共和时代不用说，即在帝政时代，元老院议员亦尚不许保有将自己之剩余生产物运至市场所必要的以上之船只。

在经济关系上，古代之船舶经营如何处理，我们现在尚不明白。我们所确实知道的，即奴隶的使用渐次增加，把他们当作动力。船舶之职吏，为熟练的手工业者。希腊及罗马时代之船舶中，有船主、舵手及吹号者。关于船主及商人间之关系，我人亦无明了的观念。最初时，船主同时即为商人，但不久，即有专为对外贸易的某种海上商人阶级之出现，如希腊诸市之 ε"μποροι。自然，此种对外贸易一定为量极寡，因为如果说到大众所需的货品，尤其古代大城市之粮食需要，必然根据于共同经济的自给基础之上。在雅典，船舶有将谷物载归都市，以作归航货物之义务。在罗马，国家掌握船舶之征发及谷物之配给，直至帝政时代尚加以统制。此固可保障航海之和平与安全，帮助海上商业之发展，惟此种状态，继续不久。因国境方面有设置常备军之必要，引起了国王之财政需要，迫使他们采取国务之徭役义务的组织。单由租税，渐次不能充足此种财政需要，国库乃使各个职业集团，组织基尔特，课以对国家之徭役负担。为报偿起见，于是此等职业集团，各获得了该工业经营之独占权。这个制度使船运业亦须负担徭役义务，因之，它的发展始现衰落。三世纪时，私人商船队没落，同时，军船队亦衰颓。因之，使海盗得了重新作有力发展的机会。

关于古代因商业之法律形式的要求而产生的各种设施，颇少可以根据之遗物。关于船舶之冒险，曾有 lex Rhodia de iactu 法律。它表明大抵多数商人之商品，均同用一船运送。船舶遭难，所载商品均沉于海中时，一切关系者均同负其损害。从古代传至中世纪的另一制度，即海上贷款（Foenus nanticum），系因海上商业带有极大的危险性而发生者。如遇船覆，则所贷与货物之款，两造均不能希望收回。两造分担危险之方法，为债权者收取高率的利息——大约为三成——以担当一切危险，如一部分沉没时，偿款时亦按额减少。我人从雅典雄辩家狄摩西尼（Demosthenes）及其他人在法庭上之辩论词，可知海上贷款如何能使贷主大规模地获得掌握海上通航之可能性。贷主规定船主之航路、旅行日数及应在何处贩卖商品。从海上商人之倚赖于资本家，可以推知其先海上商人之资本之缺乏。普通，为分散危险计，恒由许多贷主联合对一艘商船贷款。债权者并遣一奴隶帮同运送以作监督，这也是表示运送业务隶属于出资者之一个表征。海上贷款，通行于全古代，直至查士丁尼（Justinian）大帝始以其为高利贷而加以禁止为止。但禁令并未永久遵守，仅变更了海上信用之形式而已。

中世之情形，亦不甚明了。与前资本主义之发展相当，造船所为都市所有，租与造船业者基尔特。海上商业，较之古代少带资本主义之特征。其经营的一般形式，为同一商业内一切有关系的人之组合。整个中古时代，因危险颇大，故绝无个人独造船舶者，常由多数人合股建造，作船舶之合有。另一方面各股东可合有几艘船舶。不独船舶之所有和建造如此，即各个的海上商业亦均为组合之对象。组合内包有船主、船长、船员及商人。他们结为一伙，带有商货，惟商人往往不亲自参与而使其雇佣的账房代表。他们共同负担危险，以一定之比率分配损益。

与此种共同负担危险之组织同时出现者，为资本家之海上贷款。因其便于购入商品，且便于转嫁危险与债权者，故后者为中世之行商者所喜。按比萨（Pisau）海法之 Constitutum usus，利率为百分之三十五，虽亦常腾落，但以此为中心。在各个事例方面，则按危险程度定其利率。

在共负危险之团体中，起初时一切商人均亲自出动，且携带其商品与俱，他们是零卖其商品的小商人。此种习惯渐次废而不行。代之而形成者为信托组织（commenda），至海会（sociatas maris）则显为近代之产物。信托组织曾见于巴比伦、阿剌柏及意大利之法律上，其稍经改变的形式亦见于汉撒同盟的法律上。它的本质，在于同一共同体内，包括二种组合员——一种留于故国之海港，一种则携带商品于海外营商。最初，此种关系或出于个人之方便，更迭的有许多商人中之一人，贩卖他人之商品。其后，此事乃成为单纯的投资。贷主之一部分为职业的商人，其他部分，特别是在南欧，则为富家（如贵族阶级等），他们愿意利用自己之剩余，以营商业，谋取利得。业务之进行是如此，即，使旅行中之会员，携带货币或以货币计值的商品；此种出资方法，形成商业资本，技术上称为信托组织。海外卖去的商品，与其他商品交换，归航后，在本国卖出换来之商品以作决算，并按下述方法分配其利益。如留于国内的组合员出全部资本时即得利益之四分之三。反之如留于国内的组合员与出外的组合员共同出资——普通按 2/3：1/3 的比例——则利益等分。此种业务之特征，为初次采用资本主义的决算，即将最初投下之资本与最后所得之金额相较，以后者之剩余作为金钱利得而加以分配。然自其形式观之，它并非永久性的资本主义经营，恒为个别的企业，每次航行以后，账目即行结算清楚。在全中世纪海上商业皆盛行这个制度，即已发生资本主义的经营后，仍为各个个别经营之计算形式。

中世商业之贸易量，自近世之标准观之，可谓极小。当时之商业，由小经营的小商人竞营之。一二七七年时，英国之羊毛输出量，为三〇，〇〇〇英担，有二百五十个商人参加此项分量之输出，故每人一年只输出一二〇英担。十二世纪时热内亚（Genua）一信托组织之平均额，为一千银马克。在十四世纪，汉撒同盟内禁止参加一个以上的信托组织，每个信托组织之数额不得超出上述之数。英国与汉撒间之总贸易额，在其商业之最盛期，亦只一万五千马克。关于勒佛尔（Reval）市，在税目表中可窥见其情形。一三六九年驶至勒佛尔市的十二艘船中，载有一百七十八位商人，每人平均带有一千六百金马克（战前之市价）的商品。在威尼斯，可作为代表的货船，积载额达六千银马克；而在汉撒领域内，十四世纪时为五千马克。十五世纪中每年入港之船舶，在勒佛尔为三十二艘；在汉撒之最重要的港路勃克（Lübeck），当一三六八年时为四百三十二艘，出港船为八百七十艘。此为自己行商或替他人行商的小资本主义的商人集团，由此，亦已可明其组合化之程度。因有海盗袭击之危险，故各船不能独自决定其航行日程。船舶每联结成队，用武装船护送，或自行武装。船队航行地中海之平均期间为半年至一年。在热内亚船队每年只一回，在威尼斯则每年二回出发至东方。结队的航行，结果成了极缓慢的资本周转。虽有上述各种情形，但我们却不能因此而轻视了商业在收益上之重要性。一三六八年时，波罗的海沿岸各港之资本周转总额，达一千五百万银马克，此金额等于英国国家收入之三倍。陆上商业，危险较少，因所谓危险，只为盗贼，自然的意外较少；可是另一方面运费则非常昂贵。因少危险，故即无有组合化。同时，亦无陆上贷款（与海上贷款相似者）。陆上贷款亦曾有成为制度的打算，惟法庭认之为高利贷剥削业务，加以反对。

陆上商业，商人随商品而行亦为通例。十三世纪以来，因运输状态已非常安全,故商人已无跟随商品之必要,而使驭者(veetuarius)负其责。此种状态,以寄货人与受货人间之正常的业务关系之存在为前提。陆上商业,因道路之状态,时遇技术上困难。关于罗马之道路,曾为许多讨论的题目,然其道路之状态,实距理想的境况甚远。伽图(Cato)及梵禄(Varro)因鉴于道路之游民与恶徒之多,警告他人勿行,且因住于道路附近者须课以借宿之负担,故忠告人勿建旅舍于道路近旁。在边疆各州,罗马之道路,在商运上也许有用,惟罗马之道路,原非为便利商运而设者,其单纯设计,对商运之需要并未加以何等注意。此外,罗马时代似只保护对供给首都之粮食,以及政治、军事上有重要关系的道路。维持此等道路,责之于农民,作为免除他们租税的一种徭役。在中世时,庄园领主从财政之见地上,关心于商路的维持。庄园领主使其农民(scararii)照顾交通路,课农民维持道路及桥梁之义务,为庄园领主制下最苛酷的义务之一,庄园领主且对此等道路桥梁征收过路税,庄园领主间,并无何等协定,以合理的开通道路。各领主均自由敷设,由关税与通行税中收回自己之费用。系统的敷设道路,在伦巴底同盟结成后的伦巴底开始进行。

因此一切情形,中世之陆上贸易额较海上贸易额更小。十六世纪时,某豪商之账房,为取得十六袋棉花,曾自奥格斯堡旅行至威尼斯。中世末叶一年中通过皋塔(Gothard)之商品,如装在货车中,还不到一列车或一列车半。其利得虽为贸易量之小所限制,然除缴纳关税与旅行中之生活费外,当必有相当之数额而后可。旅行期间亦与交通路之性质相应,颇为长久。虽在陆上,商人亦不能任意选定一旅行时期。因路上之不安,不能不采用向导,然向导者则须等到有多数旅行者集合以后,才一起出发。因此,陆上商业亦必须组成商队。商队为太古之现象,中世与巴比伦均有之。在古代及东方,有公众所任命的商队向导。中世则由城市供给。直至十四、五世纪,地方之平安成为正常的状态以后，始能个人单独的旅行。自技术上言之，此种情形由于陆上运输之组织成立了所谓装包车队（rottfuhr）之体制，始有可能。装包车队制度，发生于庄园领主之设施，于此，亦由寺院首先进行。庄园领主备有马匹、驮兽及车辆等等，收取报偿供人使用。车辆由某种农民产业的所有主轮流供给，此种负担课于农民的产业身上。由庄园领主的装包车队，次第发展出职业的运输者，但一直至都市掌握了车队制度以后，始发展成为有组织的经营。车队工人团结起来在都市内组成基尔特，它处于自行选举出的"转运人"（Aufgeber）之严格统制之下，由他与商人接洽，分配车辆与各基尔特会员。服从车队领袖的责任，为一般公认的根本原则。

内地舟航方面，有种种组织形式。用庄园领主及寺院之船筏通航时，多基于强制使用，故事实上，庄园领主保有运输独占权。不过一般他们大抵不自己利用此种权利，而转赋与运输工人的团体（Einung）。等到这种最熟练的工人之团体获得了独占权后，庄园领主之独占权即被剥夺了。与此相并者，很早，特别在城市成立以后，即已有行轮流制度的自由舟航基尔特。它商品载于自己的小舟，由它按照严格的规则分配获利的机会。此外也有城市自治团体，掌握河川航行之组织的。伊萨（Isar）河中，密敦华尔特（Mittenwald）之市民，独占竹筏之行驶，其运搬货物之权利，由各市民轮流享有。他们从高原农耕经营地方将笨重的商品运至下游，同时，将高价的商品装运至上游的地方。末后，并有自行保有船舶的自成的营利经营。它是自庄园领主或基尔特之船舶组织发展而出，例如在萨尔撒赫（Salzach）河及印（Inn）河方面，即从庄园领主之船舶组织所发展。萨尔斯堡之大僧正，原来早已获得运送独占权；接着发生了船员之联合，从事于内地的航运。这个联合为船舶之所有者，雇用运输工人，并从大僧正取得独占权。其后，至十五世纪，大僧正又重买回独占权，当作贵族之食邑贷与之。

墨格（Murg）河之舟航，亦根据于木材航运者的工业联合，而这又是从材木（即森林）所有之独占而发生。"黑林"材木之丰富，使墨格河之舟航，扩张其营业区域远至莱茵地方，它就分成为森林区舟航与莱茵区舟航两个组织。最后为得载货之利益，遂以船筏运输其他地方的货物。由基尔特发端的航行组织，有奥国多瑙河之舟航及上部莱茵河之舟航；与矿业团体相同，船舶亦为工人的组合所有。

此种关系在商人阶级中所引起的需要，第一，为人的保护。有时，此种保护，因外来商人处于神明或酋长之保护下，故带有信仰的性质。还有别种的形式，为与该地之支配者缔结安全协定，如在中世初期之北意大利是。后来，市民由毁坏骑士的堡垒而强使威胁商业的骑士移至城市，在某种程度内担任了保护商人之事。一个时候，向导的用费成为沿商路的住民的主要收入之一，例如瑞士那样，其次，商业上所必要者，为法律之保护。商人是异方人，没有本民族或本部落分子所可受的那种法律保护，故必须有特殊的法律处置。当时，最初为此目的而设的制度，为报复手段（repressalie）。倘一债务者，例如热内亚或比萨之商人，在佛罗棱萨或法兰克福不能付款或不愿付款时，则即拘留其同国人为质。这是一种不公平也是不能长久容忍的办法，因此，最古的商业契约，多预先规定排除报复的手段。除此种原始的报复方法而外，商人对于法律保护之要求，产生了种种制度。因外来商人，不能出席于法庭，乃需要保护者为其代办；在古代因而就有并合款待与代办职务的委托代办员（Proxenie）之出现。中世之担保法（Wirtsrecht）即适应此种现象者，外来商人有托身于一市民之保护下的权利与义务。他在此市民之家，储藏其商品，其主人则有为公共团体的福利监护其商品之义务。反之，随商人数目之增加，有了一个有力的进步，那就是商人公会的创设。它最初为在外国都市经商、谋共同保护而结合的外来商人之基尔特。自然，此种团结，须得诸侯或都市之许可始能成立。特殊的商人居留地之创设,与此种组织有密切的关系,此种制度,可使商人不必火速廉卖其商品。中世时陆上商业之队商宿所,海上商业之代理店(fuktorei),以及外商客店(fondachi)、仓库及店铺等,在世界各处,均为此目的而设。在这一方面,有如次之二种可能性:第一,店铺由外来商人创设,且为他们自身之利害关系而设。这必须他们的活动,使之在该地成为不可少的情形之下才可能。如此,他们成为自治的团体,且自选其监理,如伦敦之德国的汉撒商人是。第二,国内商人为外来商人设施这种设备,以监督外来商人之营业机会,且支配着他们,如威尼斯德国商人之外商客店。最后,贸易时间的确定成为必要;卖者与买者必须互相找到对手。定期的市场,能应此必要,由此,乃发生市场特许制。在埃及、印度、古代及中世,诸侯都特许创立与外来商人贸易的商场。此种特许之目的:第一,为充足特许者之需要;第二,为达到财政上之目的;诸侯在市场贸易中取得利益。因之,纳款保护之规定,常与市场特许相结合,且与市场法庭(Marktgericht)之设置(一方面诸侯可以征收审判费用,他方面利于不能向当地普通法庭出庭之外来商人)、度量衡及货币之规定,以及交易之期限及形式有关。诸侯征收市场税,作此一切贡献之报偿。从出入市场的商人与有特权的诸侯间之原始的关系,更发展出其他的制度。商人为审查、秤量、贮藏其商品,须有庞大的设备。最初的发展,为诸侯所有起重机(kranenzwang)之强制商人使用,即作为征税之一法。不过,谋取收入的打算,最先是由强制的中介买卖(经纪)所引起的。又因其营业收益有纳付税金之义务,故对商人营业亦须加以监督。为此目的,乃设经纪(中间)人,它是东方传至西方的一种制度(称为Simsarius,Sensarius,因而意大利文称为"Sensal")。在这些拘束之外,尚有通路强制(Wegezwang)——倘要诸侯保障商人之安全,则商人必须使用诸侯之道路——及市场强制（Marktzwang）——即为监督上之必要，外来商人之商业，须在市场或仓库内公开经营。

B 定住商人

前述状态，不独可表示中世初叶之商业状态，在外来商人占有势力时，阿剌伯乃至于全世界亦都如此。直至定住的商人阶级形成以后，情形乃有了完全改变。

自然，在城廓附近之市集中，以前已有长住的商人，但其成为普及的现象，则为城市发展之产物。在术语上，定住商人称为零卖商人（mercator）。在中世，这一个名词指已获得定住于都市的特权之商人，且主要为小商人，不问其贩卖自己之生产物或贩卖他人之生产物。在有些法源上，此名词与今日商法上之"商人"（Kanfmann）意义相同。即，零卖商人系为利得（lucri causa）而买卖者。但如这种用法，尤其在莱茵公文中所见，在中世是并不通行的。自中世时都市之人口构成上视之，零卖商人并非批发商人，而为任何供给商品与市场之人，无论其为手工业者及职业的商人。

都市之职业的商人阶级，曾经过如次的发展阶段。定住商人最初为行商。他作周期的旅行，贩卖生产物于他方，或自他方携归其他生产物。因之，乃能成为定住的行商人（hausierer）。第二阶段，为定住商人使人行商，使自己之用人、服役者或伙伴（associé）为之。此一阶段渐次推移至其他阶段。第三阶段乃形成代理店制度（faktoreiensystem）。商人资本力增大，乃在其他地方设立独立的支店，至少，使其自己的用人滞留该地。因之，乃有地方支店制度（Interlokales Filialensystem）发生。末后，定住商人遂成为永久的定住者，对他处用通信方法行商。此种情形，至中世末叶始为可能，因为它是必须以地方运输关系之充分安全及地方间法律上之充分安固为前提的。

中世商业之重心，在于零卖商业。即远自东方贩来商品的商人，亦置重于直接卖给其消费者。这较之趸卖商少危险，利益永久而且确实，总之，利益较多，且带有独占性质。汉撒同盟的商人，亦非今日之所谓商人，他们最重视者即在异国一手掌握零卖商业，想在俄国、瑞典、挪威、英国驱逐他国的零卖商人。即在十六世纪时，英国依利萨伯女皇曾赋与特权的贸易商人亦曾实行与上述相同样的政策。真正的趸卖商人，中世初期或者完全尚未存在，至中世末期，在南欧最隆盛之商业地带，始渐次有增加之倾向，然为数仍旧很少。至在北欧则趸卖商人仍为例外。

定住商人阶级，须与其他阶级斗争。此种斗争有些是向着外部的，例如争取都市市场的独占权之斗争；即是，他们与非定住的部落及氏族商业相争，特别与部落工业之隔地商业，及非定住的异种族商民之商业，争此独占权。为欲制止此种竞争，乃发生对犹太人之斗争。中世初期时，德国对于犹太人之憎恶排斥，尚不十分厉害。十一世纪时，斯拜尔（Speyer）之大僧正尚谓为增高斯拜尔市之伟观，须使犹太人移住于此市。反犹太的运动，虽古已有之，但直至十字军时代，因宗教之战以及对犹太人之竞争之两种影响，反犹太主义之最初的波涛，乃开始在欧洲各地爆发。例如古代塔西佗曾非难犹太人为迷信者（Superstitio），罗马市民轻蔑一切东方的流亡者（ε'Δοταοις）为贱劣。对犹太人及其他异国人（Kawers，Lombarden，及叙利亚人）之斗争，乃形成国民的商人阶级之前兆。定住商人并与定住于乡村的商人斗争。这个斗争至十五世纪时以都市商人阶级之完全胜利而告终。例如，巴威略之富室路易（Ludwig）侯（一四五〇——一四七七年），即因在其领土内，为管理之便利使乡村商人移住于都市而自夸。于是复以种种形式，与其他商人之零卖斗争。都市商人，竟部分的达其目的，只准他国商人在一定的日期内，贩卖其商品。他国商人直接贩卖与消费者,是受禁止的,同时为严密监督,并禁止他国商人相互间之商业。最后,遂至实行即强卖制(Umschlaszwang),此即是,无论其所携来的商品是什么,不问其为对消费者抑对国内之商人者,均须当场卖去之。定住商人更进一步的严行管理他国商人,他们实行宿主强制(Wirtszwang),即,为便于监督计,使其必须住于一定的市民之家中,由市民监视他们的活动。但因为恐怕发生旅客与宿主间本应禁止的买卖,乃设立带有居住强制(Wohnzwang)的公共仓库。这二种强制,虽不常常却以互相结合者为多。威尼斯之 Fondaco dei Tedeschi 即其一例。凡德国商人,均应住于该处,并贮藏其商品于该处。外商客店几全无自治的权力,其职员均由都市强令德国商人任命,而更由中介人直接管理商人。强制的中介人制度(Maklerzwang),为此等方策中最有效者之一,阻止外人与外人间之交易,以及外国人与内地人间之交易。故此中介制度之发生,原于定住商人阶级之独占倾向,及都市之愿欲监督他国商人的各个交易往来而起。中介者不许自行交易,亦不许参加股份的关系(sozietätsvertrag),他正式地靠收取他所监督的交易方面之手续费(sponle)为生。

商人阶级之第二个斗争大目标,为对内的机会均等。受全体所保护的任何一伙伴,不许较其他伙伴取得更多的机会,特别对于零售商人是如此。用以达此企图者,为预售的禁止(verkanfsverbot)及分析权(einstandsrecht)。所谓预售的禁止,是在商品运入都市以前,禁止外来商人预先接洽出售。他方面,如一商人以其优越之资本力,较他人购得更多商品时,分析权乃生效力。此权利承认各伙伴,可以原价要求分让该商品之一部分。此种规定,只有零卖商人能忍受之;趸卖(批发)商业,如为远隔商业时,若欲发展,即不能忍受此种限制。因此,趸卖商业越想确保自由,则越引起剧烈的斗争。

定住商人不能不于此决胜负的第三种斗争,为关于营利范围本身者,即关于尽量扩张都市之营利范围。由此，发生对市场强制（stapelzwang）及道路强制（即强制一切商人，在一定场所使用一定的道路，在一定的地方或港口出卖其商品）之斗争。起初时此种强制，对于商业发展毋宁是有利的。因为此种强制，能为一定的场所及道路创设独占权，在营业数量极少之时，非此不能供给技术的设备，亦不能支出必要的港湾设备及道路设备等费用。但确保此种独占权者，特别是都市领主及诸侯，则无论何处均纯以财政上之见地为决定的准据。各领主均想借战争以占有市场权及道路权。在德国，特别是在十四五世纪时，曾引起非常激烈的斗争。市场权及道路权，成为此种战争之目的，亦为此种战争之一个资源。此市场权一设定于某特定场所时，有此权的领主，即能封锁道路，故在政治斗争上，亦能与以重大打击。中世末期，英国对法国之关系，尤多此种事例。

最后定住商人阶级与消费者亦有斗争，且随其对于地方贩路或隔地商业之利害关系的程度，商人阶级亦同时起分裂。消费者尽可能地以能直接自外来商人购买商品为有利。反之，定住商人中之大多数，则以依据小卖商人之意见统制贩路为有利，同时保持向远地取得供给之可能性。此二目的，断难长久的同时达到。由此种认识而开始之趸卖商人阶级之分化，在商人阶级内部发生了一种对立，因之，零卖商人与消费者之利益，乃开始互相接近。

C 年市商业（Messehandel）

外来商人及定住商人之正常活动，皆以消费者为主眼。与此不同的商人与商人间最初的商业形式，为年市商业。中世纪时，纯粹地方的零卖商人占多数，故年市之发达实为地方间商业组织之最重要的形式。它的特征：第一为定住商人不集合于年市，而以行商之出入为基础；其次则年市商业在当场买卖商品，此与今日之交易所，不独不在当场交易，且可将尚未生产的商品作交易者，大不相同。

香槟之年市，可谓其中之典型。在香槟之四个重要地点，开有六个年市，连开始交易、期票决算等业务合计之，每个继续开五十日，故除祭日之外，此六个年市已占了整年。年市由官厅组织，有市场法庭（custodes nundinerum），系由市民（civis）及警备的兵士（miles）所构成。在一一七四年时开始有人提及年市，至十三四世纪，它达到了发展之顶点。年市法庭对出入于此的商人，有警察权及刑罚权，且可宣告封锁年市。其他的权力者，例如教会，亦有采用此种方策者；他们因政治上、财政上之关系，常以宣告除名（exkommunikation）为威胁，将关系者逐出年市，因之，团体全部的人，均同遭此种命运。

香槟之所以达到其商业上之重要位置者，乃因其介于英国之羊毛生产地域与弗兰特（Flandern）之羊毛制造区，以及东方商品之大输入者意大利此三者之中间所致。因之，香槟交易之商品中，羊毛及羊毛制品，特别是廉价毛布，占其首位。反之，南欧之人，则将高价商品，如纯良的羊皮、香料、明矾、作家具用之美丽木材、染布之染料、蜡、番红花、樟脑、橡胶、漆等，换言之，即将南方诸国及东方之产物运入市场。布匹年市为香槟一切年市中之最重要者，交易最大。香槟集合了世界一切种类的货币。因之香槟成为货币兑换业之最初的决算地，且为支付债务，特别是对教会债务上著名的场所。赖债的世俗权力者，因住于城堡内，事实上为商人辈所不能侵犯者。反之，僧正则完全不同，因为他知道，如果不履行约束，则将为教皇所除名。因此，高级僧侣之信用能力极好，故大部分的期票，都与他们往来，普通最迟须于开始决算之四日前支付，如不支付，则将处以除名之惩罚。此方策之目的，在给商人以年市交易上之现金保证。此种方策，须由教会干涉以保证送货币与商人，并由教会干涉强制僧正付款，始易实行。

当时其他任何年市，均未有过如此重要的意义。在德国，曾有人欲将法兰克福作为年市之场所，它虽渐有发展，但终不能达香槟甚至里昂那样的地步。在东欧，诺弗哥罗（Nowgord）及后来的下诺弗哥罗（Nishing-Nowgord），为汉撒商人与俄国毛皮商人及农业生产者间之交易场。英国，虽亦有极多的年市城镇，然均不及香槟。

第四节　商业经济的经营形式

在合理的商业上，始有计算之可能，终而此计算对经济生活有决定的意义。凡经营共同业务（kompagniegeschäft）之处，均发生精确计算之必要。最初时，商业上因贸易额颇少，且能获得大利，故不必正确的计算；又因贩入的商品其价格为传统所固定，故商人在贩卖时可以全力尽量决定较高之价。至商业由集体经营后，因扣除结算，各种计算遂不能不进步至正确的簿记。

计算之技术的手段，至近世初期尚不完全。我人今日所用的数字位置法，为印度人所创，阿剌伯人加以采用，或由犹太人传至欧洲者。直至十字军时代，实际上始广为普及，用作计算工具。无此计算组织，即不能作合理的计算。古代及中国凡用数字计算的一切民族，除用数字之外，尚须用机械的计算手段。古代与中世末期，均用算盘（abacus）为计算手段。即在久已使用阿剌伯式的数字位置法后，亦尚继续使用。因为此法传入欧洲时，最初多受轻蔑，即最有能力的商人，亦认此为有利于其竞争者之算法，视之为将引起不正当竞争的可恶手段。因此，最初曾禁用此种算法，连最进步的佛罗棱萨之纺织业基尔特，一个时候亦禁止使用。但是，算盘颇难运算除法，故常视除法为秘术。传至今日的当时佛罗棱萨之计算，其用数字表出者，有五分之四乃至四分之三为误算。因为这种的嫌恶，所以事实上虽已用阿剌伯数字计算，仍用罗马数字记入商业账簿。至十五、六世纪，数字位置法乃得一般的承认。为商人所可用的最初之算书，见于十五世纪时，其较古的文献，发现于十三世纪者，实不适一般之用。由精通位置法者之手，才发展出西方的簿记；此种簿记，不见于世界其他地方，仅在古代见有前征而已。在西方，且只有西方，成功了货币计算之所在地，反之，东方仍不脱实物计算（如埃及之以谷物证书作交换的计算）。不错，在古代之银行业务中，亦曾有过簿记（例如希腊之 τραπεζιται 及罗马之 argentarii）。但此种记账，带有公文书之性质，只能用以证明合法的法律关系，并不作为一种稽查收益的工具。中世之意大利，首先成立真实之簿记，至十六世纪时尚有德国的一位司账，特往威尼斯去学习簿记。此种簿记，在商业公司之基础上发达。支持继续经营的商业活动之最老的单位，在中世及各处——例如中国、巴比伦、印度——均为家族。商家之子，即为最可靠的司账，其后即为父亲之合作者。所以，同一家族代代均为财主债主，例如纪元前六世纪巴比伦之伊吉比（Igibi）家即是。不过此处并无如今日那样广泛而复杂的企业，只为单纯性质之业务而已。因此，巴比伦商家与印度商家均无簿记的发现，虽然印度最早即有位置法。其原因或因在此等地方，与全部东方及中国相同，商业组合只为家族内部之事，故无计算之必要。参有非家族分子之商业组合，最初在西方成为一般的现象。

组合组织之最初形式，为带有偶然意味的前述之信托组织。继续进行此种业务，乃能渐次发生继续的经营。此种发展事实上确是如此，惟在北欧与南欧之间实有显著的差异。在南欧，旅行的商人通例被认为信托组织之企业者，因为他长年出发东方，不在家乡，故不能对之作任何监督。他为企业家，从各方面承受（十个至二十个）信托组织，与各信托组织主人各别算账。反之，在北欧，居于家中之会员（socius），亦为企业者，他与许多作行商之会员缔结关系，以信托组织借给他们。作行商的代理商（faktor），照例不许其承受一个以上的信托组织，因之，使他不得不依赖留家的合伙，后者乃发展成为经营指导者。这种差别的理由在于南北两地商业之不同。即，南欧方面因须旅行至东方，故本质上须冒更大的危险。

与信托组织交易之普及，同时发展了永久性的企业。经营因与家族外之信托组织承受人缔结贸易关系，于是计算始侵入家族内，因为虽只有家族之一员加入信托组织，但亦不能不就各个交易实行算账。意大利之此种发展远较德国为速，而在德国，则南方又较北方为速。十六世纪时，阜格家虽亦将他人之资本收入其事业中，然皆勉强为之。反之，在意大利，则当十四世纪时已迅速的发展以家族共同体为基础而与族外者结合的组合。最初时，家计与营业之间，是并无何等的分离，至中世纪时，有货币计算为基础后，始次第分离。但他方面，在中国及印度，如我人所知者，迄今尚未分离。当初在佛罗棱萨之豪商，如麦第奇家方面，将家计支出及货币业务作混合的记账。结账最初只实行于对外关于信托组织的交易；对内时，一切仍依然实行于共同的家计中。

最初使家计与业务之计算相分离，因而对初期资本主义制度之发展有决定之意义者，为信用上之要求。在用现金交易不需信用之时，分离是不见的，反之，只须长期进行业务时，即发生对信用之保证问题。为供给这种保证，有下面各种的方法：第一，保持及于远支亲族的家族团体，以确保全家族之财产，如佛罗棱萨之大商业贵族 Palazzi 家，即由此种目的而发生者。第二，同居者负担连带责任。家族共同体之一员负有债务时，其他各人均须负连带责任。连带责任，很明显是出自刑法上连坐习惯的，盖犯大逆罪时，犯罪者之家产须充公，全体家族均被连坐。这种连带责任的观念无疑会推移至民法。因商业关系，外部资本及外族之人侵入家族共同体后，连带责任又再度不规则地发生了。于此，乃产生了把一切资源留待个人去处置个人的消费以及对外代表一家的必要。就本质上说，家长到处皆能对家族负责，但如西方商法上之有力的连带责任，则各处均未有过。在意大利，连带责任之根蒂，为家族共同体。其发展之各阶段，为共同居住、共同工场以至共同店铺。在没有大家族共同体的北欧，情形与此不同。在此地，商业之参加者，共同署名于共负一切责任的文书上，以获得其信用的需要。各分子对全体负无限连带责任，但全体并不对部分负责。最后，遂有参加者即使不署名于文书，亦须对其他参加者负连带责任之原则。在英国，用共同盖印及委任，以达此目的。十三世纪以来之意大利，及十四世纪之北方，曾确定一切组合员，对共同店铺之债务，应负连带责任。其后，对于确立信用力最为有效，且能超越其他一切而继续存在的手段，为将组合员之私有财产与商业组合之特别财产分开。在佛罗棱萨，十四世纪初叶，曾实行此种分开，及至同期之末叶，北方亦已实行。家族外人参加商业组合愈多后，此种财产之分开，成了不可避免之事；其他方面，至家族日益运用他人之资本时，家族内部之财产分开亦已成为不可避免。于是，账簿上对于营业支出与家庭以及私人家计之支出必须加以分别；一定的货币资本，已成为企业之根柢。以法人组合（Corpo della Compagnia）为名的店铺资产中，发达出了资本之概念。详细地说，其发展取各种不同的道路。在南欧，为大家族的商店，不独意大利如此，即德国亦然，如阜格家与威尔萨（Weiser）家即其例证。在北方发展路径经小家族，即零卖商人之组合。发生此种差异之决定的原因，为大的货币流通及政治的全权中心均在南方，且金属贸易与东方贸易之重心亦在南方，而北方则尚未脱小资本主义。因之，两地所发展的组织形式，亦完全不同。南方商业组合之类型为有限公司（kommandit），由伙伴之一进行买卖，个人负责；其他只出资参加，分配其利益。此种发展，由于在南方，有信托组织的巡历商人，原为典型的企业者，当他定居一地之时，他即成为具有信托组织形式的永久性经营之所有者。在北方，正与此相反。据汉撒地域之记录，普通并无永久经营，似完全由临时组合进行买卖，因之，似有无数的错综的个别交易之感。实际上，此等个别交易，为永久的经营企业之业务，惟个别的自行决算，因为意大利式的双重簿记法，后来才行采用。组织之形式有 Sendere 及 Wedderleginge 两种。在第一种形式下，系将经手财物付与游动商人，先收取其利益之分额；在后者之状况下，则赋与以本来无分的经营资本之一份，在营业上取得其利害上之相关。

第五节　商人基尔特

基尔特决非为日耳曼所独有的东西，其存在实普遍于全世界。惟古代有否此种组织，尚乏确凿的根据，至少在当时，并无政治的任务。

从其形式观察之，基尔特或为外来商人以对抗定住者谋得法律保护为目的而组织的团体，或为国内土著商人之团体；后者如中国之从部落工业、部落商业蜕演而来的团体是。两种形式合而为一者，亦屡见不鲜。

在西方，先有秉有地方色彩的纯粹外来商人之基尔特。如直迄十三四世纪旅居伦敦的德国商人之基尔特是，其势力颇雄厚，有自设之仓库（stahlhof）。商人公会者则有超地方的性质——此名称在英、德、法俱可发现——故其详细的发展情形至为参差。存在于若干都市的公会首长（hansgrof）制度，尤与之有关。所谓公会首长，系为政治力量所任命或特许的专员，在超地方的商业方面，对于其所代表的商人阶级作法律的保护，惟他不干预商业经营本身。基尔特之第二类型，为定住商人谋一定地域内商业之独占而组织者，如中国上海之茶商公会，及广东之行会是，直至南京和议（一八四二年）时为止，中国对外贸易，概为其十三个行会所独占。中国的行会对其会员可调节价格、保证债务、行使课税的权利。其刑罚亦至为严峻，基尔特有其特定私罚法，以惩戒违法的会员。至十九世纪时，尚有因录取超过定额以上的学徒而被处死刑之事。国内商业方面，则有银行业者之行会，例如牛庄即有该项组织。中国之行会（基尔特），对其国内货币本位之发展，有重要之意义。如元代蒙古君主滥铸劣币，结果使全货币制度趋于崩溃。纸币经济之结果，使银子成为趸卖商人所用的现金，基尔特则取得盖印于其上之权，于是它不啻成了货币本位政策之中心，获得决定度量衡及刑罚之权。在印度，纪元前六世纪至四世纪间之佛教时代，亦有基尔特，纪元三世纪后，尤为其最盛时期。它是世袭的商人团体，其首长亦为世袭。印度之基尔特，在诸侯互相竞争取得其放款时，发展至顶点，迨后佛教式微，种姓阶级再兴，乃复归衰颓。诸侯之政策，自中世纪以降，亦力谋种姓阶级之兴隆。十六世纪之际，从事于谷物及盐等商业并贩卖军需品的剌马尼（Lamani）或办雅里（Banjari）种姓阶级，或即为今日（商买）种姓阶级的根源之一。此外，印度商业种类之分化，亦随各宗派所定的信条而分道扬镳。耆那教徒因仪节上之关系，故以定居的商业为限。以信用为基础的趸卖商业、隔地商业，则为无何等仪节上限制而忠悫可靠的拜火教徒（Parsen）派所独占。又有办尼雅（Bhaniya）种姓阶级，则专营零售商业，其所为获利之事，多有背伦理观念者。故"租税承办人"及专营高利贷等的事，多由他们为之。

西方情形与中国颇相异致，其货币及度量衡之制定权，常属诸最高政权者，此最高权力者，将此委诸其他政治权力者则有之，然未尝让与基尔特。西方的基尔特之强大权力的地位，几全在于政治的特权一点。基尔特有好几种：第一是都市基尔特。此为支配都市，特别是因经济利害关系而监理工业商业事宜的一种商人团体。它分为两种形式:(一)或为军事的团体(如当时威尼斯、热内亚之Compania Communis);(二)或为都市以内商人之独立团体,与手工业基尔特俱兴者。第二种主要形式是作为租税单位的基尔特,它原为英国特有的现象。英国之基尔特,因由国王方面取得征税的职务(firma burgi),故获得优越势力。纳租税者乃得为会员,不则即非会员,即不能经营商业;英国之基尔特借此便可得统治都市的市民权。

西方基尔特之发展,若仔细分析之,可谓备极参差。英国方面最占优势时为十三世纪,接着内部发生一连串的经济的变革,迨十四世纪,复从手工业分离出来;凡欲留于基尔特内者,须放弃手工业的活动。同时,手工业者之基尔特内部,亦渐有商人抬头,与贫困的手工业者相分化,形成所谓经营同会的具有完全资格之会员。然趸卖商与零售商之分离,则在十六世纪时尚未见之。惟当时对外商人之基尔特〔即冒险商人(merchant adventurers)者〕,已获有成立的特许。当时英国立法,只许寻常会员作一种商品之买卖,似欲以限制手工业基尔特之法施诸商人基尔特。他方面,当时英国议会虽代表基尔特之利益,然国家权衡在其上。故结果不能像德国那样。都市之力能超过农村,反之地主及农村商人又常可参加入基尔特。在意大利,则各"都市国家"内,均有这样的发展。此处之基尔特,全保其纯粹的地方色彩。自独立联盟对执政统制(Konsulatsverfassung)获得胜利以来,其内部即发生手工业者基尔特对商人基尔特之斗争。德国亦有类似于意大利的发展状态之蛛丝马迹可寻。其一征候,为市长之现象,此种人物,其初为不为法律所认许的基尔特首长,其地位身份,颇与意大利之Capitano del Popolo相伦。在德意志北部之好多都市中,则有类似于英国的发展形式,商人之基尔特得规定都市之经济政策。反之,德意志中部若干古的较富裕的大都市中,则有非正式支配都市的基尔特,例如科伦之大商人的基尔特（Richerzeche），曾资助对于大僧正之革命，结合市民使他们宣誓与都市领主作对，因之能永久地支配都市市民，和执有认许市民权。然据德国常例，商人基尔特之存在以店主（Krämer）及裁缝匠为占势。此项店主相当于今日之零售商（Detaillist）。将外国输入之布匹制成衣物而售于消费者之裁缝匠，在北方较小的城市中，占有力的地位。他们与纺织工人不断的争夺市场，结果往往他们得到胜利。然在大城市中，贵家豪族以其特殊声望与地位，仍居上风。

基尔特所支配的都市，特别是都市同盟之商业政策，在中世纪自无何系统的商业政策可言。都市自营其商业，十六世纪后始有之。德国汉撒同盟之政策，也许可以作为例外。它有它自觉地采取的一种前后贯彻的商业政策，其根本特征为：（一）只有同盟中市民，始有权参与同盟所获得之商业特权；（二）此同盟在他国境内努力于直接的零售商业，不作运送业及委托贩卖业。此种倾向至英、俄、斯干地那维亚等处土著商人阶级发展以后，即归失败了；（三）同盟商人之商业，仅能使用自备船支，不许赁借他人船舶，又同盟商人之船舶，或有此等商人之股份的船舶，不许卖与他国人；（四）同盟商人仅作商品交易，不像佛罗棱萨人之经营货币交易或银行交易；（五）同盟有特许的支店及仓库分布各地，俾可监督其会员之行动。其整个业务在严格的统制之下，由它规定度量衡，与他国人经营信用业务，悬为禁例，俾免他国资本在同盟中有喧宾夺主之虞。甚至与非同盟中人婚媾，亦在禁止之列；（六）同盟首先试行标准化之计划，即在买卖之际，使用确定的商品样本（如蜡、盐、金属、布匹）；（七）在消极方面，它没有关税政策，至多只有以战争为目的的征税；（八）同盟之对内政策，为压抑手工业基尔特，以期贯彻商人之贵族政治的支配。要之，此等方策，乃定住于他国的商人阶级为其本身利益而制定的政策。

第六节　货币及货币史

我人若从货币发达史观察,可知货币实为个人私有财产之创造者。货币于其诞生之始,即秉有此特质。反之,我人亦可谓:若无个人私有之特质者,即不能谓之为货币。

最早之私有财产,包括个人自己完成之手制品,男子所有之工具与武器,男女所有之装饰品。此种对象物之授与,有其特有的继承法则。在此等对象物之范围内,我们最先探讨货币的发生。

今日货币有两种特殊的机能:即为法定的支付手段及一般的交换手段是。若以历史的眼光观之,则两者之中,法定的支付手段之机能发现较早。那个时候,货币尚没有加入交换的领域。货币之加入交换领域的可能,是因为经济单位之间常有货品(价值)的转移,虽不一定包括交换的手续,如进贡、献与首长之礼物、采礼、佽金、杀人罚金、赎罪金、罚金等,却需要一种支付的手段,即必须有一种作为标准的中介物。继而发生者,为首长给与家臣之赏赐,如领主对其臣下以赠物之形式所给予的薪俸,以及更后来发生的佣兵指挥官赐予其兵士之犒赏是。即在迦太基那样的城市及波斯帝国内,货币之铸造,亦概为军事上支付手段之用,并不用作交换的手段。

际此阶段,尚不能设想到今日之货币,在各个经济领域中,各有其秉有支付机能的特种财物,以与其质量不同的功效相适应,因之多种特殊的货币同时存在。例如以贝壳换取妇女,此为各时各地所不可能者,惟家畜则无论何时俱可购买之。反之,在小额交易中,则以贝壳物小,故可以用之。——如此发生于对内的支付义务之货币,我们称之为国内货币。

货币之另一机能，虽已不足为今日货币之特征，但在极长的历史期间存在着的，即作为财货积聚之手段是。首长欲确保其自己之地位，不得不养其从仆，而在特殊的状况下，用赠赐作为赔偿之事，亦必发生。所以印度国王及墨罗文吉亚（Merovinger）朝之国王，对其所有的宝库（Thesaurus），都看作十分可贵。尼勃伦吉窖藏（Nibelungenbort）亦即为这样的一种宝库。作为财货积聚之手段，各色的物品都采用过，例如诸侯所以常与其臣下而同时具有支付手段价值之物品等。故在此状况下，货币亦非交换手段，完全为身份阶级所有物之一种而已。拥有货币者，仅因名誉欲而拥有之，以满足其社会的自负心。因此机能，货币乃须有现代货币之主要特质之一，即货币输送便利性以外之耐久性。象牙及有特质的巨石（Riesenstein），以及后来之金、银、铜等各种金属，俱可用为货币及财货积聚之手段。货币之此种阶级的性质，在下列两种事实中即可了然：（一）在货币之原始的发达阶段时，其分化系基于性别者，女子不许有与男子同样的货币财货。某种特定的霰石，专为男子所有，珍珠贝壳等物，则仅用作妇人货币，为"朝晨赠物"（古代日耳曼风习，结婚翌朝，新郎给与新妇赠物）；（二）货币之阶级的分化，尚有酋长货币与其部属的货币之分。如特定大的贝壳，仅酋长得有之，只能于战争时或作为赠物之用。

作为一般交换手段的货币之机能，渊源于对外商业。有时，其来源出于经常的对外行聘，如埃及及在推尔·爱尔·阿玛那碑版所见之古代东方。为维持两种人民间之和平，两方的支配者便有不绝的互相赠贡；此即所谓带有商业性质的酋长交易，而为部落商业之雏形。若赠贡断绝，则即有战事发生。其次的根源，为普遍应用的他国产物。典型的氏族商业及种族商业，将不能就近生产、因而视为高价的一定商品，赋与以交换手段之机能。这种对外货币，在作为关税、通行税等商业上支付之处，获得其国内的机能：酋长派有收税指导员，商人以其所携带者交纳之，酋长当亦乐于收受。在此情况下，外国货币乃得乘机侵入国内经济。

在此阶段，货币以如次种种形式出现：（一）装饰货币。其典型物，如非洲、印度洋一带以至亚洲内地之珠宝；与之并立且可为支付手段、交换手段使用于各种范围者，尚有许多物品，如玉、琥珀、珊瑚、象牙及特种的兽皮等。此项装饰货币，最初仅作为国内货币之用。迨各部落俱用同样的支付手段后，始作为普遍的交换手段之用；（二）利用货币。此种货币，最初以对外交易为主。既用以为表示支付义务，或评价他种财货之手段，故多为一般使用的物品。如在爪哇，所用的是谷物或家畜、奴隶等。不过用这种共通使用的物品比较不多，大多用烟草、酒、盐、铁器、武器等享乐品；（三）衣服货币。它最初即兼有国内货币与对外货币的两种机能。所谓衣服货物，即指本地所不能制造的毛皮、皮革、织物等而言；（四）代用货币。在今日货币系统尚未具备之时，人们以社会生活的关系习于以某种物品为所有物，或以之履行某种支付，则其自身虽并无何等价值，但亦可具有货币的机能。如英属印度内地有以中国骰牌充货币而流通者，俄国有以毫无使用价值的碎皮为货币者，南欧方面，并有木棉片流通，虽无交换价值，但却可为代用货币。

当是时，通常所流通的支付手段既不仅一种，所以就有一定比率表之必要。此等货币列入一价值表中，但大多并不将其中之一与其他多数物评成等值，而将一种类中之多数物品与其他同样或异样的多数物品共同形成一个价值的单位。例如在爪哇，价值单位以一种高价的石与二十颗珍珠贝壳形成之。密苏里（Missouri）地方之印第安人，购买一女子之代价，为小刀二把、套裤一只、毡一方、小枪一枝、马一头及皮革之营幕一具。此即是，一女子之代价，等于一印第安战士所有之全副武装；故可以此售价，向其部落购买。由此可知此项评价标准之基础，并非为纯粹经济的品质，而为财货之使用价值，及其传统的社会意义，并为便利计算计故取其约数。于此，十进法亦曾有其特殊任务。如某部落有以椰子实十枚与一定量之烟草相当，海豚牙三百枚与女子一人同价的评价方法。杀人罚金、赎罪金及其他以货币为表现之项目，初亦与经济的价值无关，完全以社会的评价为标准。杀死一自由的佛兰克人时，应课的罚金为二百Solidi（中古之虚位货币），这个数额由于与杀死半自由民或非自由民的罚金之比率而来。在此种例证中，俱为传统的社会评价之表现。及至有经济的交换关系后，如中世初期时，杀人罚金即不以赔偿损失为标准，普通的现象，乃为要求更多的金额了。以一种货币财为评价，非即以同一货币财为支付之谓，不过作为测定各个人的支付之标准而已。个人的支付也许要视行为者之给付能力而定，不按照一定的比率，毋宁表明一种传统规定的补偿办法。

  由上述的情况，作为货币制之基础的贵金属，乃得发展出来。这种发展的决定条件，完全是技术性的。盖贵金属比较难于氧化，因之不易毁坏，而且因为它们比较的稀少，故其评价特高；最后它们比较的容易加工并分割。最重要者，则因其可以衡器秤量，在最早时即已如是实行。最初时或曾用谷物与之对称。贵金属亦有用作实用品的，但用作交换手段这前，早已用为一种支付的手段了。贵金属之为交换手段，最初见于酋长商业，由推尔·爱尔·阿玛那碑版，可知西亚之统治者，最希望由埃及王方面获得装饰用的黄金赠品。诸侯赏赐臣下，最喜用金指环之形式。故在古代北方之歌词中，称国王为指环浪费者。货币之开始以铸货形态出现，为纪元前七百年之事。最古之货币铸造所，在吕底亚（Lydien），或在沿海之地，由吕底亚王与希腊殖民地人士所经营。铸货之先驱，为商人私加以印的贵金属块，印度、中国及巴比伦均有之。所谓Schekel（巴比伦之衡量单位）不过是经有信用的商家盖过印的银块而已。中国之两，亦为商会加印过的银块。至后来，货币铸造始由政治权力行之，不久更为其独占。此种事实，似曾见诸吕底亚。波斯之大王，曾铸造Dareiken（古波斯币）作为支付希腊佣兵的手段。经希腊人之手，铸货始采为交换的手段。反之，在迦太基，铸货虽已发明了三百年，但尚无货币铸造之事，而且即后来采用了，亦非用为交换手段，仅为对佣兵之支付手段而已，故一般言之，全部腓尼基人之商业，为不用货币的交易。此种铸货之技术上的进步，实有助于希腊商业之得占优势。即往古输入贸易极盛旺的罗马，亦到后来始有货币之铸造，且最初铸造者仅铜币而已。罗马本部本有多种多样的铸货流通，至纪元前二百六十九年乃有银货铸造，但加菩亚（Capua）则早已有贵金属铸货。印度之货币铸造始见于纪元前四、五世纪间，系从西方传来，技术上真能使用的铸货，至亚历山大时代后始有之。在东亚，则真相不大明白，我人或可推定，该地货币之铸造，有其土著的一定的发展。今日该处之货币铸造，因国家官吏继续铸造劣币，结果只能以铜为限。

　　直至十七世纪，发行铸货之技术，与我人今日之技术尚少共通之点。古代铸币以铸型为之，中世纪时则用手工"打"成，直迄十三世纪时，此种铸造尚完全为手工业的过程。铸货之制作，须经运用完全手工的工人十人乃至十二人之手，故其生产费极巨。今日铸货之生产费，仅以千分之若干计算，但当时在小铸货方面需抵币值的四分之一，即至十四五世纪，依然有在百分之十以上者。因为技术的简陋，所以即使最良之铸货，亦缺准确；英国之金货铸造工程，虽比较完全，惟其差恒可达百分之十。于是在交易流通中，只有按重量授受，以避免此弊。于此，货币之成色，惟有以加印为较妥之保障。最初铸货之比较精确者，当推有名的佛罗棱萨之金货（一二五二年以来），其各个货币之质量亦较匀。技术上真堪足信赖之铸造法，至十七世纪末叶始有之，惟铸造机则早即应用了。

今日之所谓金属本位，系将某种铸货定为支付手段，或可以任何金额（本位货币）或则至一定的最高额（补助货币）用之。而与之关联者，则为本位货币之自由铸造原则，即无论何人、无论何时，若付最低的铸造费，则有要求鼓铸之权，俾可无限制的用为支付手段。金属本位又有单金属本位与复金属本位之别。关于后者，今日之唯一的可能形式，为两本位制。在此制度下，多种金属相互间有确定的比率（例如拉丁货币同盟，规定金银比价为一与十五又半）。以前较通行的第二种可能形式，即所谓并行本位制。在此制度下，货币事实上固可自由铸造，惟无何等确定比率存在，或仅有一种对各样价值比例之周期的评价。对于铸造的金属，交易需要之性质有决定的意义。国内交易及地方交易，可以价值不太昂之本位金属为之，故于此可发现银、铜或两者之相并流通。若为远地交易，好久只有银子，迨商务重要性增加时，有次第倾于用金之势。于此，金对银的比率之规定，对于金之事实上的流通实具决定的性质。若一种金属所定比率，低于其实价，则结果该金属必不以铸币出现，而以其生金属形态出现于交换中。

各个金属间价值比例之发展，在东亚与西亚及欧洲间有绝对的对立。东亚诸国其对外的封锁政策，发生变态的情形，故其价值比例可以保持，为西方所不见。例如在日本，金银比价高仅一与五。反之，西方货币比价之连续性，未尝有此纷乱之态。巴比伦系用银计算之国，惟国家并不造币，而以私的加印银块，即 Scheckel 流通。市面金与银之比价为一与十三又三分之一，此种比率亦即为古代金银比价之基准。埃及人以 Deben 之形式，采用巴比伦之银块，但其计算则铜、银、金等并用，于大宗交易时，尤多以金货计算。

直至后期古代及墨罗文吉亚朝为止，罗马之货币政策是很确切明白的。罗马当初事实上系采铜、银并行本位制，并设法将比率定为一一二与一。相当于青铜一磅的银货之创定，尤有重要之意义。金之铸造，全为商业货币之用，反之，铜则渐次堕为小额交易之信用货币，仅余代用货币之机能而已。造币之权，事实上多集中于将军们之手，直至共和时代，金银货上多印有该时将军们之名。此种造币，其动机非由于经济上之目的，实系供军队中论功行赏之用。迨凯撒把持帝权，始有确定的本位规制颁行，采行金本位制。金银比率，重新规定为一与一一·九，每一金货（Aureus），值银货百枚。此项规定，使银之价格稍为上涨，可知买卖上银货之需要已有增加。金货直至君士坦丁大帝时代依然存在。银货之试铸，亦不时发现，如尼禄（Nero）曾铸造 Denar，使金货之价值更为之增高。卡剌卡拉（Caracalla）以经营劣币铸造为业，其从军人阶级出身的后继者，亦加以效尤。此种铸货政策（并非相传的贵金属之流向印度，或矿业之停顿），实为罗马铸币制度崩溃之主因。迨君士坦丁大帝登位，始见复兴。大帝铸造金币（Solidus）以代替金货，每黄金一磅（约当三二七·四五克）铸新币七十二枚。此种新币，于买卖之际，或依重量而计算者。至罗马帝国崩坏后，此项新币尚依然存在。在墨罗文吉亚时代，此项货币在以前属于罗马经济地域内之德意志，博得最大之信用；惟莱茵之东部，则用古代罗马之银货，其性质颇类于后来非洲之马利亚德利撒银货。至喀罗林加朝[1]，政治的重心，渐自法兰克国之西部转移到东部；同时，在货币政策方面，虽从东方输入了多量黄金，但卒从金本位制推移向银本位制。查尔曼大帝，经过种种不甚明了的方策后，确立一种四〇九克重的铸货（此项推测，尚有讨论之余地），以

---

[1] 喀罗林加朝，同前文喀罗林王朝。——编者

160

此铸出十二 Denar 的银 Solidi。喀罗林加朝之铸货制度——今日英国式计算单位，镑、先令、便士，即其遗物——至中世纪之末仍存在，大陆之大部分，亦因之而多采银本位制。中世铸币制度之中心问题，并非本位制问题，而出于支配铸币生产的经济及社会性质的问题。古代对于国家之独占铸币，极为重视。迨乎中世，各封土俱有货币铸造所，其所有者即为封主。故自十一世纪中叶以来，喀罗林加朝之铸货制度，仅有一种民法上的效力而已。货币铸造之特权，名义上虽尚为国王（或皇帝）所独占；惟铸货之生产，则由手工业的组合为之，其由此铸货事业所生之利润，归于各铸货特权者所有。货币铸造权之分散，实即为铸造劣币之诱因，渐普及于各地，以成中世纪劣币横行之势。当时流通于德国之 Solidus，在十三世纪至十六世纪之间，其含量减低至以前的六分之一；英国之 Denar，在十二世纪至十四世纪间，亦有同样之减削。在 Solidus Grossus 货币——一种两面俱刻有文的厚货币——之发祥地的法国，前此曾与德国十二三世纪时所铸之单面文的薄货币（Brakteat）相竞争而获胜者，此项新币亘十四世纪至十六世纪间，价值减少至以前的七分之一。货币恶铸之结果，银币殆失却不变的计算单位之资格，故商业中金之应用乃大增。至一二五二年佛罗棱萨有重量三克半的金币（彼时称为 Florenus 或 Florin）铸造，技术上尽求分量均匀，于是在货币史上乃成为创举，一时各地人士咸乐为采用，新货币遂一跃而成商业之一般的计算单位。然货币经济上银之需求增加，故银价上涨。至一五〇〇年，金银间之比价，已从一比一二·五腾贵至一比一〇·五。此外，金属价格亦异常腾落，生金属与铸货间亦生差异。大宗交易上固以生金属或佛罗棱萨金币计算，但小宗交易则以其他货币授受。货币之恶铸，因可归咎于铸货特权者之贪欲，但同一种类之货币间其成色重量竟有相差至十分之一者，亦为其原因。结果流通者仅为最劣之币，纯良之币已被其驱逐殆尽。铸货特权者乃益肆其贪欲，利用其独占权，发行新铸货，收回旧币。唯此等旧币仍多流通于他们势力以外之区域，故铸货特权者亦难于其领域内贯彻其特权，只有许多诸侯间形成铸币同盟，乃能发生变化。故除佛罗棱萨人之铸货以信用卓著外，中世纪实为货币发达史上之黑暗时代。

但恰因此种货币铸造之不合理的状态，货币之自由铸造乃成为自明之理。盖铸币特权者惟求征收造币税，坐享铸货事业之利益，乃不惜竭力张罗所有之贵金属使其输至自己的铸造所。贵金属之所有者在这一方面便受一压力；"禁金输出"政策是习见的，尤其在有矿业的地域，矿夫及贵金属矿山之所有主，对于其金属应否输往铸货特权者之铸货工场，几无选择之权。但所有此项方法并无效果。不仅暗中大量的偷漏，铸货特权者亦以协定之方法，让矿山业者将其贵金属输至其他铸造所，铸成货币后再运入自己领土。全中世纪均有此项货币贸易，因为各种货币之需要不能估计，特权者又随意增高或减低其造币费，于是只有由竞争使其不能增高。

十六世纪以来，流入欧洲之贵金属大增，铸币制度上稳定关系的经济的基础，得以奠立，斯时至少在欧洲各专制国家中，前此多数铸币特权者及其竞争之事，已告消灭。在十六世纪前，欧洲贵金属流出之势甚烈，亘历至一百五十年的十字军时代，掳得了许多贵金属及大规模耕作地之利益，贵金属之流出乃告一中止。达•伽马（Vasco de Gama）及阿布奎基（Albuquerque）的发现至东印度的航路，打破了阿剌伯人的商业独占。墨西哥与秘鲁银坑之采掘，将美洲贵金属大量的输至欧陆，此外，又发明了汞合金的采银新法。由南美及墨西哥掘得的贵金属量，在一四九三年至一八〇〇年间，黄金达二百五十万克，白银达九千万乃至一万万克。贵金属生产之增加，先为已铸的白银之增加。于是以银本位制乃普遍采行，且可计算的表出。德国斯时亦新铸银货（Joachimstiler）以代旧有的佛罗棱萨金货，此种情势，继续至巴西金矿发现时为止。巴西金矿之发掘为时虽暂（十八世纪初叶至十八世纪之中），然其出产量，已足支配当时市场，结果违英国之立法者，特别是牛顿（Issac Newton）之忠言，使英国卒行金本位制。十八世纪中叶以来，银生产复居要位，影响于革命期之法兰西立法，而有采行复本位制之举。

但货币制度之合理化，不能一举而成。盖在合理化实现之先，虽有诸种铸货普遍流通，但如今日之货币则尚未有。斐迪南（Ferdinand）一世之帝国铸货敕令（一五五九年）中，也不得不承认三十种他国的铸货。且当时比较小额的铸货，因技术幼稚故，其差綦大，又加以铸费极高，故十六世纪时德国曾限制小的银价之支付力，但并非以之降为辅币（辅币之合理的铸造，始自英国之本位政策）。斯时公定之计算单位，为上述及的以新银币（Jöachimstaler）计算之金货。然事实上其发展步骤则如下。即自十三四世纪以来，货币铸造始与商业交易分开，以生金银计算价值，其后复以重量授受，规定某种铸货（国家亦不得不承认此习惯），可用于支付，末后并以汇兑银行行决算。后者之先驱，在中国可得其最佳之例，该国因货币恶铸之结果，商买交易上有制定的金属兑换钱号。各商人确定重量单位后，先有银寄存钱号，于清结债务时用票据付与对方；虽亦有以加印的碎银直接支付者，惟其重要性则远逊前者。故此种钱号货币系以商人存诸银行的贵金属为准备，对于与钱号有往来的人为支付手段。此种先例，十六世纪时之西方已仿行之，如威尼斯之黎尔多（Rialto）银行，阿姆斯特丹（Amsterdam）之维色尔（Wessel）银行（一六〇九年），努连堡（一六二一年）及汉堡（一六二九年）亦均有此种银行出现。它们于计算时以生金银为基础，惟授受之际则折合为货币。各项票据通例俱有最低额之限定，支付亦然。如阿姆斯特丹之票据，以三百盾

（Gulden）为最低额，他方面，凡六百以上者，亦必须经银行而后可支付。汉堡之此种银行货币本位制，直存至一八七三年。

近代本位政策与过去政策差异之点，在于没有财政的观点。换言之，近世本位政策系纯粹经济的，以商业上资本得以确实计算为根基。在此方面，英国较其他各国均着先鞭。昔时英国国内商业，以白银为有效之支付手段，国际贸易则以金币为计算之基础。自巴西金矿发现以来，黄金流入英境益伙，英国采行之并行本位制渐陷杌陧之境。金价大跌，则金铸币充斥市场，银货大有被逐出流通界之概。斯时工资支付，多以银币为之，故资本的企业家以避免银之流出为有利。起初英国政府，欲以种种人为的方策，维持并行本位制，直至一七一七年，英政府始确定新的评价。在牛顿之指导下，英之标准金币几尼（Guinee），定抵银币二十一先令，虽则把金估计而还未免过高。但十八世纪中，金仍不绝流入，银不绝流出，英政府乃采行极端政策，正式规定金为本位金属，银降为辅助货币。银乃失却无限法偿力，且新银币系与其他贱金属合铸而成，其成色较前低，故流出国外之危机顿减。法国政府于革命期中屡经试验后卒采用复本位制，其基础为银，每九镑白银铸法郎千枚，并制定金银间比价为一五·五与一。当时法国境内需币孔殷，故此项比价在一个长时间内得到稳定。十九世纪之初，德国金属生产渐减，当时银本位货币之维持，势所必然，因为无法向金本位制推移。但金的商业货币及定率货币仍多铸造，尤其是在普鲁士。惟助成金之特殊地位的努力均归失败。至一八七一年获得大量赔款后，始予德国以推行金本位制之机会，又因加利福尼亚金矿采掘，世界存金量大增，金本位制之实施乃较容易。是时昔日之比价变动尚少，故德政府基此铸造价值三分之一泰尔（Taler）的德国马克（Reichsmark）之举。因每银一磅值三十泰尔，故金银比价为一五·五与一，而每金一磅则值一三九五马克。

第七节　前资本主义时代之货币业务及银行业务

在前资本主义时代，凡有多种货币之处，银行业务主要的为兑换业务。此外付款业务，特别是隔地支付亦为必要。夷考古史，尤其是希腊，我人发现典型的银行业务，实为承受委托付款，及发行便于远方支付的商旅信用券。当时虽无今日之票据，惟雏形之支票，已被用为支付手段。货币保管业务（存款业务）亦为银行最早业务之一，古埃及与罗马俱已有之，埃及之银行业者尤多为财产管理人。在巴比伦（中国、印度亦然），货币没有许多种类，故兑换业不发达。然此等银行业者另有一造币的业务，即上文屡屡提及的加印于银块上，使之成为通货。其后，银行业者即经营节约现金支付之劳的汇兑业务，惟汇兑买卖者须预存相当的金额于该银行。与此相当者，我人于巴比伦发现有银行票（Bank billet）之为物，然非今日之所谓钞票。近世的钞票，其流通与各存款者之存款无关；反之，巴比伦之银券，则全为便利汇兑买卖者间支付之工具。此最早的汇兑买卖之范围，详情不可得而知，但无论如何我人决不可以太近代的目光相视，且其多数均仅用于地方的买卖而限于商人之间。从而此类银行票，并不能成为一般流通的对象。巴比伦银行业之授人信用的业务，系从汇兑买卖发达而来，这是巴比伦的特色。职业的银行业者，若得相当保证或抵押，可以授人以小额信用。巴比伦银行业者之成为信用上之中介，实因无铸货之存在所致。买卖之际，虽以银为计算基准，惟并不以之为直接支付之用，故必须以银行业者为中间人，由他规定支付之期，并对于卖者保证清偿。巴比伦之银行业尚有他种特质，能经常地授人以企业资本。从楔形文字中，今日尚可发现许多古代所不易见的出借企业资本之笔据。此种现象之原因盖有其根源，即有铸货之处，银行业务多从铸币业务发达而来，惟在巴比伦，则从货币（信用）买卖业务中演出。

罗马之银行业，呈两种的特色：其一特色是银行业者乃职业的拍卖人（autionator）。其次则首先有现代意味的活期存款之业务（kontokorrentgeschäft），以及承认借银行业者之助为整理债务之一种特殊手段。此种业务之目的，在罗马时代，在于形成一种确实的支付手段，因为那个时候尚无银币铸造，且造币之品量，常随将军们之战利品而转移。由此种罗马铸币状态之落后，即不难知存款及根据相互计算之超额的支款（actio receptitia），有如是重要的意义，而银行业者之簿记，必须受一种统一的法律规定所管理。罗马之货币商（Argentarius）账簿，已将借方、贷方分别清楚，惟其意义与近世者不同。每一顾客俱为之置有一账簿，记入其借贷（acceptum ferre，expensum ferre）两方。

由此记账，可知支付间之清理。此外，关于此项簿记之详细项目，至今多已淹没，无可查究。

一般地说，古代之银行，其为私人企业者，系属偶然之例外，它们常遭遇寺院及国立银行之剧烈的竞争。

古之寺院，先系储金金库（Depositen Kasse）。就其为银行而言，此为主要的营业，且其储金之信用较私家银行为大。寺院中之储金，带有神圣的性质，故无劫掠之虞。德利（Delph）寺院为多数私人财货之保管所，尤为奴隶的贮蓄之所。据遗存至今之铭文所云，谓上帝买得了奴隶的自由，实则就是奴隶自己的积蓄，他们为防御主人的侵夺，故将积蓄储于寺院。巴比伦、埃及、希腊及多数古国之寺院皆曾尽储金金库之机能。惟罗马之寺院则凤已失去此特质。故古代寺院，亦即为大贷主，尤其是贷与诸侯，因为其条件较私人贷金业者要优利些。大贷主的事，在《哈密拉必法典》[1]（*Codex Hammurabi*）中或者已经可以看到，但一般贷主即为国家的贷币保管所及寺院。巴比伦之日神（Sipper）庙及埃及之亚蒙神（Ammon）寺，即履行此业务者。雅典海上同盟之国家金库，亦即雅典之寺院。私家银行之第二劲敌，为国家银行。银行制度之国有化，其发生原因，并不是中世那样由于私银行业之腐败或破产的结果，而出于国库财政的关系。盖斯时不仅兑换业务已成为利润资源，而且在政治上，亦须吸收大宗存款。故在希腊国家内、特别是普托勒米王朝时代之埃及，国王独占银行。当时银行独占之确立，全为国库财政的施设，与今日国立银行之发行兑换券，调整金融市场，统制铸币政策，全不相干。至于罗马骑士阶级之特殊势力，根本上由于他们之能阻止国家独占银行业务而来。

中世纪银行制度之萌芽，种类殊多。十一世纪之际，有兑换商（campsores），他从他的买卖中得到颇厚的利润。十二世纪末，对远地的汇兑买卖，俱须经其办理。其所用者，为一种名为票据证书（Cambien），系由阿剌伯人传来者。贷金业务，仅由定住的银行业者所营，与古代不同。他们通例仅贷放巨额金钱，且只贷于公家。小额贷金业，则为犹太人、伦巴底人及高辛人（Kawers）等异族所经营，后两种名称包含各种南部的人。与此项异种族的消费信用放款（起初时系为有抵押或担保而利息极昂的紧急信用）相并者，企业信用（即企业资本信用）放款之发生亦颇早。对于此种经营，银行业者亦参加，惟与巴比伦不同者，彼等尚须与种种商品之商人及私贷金业者相竞争。迨后货币之铸造日劣，汇兑业务乃极感需要。有金属或他种全价货币

---

[1] 《哈密拉必法典》，今作《汉谟拉比法典》，是中东地区的古巴比伦国王汉谟拉比（约公元前1792—公元前1750年在位）大约在公元前1776年颁布的法律汇编，是最具代表性的楔形文字法典，也是世界上现存的第一部比较完备的成文法典。——编者

为存款的商人阶级所共组之银行乃发生,即以存款为基础,发行汇票或支票(有最低金额之规定),以便利债务之清偿。兑换商一时曾掌握了存款业务,惟终究他们不能有足够的信用,大的合资银行因之就应时而起。中世银行业务之领域中,尚有征收租税之事,相当于古代之租税承办制。十三世纪初叶至十四世纪末叶间,此为一大财源,佛罗棱萨之银行大豪族——亚雪杰里(Acciajuoli)族、批鲁齐(Peruzzi)族、麦第奇族——尤源于此。它们既遍设支店于各重要商业区域,故对于当时之最大的税权者元老院,从各地收集租税时,实为现成的税局。它们保守有最正确的计算,并规定以佛罗棱萨之金币盾为标准,收取完全价值之货币。此种任务,使租税征集者可从中获得厚利,与中国官吏之状况正同,因为各地杂币,租税征集者可按元老院所欲之币自定比价以收取之。此外,中世纪银行业务中,尚有金融业务一项。然我人切勿误会,以为此即为今日供大企业以金融之事。其时金融需要之成立,唯偶然有之,通常多为战争冒险之用,此于十二世纪时已见之,如热内亚是。热内亚人向赛浦路斯(Cyper)之海上远征,即受一"Maona"即股份公司的资助。都市间之战争,债权者亦起而组织团体者加以资助。约一世纪间,热内亚之租税制度及港税制度,俱以此项银行团之利益为依归。尤进一步者,为十四世纪时佛罗棱萨之银行业者资助英、法战争。

此等业务既仅出诸私人之手,乃发生种种问题。即他们的资金自何而来,流向何处,银行将如何履行满期的债务。于是涉及中世银行之清偿能力。上述企业之清偿能力,甚为不良。如前所云批鲁齐或其他大银行家所贷与佛罗棱萨战备之款,并不出于其自身资本——即令他们尽倾其所有,亦不足贷款之额——而系借其信誉以极低利息,吸诸人民而来的存款。通常战争上之贷金,期限较长,但人民存款,则短期间可以提还,故军事企业之投机苟有不利,银行业者必至应付乏术终于不得不公然或暗地宣告破产。此种遭遇,阜格族亦有之。盖其由西班牙王所得之结果,不仅为巨大的损失,且其剩余的财产额,亦被束缚而不得活动。私人大银行之资力既不足助国家之大企业,且其清偿能力又极易破产,于是独占的银行乃应事势而兴。须为货币的政治的权力者,为获得货币起见,常以特定的独占权(商业独占、关税独占并银行业独占)委诸私人。诸侯及都市每将银行国有之独占权,委诸私人以取得贷款作交换。此项私人独占银行最古之例,为热内亚之圣乔治银行(Banca di San Giorgia),最新之例则为英格兰银行。后者并非商人辈自由结合之组织,而为资助西班牙王位战争的纯政治企业。它们与中世纪银行之差异处,在于它以经营汇票为基础。

今日之票据乃支付手段之一种,其成立须有三关系人,即受票人外尚有发票人及支付人。其中责任最大者为发票人,承受人于承受之瞬间,亦须负责。若以签名保证的方式让诸第三者,则保证者亦有责任,不问票据之如何提取。遇拒绝收受之际,有特别的执行手续,在中古时代,包括债务的拘留处分。汇票对于今日银行之意义,亦即在此项特质,因为由此,可于一定期间收得一定货币,因而确立其清偿能力。中世纪时就没有这样的可能性,票据虽已有之,惟性质上不过类于今日之支票而已。斯时之支票,仅为支付手段,特别是供远地支付手段之用,人们固可以之偿债,但在另一处可以提款:故当时票据多适用于异地间之支付契约及支付履行,同地票据,被看作类乎重利盘剥,为教会法所严禁。中世之典型的票据,为两种不同的证券所构成。其中之一为"开口信"(Litera Aperta),与我人今日之他地转划相同,即热内亚之商人甲,对巴塞罗纳(Barcelona)之商人乙,许其于一定日期,支付一定金额,由甲之债务者丙付之。如票据为诸侯所签发,则可向税库支取,转由宫廷支付之。其二为"闭口信"(Litera

Clausa，又称 Tratte)，实为今日票据之基础，即，对于签发该票者之债务人，通知其清偿债务。开口信之收取，须经公证，但闭口信则仅为一书状。二种票据俱须按照发票时所书收款人姓名交付之。其发展之结果，因开口信所费较多，故渐被淘汰。其中所含之责任，渐为汇票所采用，它的重要性因而增加；惟近代之签名保证，当时尚付阙如，至十九世纪始有之。不错，那时的票据虽已包括 Promitto Tibi vel tuo certo nuntio 的方式，从而收受者，得以此票据，转付于其他收受者，但因典型的支付多在年市，故此种规定仍告消灭。于此，可由票据交易所为之划销，仅其差额以现金偿还，俾可免输送现金之危险。事实上，票据仅为贴现者，可向汇兑银行或商人团体兑现，此于参与决算的商人为有利，可独占汇兑之手续费，故每反对签名保证的转划方式。故即至十六世纪时，任何交易每次皆用新签票据，不用签名保证的转划之法。然即在此情形下，十六世纪时之票据法亦已发展至今日的状态，接受者必须支付（Chi accetta, Paghi）之条文，把根据法律理由的一切纠葛都排除了。因有此项无条件的保障，票据乃能有今日银行纸币之特质。

中世纪之银行业者，在承受票据，使其成为支付之媒介。今日之银行业者，接受贴现之票据，即，以折扣买入之，以后再收入其款，他是把他的资本投于票据之中。首先贯彻地采取此种票据政策者，为英格兰银行。

英格兰银行肇端之前，英国银行史中所可见者，为金匠，他们为贵金属商人及所有者，总揽银行业务，且常独占铸货重量及品质之鉴定，但他们未曾有前面所述的任务。他们如中世纪之银行业者那样，曾经营着存款事业，他们也资助过政治的企业，斯图亚特（Stuarts）诸王及克郎威尔（Cromwell）均曾受其赐。他们又曾营存款业务，发行纸券与其顾客，而此项所谓金匠券（Goldsmithnotes），流通颇广，不只限于存款的主顾之间。这些一切，都随着一六七二年之国家银行破产而中止。当时政府宣言国家债务仅能付利息不能还本金，而金匠之存款者则有随时提还的权利，于是金匠事实上即不能支付了。结果英国遂亦有组织独占银行之必要。政府于是利用此良机，借其政治的权力，由国家独占银行业，分其利益。国立银行之安全性较一般商人之银行为大，故容易吸集丰富之存款，铸货之困难，亦消灭于无形，因而商人借款时利息可较低。斯时之银行，自不能与今日者相比，盖今日之发券银行，有其特殊之任务，可借其贴汇作用，将贵金属输入国内，或使积储过多之贵金属流通于市。这都非那时所有的现象。当时所希望者，为成为一种存款之银行，以固定的金属量为根据而发行票券，帮助助减杀金银比价间的上落。一六九四年英格兰银行之创立，结果全为资助威廉三世（Wilhelm von Oranien）对路易十四战争的政治动机而出。其设立之时，即以一定的税（特别是监税）作为对贷主之抵押。应募之债权者，由国家特许其组织一团体，作为监理人。该项新设施，遭遇了种种反对。最先反对者为威廉三世之政敌保守党（Tories）党人，自由党（Whig）党人亦恐王位之巩固而表示反对。于是此银行乃只能成为私营的组织，且规定须由议会特别决议，此种银行乃可对国家贷款。故据保守党之见解，以为此种银行只可与共和制并存，与君主制不能相容，他们认为，此种银行所存在于其内之王国，必然将受与银行有关的资本家之支配。最后，金匠以业务之被夺亦反对银行的设立，地主则恐商人获得政治的及经济的优势，故亦反对。银行创立之际拥有股份资本一百二十万镑，其后全部均到了国家之手，为报偿计银行获得了贵金属商业、商品之委托贩卖及票据商业等之权利。票据商业之意义更为重大，因其与银行券发行有关，至于此后银行如何利用其贴现政策及种种权利，则无人能想象之。惟开始系统的票据买卖，以贴现形式清偿未届期的票据，以缩短最终生产物达于最终消费者之期间，要须以此为嚆矢。英格兰银行之加速资本周转，实为其票据商业上显而易见之目的，其有系统的经营业务尤非前此之银行所曾有过。

欧洲以外银行制度之发展，只有一部分与欧洲之发展可为平行的。印度及中国之银行，直至最近尚含有古代及中世之性质。它与西方银行区别之点，为对于本位制度之统制，有极大权力。中国之银行业者，执行银两鉴定之业务，规定信用条件，制定利率，指定支付的方法，除此种存放款业务外，对外贸易亦由其经营，故上章所述支付交易之类型化，全在其手中。然对外贸易而论，此为信用交易，例如在广州，即执于几个大商家之手。中国以前尚未统一之时，战事频发，故银行业亦资助之，如前此之欧洲然，但一旦统一以后，这种投资机会便没有了。印度之银行制度，则纯由宗派或种姓阶级统制之。于此，未统一时，银行亦作政治的借款，至蒙古大王（Grossmogul）统一后始告终。此后之政治的货币业务，只还有为预算关系及预先收入目的的租税承办而已。今日之中、印银行，其职务本质上只有支付业务、小额贷款及短期信用而已。如欧洲之有系统的企业信用或类似于贴现政策的业务状态，则莫或之见。盖亚细亚固有之交易中，仅有支票及多种支付证券之流行，真正之票据，从未存在。至于中国银行业者，则因滥发纸币之现象，尚执有本位管理之独占权。

第八节　前资本主义时代之利息

利息的发端，是一种国际法或封建法上的现象。在部落共有制、村落共有制或氏族共有制时，有偿的劳役根本不存在，故利息及贷借俱无由发生。若需要他人助力时，则出以同胞之援助（如建筑家屋时之助劳）及基于氏族同胞互助之义务的紧急援助。即罗马之实物偿还的借款（Mutum），亦为一种无利息的借贷，尚系最古借贷关系之遗物。此紧急援助义务，为宗教团体所采用于同教中人，更为推广；最有名之例，为犹太人。其取利并不足怪（因全世界均已取利，中世之僧院亦取之），惟犹太人向基督教徒索取利息，而他们自己间则不取，这对于西方人是可怪和可憎的。希伯来法律（Thora）之禁止向同胞取利及高利贷，其理由半为军事上的，半为宗教上的。一方面，不欲氏族中人负债受拘禁处分，使军队受损失。古埃及的《宗教法典》中也宣说，贫者之咒咀，最为神所动听，此种观念摩西之《申名记》（*Deuteronomium*）中亦加采取。由此发生的对内与对外道德之间差异，至流浪期后仍存在，其后以色列人成为犹太人以后，对于同族者仍禁止取利，对于异种人则可收取。故梅蒙尼特（Maimonides）派犹提出有无对他国人取利之义务的问题。同样，初期之回教及婆罗门教也禁止对同胞取利。故利息之发生，在各处皆为异种族间贷借，或身份阶级间借贷上之现象。在这一方面，债权者及债务者间之对立关系，最初常为居住于都市之贵族与居于乡间之农民间者，中国、印度、罗马各处俱然，《旧约圣经》中亦为此种观念所支配。利息所以能禁止之故，实因昔时所通行的紧急信用，原为消费信用，原有的对同胞应尽义务的思想，颇易引起对于支配阶级取利的反感。又如取利则债务者将成为无土地的流浪阶级，不能再自行武装，对于军事上亦大有影响。

实物贷借，乃破坏禁止取利之诱因。第一为家畜之借贷。在游牧群中，有产者与无产者间之对立是极其尖锐化的。全无家畜之男子，一切权利俱被褫夺，若欲恢复其公民权，非借入家畜或饲育之不可。通行于巴比伦之种子借贷，其意义亦同。于此，其所贷之物，能产数倍之收获，故债权者要求收获之一部，似乎并不违理。此外，都市生活发达之处，利息之禁令亦渐被破坏无遗。

在基督教的西方，以营利为目的之信用需要，出之以定额利息的贷借者，初时甚为鲜见，多采取联合的形态。其原因并不在于教会之禁止重利盘剥，而因海外营利企业，危险性綦大；故债权者初不以利息为重，而在分取所获以为报酬。所以意大利之资本出借，随所往之港口而定利息（dare ad Proficuum de mari）。此种原始的营利信用业务，并不与教会之禁止高利相抵触。反之，陆上运输信用业务因危险性远较海外商业为小，渐取确定的利息。由"安全地"（Salvum in Terra）一语，可知不问企业结果何如，投出之资本，终必能回复。但同时，教会之禁止高利，却更激烈。从可知利息禁止，非纯为自然经济时代之产物，而为货币经济下始发展者：教皇格列高里（Gregor）九世曾宣斥海上贷款为重利盘剥。谓教会对于利息曾采用临机应变的政策，因而有利于资本主义之发展，亦同样的错误。事实上教会之反对取利，始终不懈，往往于人临终时尚逼其归还利息，亦犹今日于忏悔席上归还窃自主人方面之财物然。但货币经济发达后，禁止取息越为不可能，教会乃不得不用特赦之法，以应付局势。十五世纪时佛罗棱萨之大银业家得势之际，教会不能不承认反对之无效。于是神学乃尽量用最宽大的话去解释反对利息的意思，所不幸者教会自身是一种世俗的势力，亦不得不有赖于有利息的贷款。最初，在教会自身设有贷金所（montes pietatis）以前，由犹太人方面出放小贷款。它的特征在于它供给了国家权力以诛求政策之机会，那就是以犹太人之利息剥削群众，不时没收利得及贷金，并放逐犹太人的债权者。犹太人以此被压迫自一邑至另一邑，自一国至他国。诸侯间并有为谋榨取此等犹太人而形成同盟者，如本般（Bamberg）之大僧正与努连堡之霍亨佐伦（Hohenzoller）家城主间之同盟，即在瓜分亡命的犹太人之财产。同时教会对取利的态度，亦渐见宽大。禁止利息，在形式上固始终未见取消，但在十九世纪中，教会曾一再承认在某种条件下之取利为合法。北欧则因新教之流行，高利禁止归于消灭，惟此亦非一朝夕所完成。在喀尔文派宗教会议中，仍常有以为贷金者及其妻不得参与晚餐者，但喀尔文他自己于《基督法》(*Constitutis Christians*)内声明禁止取利只为保护贫民之免盘剥，不在保护富人以借得之金钱营业。至十七世纪时，古典文献学之领袖萨尔梅雪斯（Claudius Salmasius，亦为喀尔文派）著书《高利贷论》(*De Usuris*，出版于一六三八年)，并发表了好多论文，禁止取利之理论的基础，乃为其颠覆无余。

第四章　近代资本主义之起源

第一节　近代资本主义之意义及前提

资本主义，在用企业的方法以满足人类团体之产业设备的需要之处，即已存在，无论其需要所包括的是什么。明白点说，合理的资本主义经营，系用资本计算（Kapitalrechung）的经营，换言之，即可用近世簿记法及借贷对照表之制作〔此为荷兰理论家斯蒂文（Simon Stevin）于一六〇八年时所最初主张者〕以计算其收益力的营利经营。自然，个别的经济，可在极多种的范围内，采用资本主义的方针；经济设备的一部分，也许取资本主义化的组织，其他部分则并不资本主义化，而系手工业或庄园化。例如在最早热内亚城市曾用资本主义的方法，组织股份公司，以满足供应战争的国家需要之一部分。在罗马国家内，曾由官吏供给谷物与首府之住民。他们为达其目的不独能任免其所属官吏，且能命令运送公司报效劳役，故公用事业的统治管理与义务徭役制相结合在一起。在今日，我们的日常需要，与过去者大部不同，均以资本主义的方式满足之；不过政治的需要，则以徭役义务来满足（如履行兵役义务、陪审义务等国民义务）。一个整个时代如果可以明白的称之为典型的资本主义的,那必须它的满足需要的设备,已经有了非常显著的资本主义化的组织,显著到好像一旦去了此种组织,则整个经济制度将归消灭的地步。

历史上之各时代,虽有各种形态的资本主义,然以资本主义方法满足日常需要者,只西方有之,而且即在西方,亦为十九世纪后半纪之事。其他时期,如在古代,虽亦有资本主义之萌芽,然均不过是先驱的性质,即十六世纪之少数资本主义经营,虽将其全部从经济生活中除去,亦不致发生根本的变化。

因此,近代资本主义发生上之一般的前提,有合理的资本计算,为满足日常需要的一切大营利经营之规范。这样的计算包括:(一)一切生产的物质手段(土地、器具、机械、工具等)之所有,成为可由自治的私人营利企业有自由处置的财产,这是现代才存在的现象。只有军队一事,在各处均为例外;(二)市场之自由,即,市场由不合理的流通上之束缚解放了出来。流通上之不合理的束缚,可由于身份阶级的性质。即,各种身份阶级,预定了特殊生计,消费亦为身份阶级所类型化。或则由于身份阶级的独占,例如市民阶级,不许有骑士领地;骑士或农民,不得经营任何工业,因之,不能有自由的劳动市场或自由的财货市场;(三)有合理的即高度的计算可能性,包括机械化的技术。这不独适用于生产及商业方面,且可合理的计算财货生产费用及移动费用;(四)有合理的,即可算定的法律。如欲合理的经营资本主义的经济,必须有可以计料的审判及执行。此种保障,在希腊之城市国家时代,亚洲之家长权国家,或斯图亚特王朝以前之西方诸国,均未有之。国王之特赦令及滥用恩典,不断的使经济生活之计料,发生混乱。故"英格兰银行只适合于共和制度,与君主制度完全不相容"之语,正是说明当时之状况;(五)自由劳动之存在,即,不独法律上可以自由的在市场上贩卖自己之劳动力,而且在经济上亦需如此的自由劳动者之存在。如无此种出卖自己劳动的自由无产阶级，只有不自由的劳动者，则与资本主义的本质即不相容，资本主义的发展即不可能。在自由劳动之基础上，始能作合理的资本计算。换言之，即须有形式上自由，实际上为饥寒所强制而不能不出卖的劳动者存在，生产费用乃能根据工作之定额作预算，资本之合理的计算，始为可能；（六）经济生活之商业化。于此，即指企业之股份权与财产权上，可一般的使用有价证券。约言之，即满足需要的设备必须以专心市场机会为基础与净收益的估算而进行。商业化固是资本主义的特征，同时，尚有一前所未及的要素，亦殊重要，此即投机（spekulation）之重要性是。惟投机须在财产采取可让渡的有价证券之形式后，始能有此种重要性。

第二节　资本主义发达之外部的事实

商业化，它的意义：第一是企业股份证券之成立；第二是收益证券（rentenpapier）特别是国债券及抵押债务的证书之成立。

此种发展，只见于近世之西方。惟在古代，罗马纳税农民（publicani）之股份合资公司（Aktienkommaditgeselleghaft），亦可视为其先驱，由他们与公众共分所获的利得。但这是偶见的现象，与罗马的满足需要之设备本质无关；因此，即使此种现象完全不存在，罗马经济生活的景象亦不致发生其他的变化。

在近代经济生活中，有价证券之发行，乃合理的获得资本之手段。其最著者，为股份公司（aktiengeselschaft）。股份公司有二种不同的出发点：

第一，可为预求收益之目的而集合股份资本（aktien kapital）言者：政治权力欲处分一定的资本收得，或欲知悉如让渡此收益时，能举若干之利得，因而由股份公司收买或承受此种收益。热内亚之圣乔治银行即为此种金融运用之大规模的例证。与之相近者为德国诸都市之收益证券（rentenbrief）及法兰特人之库券（rentmeisterbrief）。此种组织，盖将多数无利或常不能偿还、课于有产者的强制公债之原始方法，易为根据参加者之自由意志、可收利的公债。因此，国家进行战争时，对有产者乃成为一种事业。附有高利的战时公债，古代完全无之，在臣民不能捐输必要的手段时，国家即须依赖外国的金融家，对其先付之金额约定战利品之分配。如果战争失败，他先付之金额即完全损失。为国家目的或战争目的向普泛的经济势力筹集资金，乃中世纪之产物，特别是城市的产物。

其他一种在经济上更重要的结合形式，为对商事企业与以金融援助的结合。今日最盛行的为经济营利目的而进行的结社形态，即股份公司之发展，即从此种商事金融结社逐渐发展而成。这样的组织有两种形式：其一为超出个别商家之资源力量的有国内的（地方的）性质的大企业；其二为国外的殖民企业。

对于不能由各个企业者供给金融的国内企业，由团体供给实为常例，特别是在十五、十六世纪城市中之经营。有时，城市本身亦经营国内的商业，惟在经济史上有更要的意义者，为另一事例，即城市依赖公众，公众参加由城市所组织之商业企业。它所行的规模颇广。如城市诉之于公众之前，同时强制因此而创立之公司容纳任何市民。因之，股份资本额为无限制者。在今日，股份者之责任，只限于其所有之股份，然在当时，则一次付出之资本常常不够，而须再付。都市常规定参加股份之最高额，俾一切市民均有参加机会。其方式便是将市民依财产税或财产额分为若干阶级，对此各阶级分配入股金额之一定部分，以规制股份之最高限度。其与现代股份公司不同者，即虽可随时请求付本，但各人之股份却不能随时自由让渡。故整个企业，仅代

表一种在萌芽状态中的股份公司。对于营业的经营，官厅实行监督。此种所谓"被统制的公司"的形式，特别在铁商〔在士泰尔（Steier）者〕、有时候布商〔如在伊格洛（Iglau）者〕间最为习见。自此项公司之上述的构造视之，实与矿夫组织同样的缺乏固定资本。换言之，缺乏今日之所谓资本计算。股东不仅包括商人；凡诸侯、教授、宫廷之人亦有参加，正所谓一般意味之公众，他们乐于参加，取得厚利。利益之分配，全用非合理的方法，只就毛收益计算，没有注意到任何种类的公积金。近世的股份公司，只需废止此种官厅之监督时，即可成立。

可视为近世股份公司之另一前身者，为大殖民公司，其最大者为荷兰东印度公司与英国东印度公司。它们尚非今日之所谓股份公司。荷兰东印度公司募集资本时，因受全国各州市民之互相嫉妒，曾将其股份分与都市及各州，因之，不许一个都市独占或承受全部资本。政府，即联邦全体，参加业务之执行，尤其因为政府有使用公司之船舶与大炮的权利。在此公司中，亦无近世之资本计算与股份之自由让渡，虽然后者不久就小规模地发生了。此种宏大而成功的公司，使一般人知道和熟习了股份公司之形态；由此，欧洲大陆之一切国家，乃均采用公司制度。由国家与以特许，股份公司即根据其所得之特权，统制其加入条件与业务经营，同时，国家为其监督者，连业务规程之极小事项，亦加以干涉。至十八世纪，始制作每年的借贷对照表，然它之为普遍接受，仍须发生了好几次可怕的破产以后。

除由股份公司对国家需要予以金融接济而外，同时并有国家自身直接管理之国家财政。此以预期的收入为抵押品及债权证书，作强制的公债为始。中世都市，曾以收益证券筹集巨大之收入，以其不动产及财政力为抵押。我人虽可视此为近世整理公债（konsols）之先驱，然因为此与恩俸（Leibrent）或与其他的前提相连，故只在某种条件之下，能如此视之。除此种应急手段之外，至十七世纪止，曾以种种形式筹集货币。例如利欧颇尔德（Leopold）一世，为募集所谓"骑士（义侠）公债"（Kavaliersanleihe），曾遣其骑使向各贵族募借，惟大抵均得如下之答辞："请君至富裕之家募借为便。"

我人如欲理解，何以至中世末期，德国都市尚实行此种方法及一般金融运营方法，则须知道当时尚无有有秩序的预算制度（Budget）。都市（与领地所有者相同）正如今日之私人小家庭，逐周营其经济；因收入之有增减，故须随时量入为出。帮助解除此种无预算的状况者，为承收租税制（strenerpacht），此种制度，能使政治权力有预期每年所得金额之确定性，因而能预定经济之支出。因此，承收租税制，成为财政合理化之重要手段，欧洲诸国最初出于偶然，后来便永久加以采用。它也使预先自国家收入中扣除战争时所需之战费成为可能，在此点上，具有特别重大之意义。合理的租税制度，为意大利各都市失去自由以后的成就。意大利之贵族（signorie），为根据当时商人之簿记原理——虽尚非复式者——管理其财政之最初的政治权力。此制度发祥于意大利，普及各地，轻由勃艮第（Burgund），法国哈泊斯堡（Habsburg）领诸国而传入德国各州。特别唤起财政之整理者，为纳税者。

合理的财政运营之第二出发点，为英国之内帑制（exchequersystem），"支票"（scheck）一词，即其最后之遗物，使人忆起此制度。此制度根据棋盘样的组织（因缺乏运算上所必要的练习）以为国家财政之计算。但通常并非设定总收入与总支出之预算，而系一种为特殊目的而设的金库制（zweckkassensystem），即，特定的收入，确定为特定支出之用，且只确定为此特定支出之用，此种方法之根源，实由于诸侯权力与公民之斗争。后者不信任诸侯，认为这是保护自己，使自己所纳税款不至为诸侯浪费于个人目的的唯一方法。

十六七世纪时，除使诸侯之财政政策合理化的设施而外，并有诸侯之独占政策。其中有诸侯自身独占的商业，亦有用政治权力，强制提供大量报偿金的特许商业。例如易特里亚〔Idria〕在奥国克赖因省（Krain）〕水银矿（汞化银之制造上所必要者）之采掘，常为哈泊斯堡两系间折冲之对象，供给德国系与西班牙系以极多之收入。腓特烈二世之求得西西利谷物专买，实为诸侯的独占特许之第一个例证；其在英国，最为广行，且由斯图亚特王朝而使之系统的发达。惟因英国国会之反对，亦最早即被废止。斯图亚特时代之一切新工业及工场，皆与王之特许相结合，获得独占权。由此特权而国王获得大的收入，作为与国会斗争的资源。惟在国会得胜后，此等纯为收入打算的工业独占，已被完全废止。由此，我人已可知，以为由诸侯之独占政策生出近世西方所独特的资本主义，实大谬不然。

第三节　最初的大投机恐慌

我们已举出资本主义经营之前提条件，为企业家生产物质手段之专有、市场之自由、合理的技术、合理的法律、自由劳动及经济生活之商业化。除此等要素外，尚有投机（speculation）。至财产可用能自由让渡的有价证券以表现时，投机就有了重要的意义，它的最初发展，最显著的即为它所招致的大经济恐慌。

从来虽常以荷兰一六三〇年时代所发生的郁金香热狂（tulpenschwindel）视为大投机恐慌，但此非此处所欲论。因殖民事业变成富裕之贵族社会，以郁金香为奢侈的需要，于是此物乃突然现出狂热的市情。民众因陷于不劳而获之迷妄中，乃发生一切欺诈。以同样的速率热狂忽地倒退，结果破坏了许多人的生存。但这一件事对于荷兰人经济生活之发展，实无若何之重要性；因为以玩物为投机之对象，因此而引起恐慌者，各时期中常有发生。但像罗（John Law）氏和十八世纪二十年代所生之法国大投机及英国对南海之投机，那就完全不同了。

在此等大国之财政运用上，久已实行先发行证券，预收其岁入，然后再偿还的方法。因西班牙之继承问题的战争，英国与法国之财政需要，皆异常增大。英格兰银行之设立极有助于英国之财政金融，反之，在法国，早已负有过大之国债，路易十四世崩逝时，几无人知道如何处置此过大之债务。在摄政之治下，出现了苏格兰人罗氏，他自信对于英格兰银行之创立，极有研究，且对货币制度，怀有其自己独特的理论。他的见解是膨胀通货，即尽量增加支付手段以助长生产。他的此项理论，在英国并不能施用。一七一六年时，罗氏曾得设立一私立银行之特许，然此银行，当时并无若何特别的性质。它只确定国家之信用券（kreditbillets）可付入作为资本，而该银行所发行之银行券，可作缴纳租税之用。反之，此银行以何种方法能得正常确实的利得，能确实动用其资本，则毫无计划，此与英格兰银行完全不同。罗氏由此银行更进而创设密西西比（Mississippi）公司。对路易斯安那（Lousiana）地域之财政，投资到一千万法银币（ivre）；公司承办等于此项金额的国债证券，获得开拓地域中之商业独占权以为代偿。我们如检视罗氏之计划，则知路易斯安那如欲以该地的收益，偿还资本时，恐须一百年才行。在最初，罗氏的意思，想欲实行东印度公司那样的企业，但却忽略了路易斯安那与印度的不同，盖后者并非文化古国，而为印地安人[1]所居住的森林荒芜地。一七一八年，罗氏发现有另一股份公司欲承办间接税作激烈竞争使他发生威胁时，他便将密西西比公司合并于印度公司。新公司原为经营东印度与中国之商业者，

---

[1] 印地安，也作印第安。——编者

惟亚洲商业已为英国所占，法国缺乏分沾一份的政治权力。当时之摄政又使罗氏一手承办货币铸造及租税，即，罗氏以三分利率借款与国家，俾得清理未清之债务，而在此一条件之下，将危急存亡之全国家付与罗氏。于是民众乃开始狂热的投机。第一年时，得了两倍的分红，股票市价，从五百暴腾至九千。此种市价之腾贵，因当时尚无合理之交易所商业，无"卖空盘"的可能始可说明。一七二〇年，罗氏得被任为财政总监。但他的整个企业，不久均归崩溃。国家虽命令罗氏票券为唯一法币，但亦无效。为维持罗氏票券计，乃极端限制贵金属之流通，然国家因势穷力竭，终归失败。无论路易斯安那，或中国及东印度之商业，其所得之利润，故皆不足以支付利息，甚至尚不能偿本，所以他的失败势不可免。银行虽曾收有存款，然无丝毫准备提款之预备金。结果，遂至破产，纸币价值等于零。因此，法国民众在一个长时期内陷于落胆失望之中。惟同时，能自由买卖，且属于所有者负担的股票，成为民众所熟习的东西。

在此时期，正是无独有偶，英国亦发生相类的现象，惟其过程未至如法国那样的狂暴而已。英格兰银行设立后，设立一个同样机关与之竞争的思想便很流行（一六九六年）。此即是土地信用银行之创设计划，一如其后德国农业家所常主张之提案，欲用土地信用代银行证券作汇票之用。因英国人士深知此种企业一定缺乏清算的确实性（liquidität），故计划未能实现。然一七一一年自由党政府没落后，保守党政府竟亦先罗氏而实行此种方法了。英国贵族，与以清教徒为基础的英格兰银行相对抗，欲自作权力中心，同时并欲偿还国债。因此，乃设立了一个南海公司（South Sea Company），预付巨金与国家，而获得南海商业之独占权以为代偿。英格兰银行对此计划，不能贤明的处之，反用高价收买创立者之股份，仅因为保守党人根据政治的偏见反对它的参加，才拒绝了它的加入。进行的过程与罗氏之机关相同。

结果英国亦不能避免破产，因为南海商业，无论如何，不够支付预付金额的利息。且与法国完全相同，早在股票之上实行投机，其结果亦丧失了巨大的财产，许多骗子则笑而引退，但国家（虽不能谓为公平正大之方法）则亦减轻了其利息之负担。英格兰银行则依然以畴昔之庄严存在，因为它立于合理的兑换折扣之基础上，为有正规的充分的清算确实性之唯一的财政金融机关。为此前提者，乃因兑换所代表者为已经出售的货物，故非有充分而且正规的货物流通不可，此种流通，则只有当时之伦敦有之。

此种投机恐慌，其后虽亦常发生，惟无如上述者那样的规模。最初之合理的投机恐慌，发生于百年后"解放战争"终了之后，其后几每十年，即一八一五、一八二五、一八三五、一八四七年循环发生。马克思在《共产党宣言》中，预言资本主义崩溃时，曾注意到此种恐慌。此种周期恐慌之最初者，由于投机之可能性，即，无经营经验者均得参加大企业之可能性。爆发恐慌之原因，由于投机过度之结果，生产手段（不是生产）较消费财之需要更急速的增加。一八一五年时，英国之撤废大陆封锁，表面上促进了工场设立热，但战争已经毁坏了大陆方面的购买能力，已不能销售英国的制造品了。在此项恐慌尚未完全克服，大陆方面的购买能力开始发展时，一八二五年又袭来了新的恐慌，因为获得手段尚未达至该程度，但已超过需要而投机的产生出来了。

一般的所以能产出如此多量的生产手段者，实因十九世纪以来，即开始钢铁时代之故。十八世纪之机械，尚为木制者，但自骸炭制造法、镕矿炉、矿山起矿机、深入地底之采掘等发明后，铁成为创造生产手段之根底。由此生产乃从向来为自然所束缚的有机限制中解放了出来。不过，同时恐慌乃成为经济秩序中之固有成分。广义的恐慌，慢性的失业、饥馑、贩路梗塞以及一切扰乱营利生活之政治的事件，从古以来，各处均有。惟如中国与日本之农民，在穷困时以为时运不齐，上天不保佑，或以为妖精作怪，酿成水旱天灾者，与以为社会组织应对即使最穷苦的劳动者负恐慌之责者，其间却大有差别。前者之结果系向宗教乞怜，后者则以为人为的社会制度应负责任。故劳动者因此乃得到"非根本改变社会组织不可"之结论。所以如无恐慌之袭来，恐难产生合理的社会主义。

第四节　自由趸卖（批发）商业

在十八世纪间，趸卖商人始完全与零售商人分离，形成商人阶级中之一特殊层。惟如汉撒之商人，则尚非典型的趸卖商人。

趸卖商人是重要的，首先它产生了各种新商业形式：其一为竞卖（auktionshandel）。此为使输入商人能尽早卖去其商品以履行对外国之支付的手段。输出商业之典型的形态，同时又可作为年市商业（messehandel）之代用制度者，为委托贩卖商业（konosignationshandel）。委托贩卖商业之特征，为受托者（konsignatar）根据委托者（konsignant）之指示以贩卖商品。因之，委托者与受托者与从前之商人不同，不在年市相会，商品完全投机的运出外国。委托贩卖商业之积极的先行条件，为该委托贩卖地有正规之汇兑行市，要不然，则委托贩卖之危险将大至不能忍受。其消极的先行条件，为在尚未有样品商业（probenhandel）以前，因之，欲购买的商品，在交易以前，贩卖者要通通过目。委托贩卖商业，大概均为海外贸易，商人与小卖商人间无交易关系之处。更进一步的发展，除受托者，即代理贩卖者之外，尚有在远地不见实物的代理买入者。此种商业之最古的形态，为样品商业。惟在样品商业发生以前，曾有隔地出卖（fernkanf）。于此，有所谓商人货物（kanfmannsgut），它的品质在习惯上是一定的，是否与品质符合，则由商人仲裁法庭（kanfmänische Schiedsgericht）决定。惟样品销售，乃隔地贩卖之近世特有的一种形态。它在十八世纪末与十九世纪时，在隔地贸易上有根本的意义，到后来因为货品等级标准化成立以后，于是就不用样品的验送了。这种新的方法，必须商品等级已经确定。至十九世纪类型商业（typenhandel）发达后，一般的商品投机与商品之交易所商业，始为可能。

交易所（börse）之前身为年市（messe）。两者之共同点，在专作商人间之贸易。所不同者，在年市方面，商品须列出市场，其开设为周期的。交易所与年市间之中间制度，是所谓"常设年市"。自十六世纪至十八世纪间，在大商业地带，大抵有称为交易所（börse）之建筑物，惟真正之交易所则尚未发生，因为多数出入者，均非土著，而为与年市连络的外来商人，而且商品须正规的列出市场，或根据样品交易，而非根据类型或标准。近代意味之交易所商业，最初发达于有价证券与货币交易之领域内，而并不先在商品交易方面发达，这是因为有价证券与货币本身即有等级特性之故。至十九世纪时，能精确分成等级之商品，始加入此种交易。在已发达的交易所商业中，发生如下之新事实：预见低跌的合理的投机，即在交货期限以前，预想能以更廉价买入所订商品，故先行卖出。前所云的郁金香热狂与密西西比公司恐慌之发生，即因缺乏上述合理的投机。未有商品而先交易之事，实际上固然古已有之，惟此每视为容易引起购买独占，变为消费者之损失，故大多被禁止。如近世交易所之有组织的实行常相对立的涨价的投机与跌价的投机者，从来未曾有过。最初作投机之目的物，为货币、特别为纸币、银行券、国债及殖民地券。于此，关于政治事件之影响及收益，人们可持种种不同之意见，故此等工具每成为投机之适当目的物。反之，工业证券，在旧时市况表中完全无之。工业证券之交易所投机，与铁道之建设，实同时开始发达。铁道发行之有价证券，开始解放了交易所投机。十九世纪中，商品中最初有谷物与少数殖民地之大量商品加入交易所投机，其后始有其他商品陆续加入。

在此种过程中，形成趸卖商业，特别是投机趸卖商业之不可缺少的前提，为有完备的新闻事业与商业组织。

作今日交易所业务之根底的公众新闻业务，至最近始行发达。十八世纪时，不独英国国会中将其议事严守秘密，即交易所也把本身看作为一种商人俱乐部。关于他们的新闻资料亦采守秘密的政策。他们恐怕如果公布他处之行市，则将生恶感，甚至破坏他们的业务。新闻制度，亦至极近，始供商用。报纸的制度，并非为资本主义之产物，最初时，报纸登载政治的新闻和主要地全世界各处之新奇消息。广告栏之类，乃最近始加入报纸中者。自然，当时并非完全没有，但当初实为家庭的宣告性质。其以扩张贩路为目的之商人广告，成为正常之现象者，实自十八世纪末期始，且在一世纪来目为世界第一新闻纸之《泰晤士报》（The Times）上，至十九世纪始有正式的公众行市表，在过去所有的交易所，原来都是闭关的俱乐部，在美国直至本世纪还不脱如此情形。故在十八世纪时，营业均赖书信系统的交换。因此，无确实的书信交通，则合理的隔地贸易即不可能。派送书信之事，一部分由商人基尔特，一部分由屠户、车辆制造人等为之。最后，邮政制度成立，派送书信乃得合理化，邮政制度集送书信，并经营交通企业，缔结运贷契约。在德国，得有邮送特许之段宜（Thurn）与泰克西（Taxis）两家，在书信交通合理化方面，颇有显著的贡献。但书信的数量，特别是营业上之书信交通，当时是极少的。一六三二年时，全英国只有书信百万封，现在则仅有四千住民之地方，亦已有同量之书信。

在铁道勃兴以前，交通组织方面，最少在原则上，无若何变化。海船，即在十八世纪时，亦无较中世威尼陞有更大排水量之船舶。惟其数量较前则增加，战舰的形式亦有增大。此事随即刺激商船之增加与增大。惟在木船时代，即有此种刺激，亦无多大变化。内地通航，虽因设置闸门而稍有改良，然十九世纪以前，仍维持基尔特的组织，并无根本的改革。陆上运输，亦与从前相同。邮政制度，对运送货物方面，并无何等变革，只有书信与小包之运输，对于经济生活有决定的重要性之大生产无关。只道路方面，因取通行税道路（Chanssee）之设施而有显著之改良。关于此，法国在萨立（Sulley）治下实首先设施；英国则使企业者承办道路经营，企业者征收道路通过费以为代偿。在铁道勃兴以前，取费道路之贡献，对于交通生活，曾有空前之大变革。关于陆上道路交通之密度，今昔完全不能相比。通过伦堡（Lüneberg）小地方之马匹数，一七九三年时为七万头；当一八四六年时，德国全国，事实上只有四万匹马运输货物。陆上运货之费用，达后来铁道运费之十倍至二十倍，当时内地通船运费之三倍至四倍。那时德国陆上交通运货之最高限，为五十亿吨公里；但一九一三年时，只铁道运输已达六百七十亿吨公里。

铁道，不独对交通方面，即对一般经济方面，亦为历史上最具革命性的手段。然它是有赖于钢铁时代的；如无钢铁时代，则与其他许多事物同样，或将只为诸侯或宫廷之玩物而已。

第五节　十六世纪至十八世纪之殖民政策

于此，试一叙获得与榨取欧洲以外之大地域，对近代资本主义之成立有何意义，实至得当。不过此地只能一述旧时殖民政策之最特征处。

欧洲诸国之获得殖民地，使欧洲内部积聚巨大之财富。积聚此种财富之手段，为殖民地产物之独占，以及对殖民地的贸易机会之独占，换言之，即向殖民地输出货物之独占，此外，尚有母国与殖民地间运输利得机会之独占；如英国，曾以一六五一年之《航海条例》，确保此处利得机会。

此种财富之集积，各国均无例外，以暴力确保之。它的经营可以采取各种不同的形式，或由国家自行专卖，从殖民地收取直接利得者，亦有收取一定之代偿而委之公司者。于此，可以见到二种主要的剥削形式：其一为西班牙、葡萄牙对于殖民地之封建的形式；其二为荷兰、英国对于殖民地之资本主义的形式。

封建的殖民形式之先驱者，为威尼斯与热内亚在利凡得（Levant）之殖民地与圣堂武士之殖民地。获得财富之机会，均由于将掠取地域分配为封邑（Lehen）（在西班牙，殖民地为 encomiendas）而保持之。

资本主义的殖民地，大抵发展为大规模耕作地，由土著住民供给劳动力。曾于亚洲、非洲获得有利的经验之此种劳动组织，移至大洋之彼岸时，曾大大的扩大其利用机会。惟因印地安人之完全不适于大规模耕作地劳动，因此，乃把黑奴输入于西印度，此种输入，渐次变成正常的大范围的商业。此系根据独占的、付高价代偿的奴隶商业特权（assients）而为之者，此特权以一五一七年时却尔斯五世所赋与法兰特（Vlamen）人者为嚆矢。奴隶商业特权，至十八世纪为止，在国际条约上，曾扮演重要之任务；在乌得勒支（Utrecht）和约中，英国排除其他各国，获得供给奴隶与南美、西班牙领土之权利，同时，负供给一定最低限数目之义务。奴隶商业之结果实至为可观。十九世纪初，在欧人之殖民地中，约有七百万之奴隶。他们死亡率非常之高，在十九世纪尚达 25%；以前曾达此数倍。一八〇七年至一八四八年间，又自非洲输入五百万以上之奴隶，由非洲输出至对岸奴隶地域之奴隶总数，与十八世纪欧洲一强国之人口数相伯仲。除黑奴之外，尚有白人之半奴隶〔即契约佣工（indendet servant）〕，特别在英属北美殖民地中为最多，十七世纪时，其数超出黑奴以上。其中一部分为被处流刑之罪人，一部分为穷人，想用此方式以赚得他们的过洋的路费，一笔小小的钱财。

奴隶劳动之收益颇大。十八世纪中，在英国，每个奴隶之收益，每年为十五镑至二十镑。奴隶劳动收益之多寡，有赖于严格的殖民地规律（Plantagedisziplin），奴隶之残酷的驱使，继续的奴隶输入——因奴隶不能自行生殖——与掠夺的农业经营。

由殖民地商业所得之财富之集积，对近代资本主义之发达，只有极少的意义。——此与桑巴德（W.Sombart）所主张相反，而为我们所不能不极力提出的。的确，殖民地商业使大规模的财富集积成为可能，然并不能促进西方式的劳动组织，因为殖民地商业立于掠夺主义（benteprinzip）之基础上，而非立于市场机会之收益力的计算之基础上。更据我人所知，例如在孟加拉（Bengal），英国之守备兵的费用，较之该处所贩货物之金钱价大五倍。故在当时之状态下，殖民地对于母国产业之贩卖可能性所助较小，其主要利得乃自运送业务得来。

殖民地之资本主义的榨取形式之终止，与奴隶制度之撤废相表里。这仅一小部分出于道德的动机。对奴隶制度作不断斗争的唯一宗派为教友（Quaker）派，其他如喀尔文派、天主教派及其他一切宗派，均没有前后一贯地和经久地主张废止奴隶制度。有最决定的力量者，为北美殖民地之崩溃。即在独立战争中，北部殖民地禁止奴隶制度，且完全立于民主政治之根据上，因为一般人均想避免大耕作殖民地之成立与大耕作地殖民贵族之成立。此外，一种宗教的动机也有它的作用，即否定一切封建制的清教徒之传统精神。一七九四年，法国议会，从政治上人民平等之观念，用冠冕堂皇的词句宣言废止奴隶制度。一八一五年之维也纳会议，禁止奴隶商业。英国对奴隶商业之关心，亦因英国之主要奴隶消费地，即北美殖民地之丧失而消灭。维也纳会议之决议，使英国人能取缔外国人之奴隶商业，同时，却使其本国人可实行盛大的秘密输入。因之，一八〇七年至一八四七年间，用此方法，在政府之事实上的默许下，自非洲运送了五百万奴隶至英属殖民地。至一八三三年，国会改革后，英国国内与全殖民地在英国民主势力之下，始事实上禁止奴隶制度，且真正实行禁止。

十六世纪至十八世纪之奴隶制度，对欧洲经济组织之重要，一如其对欧洲内部财富集积之重要性一样的不足道。它虽曾养成许多收利生活者（rentner），然对于工业经济形态及资本主义组织之发展，其助实小。

第六节　工业经营技术之发展

确定工厂之概念，并非易事。提及工厂之概念时，必先联想及蒸汽机与劳动过程之机械化。然机械有它的前身，为所谓器具（apparate），即劳动工具（arbeitswerkzeng），它与机械同为人类所利用，惟普通多用水力所转运。器具与机械之区别，为器具在供人类的驱使，而机器则关系相反，即由机器来驱使人类。然近世工厂之真正决定的特征，并非所应用的工具，亦非劳动过程之样式，而为工场、工具、动力资源、原料均为同一的人（即企业者）所专有。此种集中，在十八世纪以前，只为偶然发生的事。

对资本主义之发达有决定之意义者，为英国之设施——此种设施亦曾由其他各国，例如意大利仿行而来。在英国的发展中我人发现如次之发展过程。（一）能证实的，最古的用水力运转之真正工厂为一七一九年时德被（Derby）附近之德文特（Derwent）丝织工场。它是以剽窃意大利之发明为专利而经营的。在意大利，早已有附有各种财产关系的丝织制造业，但所生产的皆供奢侈需要。因其劳动工具与其他原料均为企业者所专有，故虽不能称其为属于资本主义时代，亦不能不加以提及一下；（二）发明借水力之助能同时运转数百锤之器具以来，成立了羊毛制造业（一七三八年，根据一种专利者）；（三）半麻生产之发展；（四）根据斯塔福郡（Staffondshire）之实验，陶器业之有组织的发达。于此，基于水力之应用，用近世之分工以生产陶器，工场与劳动工具均为企业者所专有；（五）十八世纪以来之制纸业。其永久之基础，为近世文件及新闻纸的使用。

对劳动之合理化与机械化之实现，有决定的重要性者，为棉花工场之运命。十七世纪时，英国自大陆大规模的输入棉花工业。这一种棉花工业，在英国，一如过去羊毛工业对麻工业之斗争一样，引起了对于十五世纪以来便成为国民生产部门之羊毛工业的激烈斗争。因羊毛制造业者之拥有大力，故对半麻物的生产曾实行限制禁止，直至一七三六年之孟却斯脱[1]（Manchester）条例，始行废止。当初棉花织物之工场生产，虽已改良织机，且已扩大之，然因纺锤依旧如昔，故妨碍仍旧甚大。因之，织机缺乏必要分量之纺织原料。一七六九年以来，纺锤实行技术的改良后，情形乃一变。于是乃可利用水力，应用机械的方法，产出大量纺纱，但仍不能以同样的速率将所出纱织成布匹。此种缺憾，至一七八五年卡特赖特（Cartwright）氏之机械织机发明后始得弥补。卡特赖特实为与科学结合、考案技术、由理论的考虑以处理问题的最杰出的发明家中之一人。

但假如仅有此种劳动工具之改变，则发展将归停止，具有典型特征的近代资本主义仍将不能出现。对于资本主义之胜利，有决定之意义者，为煤与铁。我人知道，在中世时，在伦敦、路地渠（Lüttich）、次维考（Zwickan）等处已使用煤，作为消费材料。然至十八世纪为

---

[1] 孟却斯脱，今作曼彻斯特。——编者

止，制铁与一切制铁工程，仍均用木炭。英国之山林荒废，即其结果。德国因为在十七八世纪时，资本主义幸尚未发达，故得幸免山林之滥伐荒废。森林之荒废，各处均阻止了工业到一定程度的发达。及至用煤后，制铁业始从植物界有机材料之限制中解放了出来。最初之熔矿炉，虽在十五世纪时已有之，惟均用木炭，且不作私人之用，只供军用及一部分海上交通之用。十五世纪时，因制造炮身，复发明了铁制锥穿机（Eisenbohrmaschine）。同时，并已有千磅以上用水力运转之大铁锤，故除用锥穿机之铸铁业以外，亦已能作机械的锻炼。至十七世纪，乃出现类似近代的压延法（Walzwerk）。在更向前发展之前，有两种的困难，即山林荒废之危险与矿地之不断的水漫。第一问题更为严重；英国之制铁工业与纤维工业之勃兴相反，日就衰颓，至十八世纪初期，制铁工业已呈消灭之象。然因一七三五年发明了骸炭制造法，至一七四〇年，熔矿炉采用骸炭，这个问题乃得一解决。至一七八四年采用新式炼铁法（Puddel）时，进步更大。蒸汽机关之发明，解脱了矿山业所遇之威胁。未成熟的努力，已证明近世工业所必要之煤炭分量，即达至供给该项能力之限度。

上述之发展，有三方面之意义：（一）因煤与铁，而使技术与生产可能性，从有机材料所本身固有之束缚中解放出来。自此以后工业已不复依赖于动力与植物之生长了。用尽量剥取的采矿方法采掘化石燃料，即煤，又由煤力采掘铁矿，复由此两者之力使人有增进生产之可能性，其增进的程度为从来的人所未曾想及，故铁成了资本主义发展中最重大之要素。如无铁之发展，资本主义与欧洲将呈如何之现象，将非我人所知；（二）用蒸汽机使生产过程机械化，因而使生产从人力劳动之有机的限制中解放了出来。自然，在采用机械以后，人力劳动并非完全无用，故所谓解放，并非完全解放。惟无论何处机械化过程，总是以解放劳动为观点，且以解放劳动为目的。每种新的发明，均在以少数操纵机械的人员代替大量的手工劳动者；（三）因与科学结合，使财货之生产，从一切传统的束缚中解放出来。财货之生产，处于自由活跃的智力支配之下。十八世纪时之发明，普通并非用科学方法以完成者，故发明骸炭制造法时，并不知它所包含的在化学上的重要性。工业与近世科学的结合，特别是与自雷别格（Justus von Liebig）开始的化学实验之有系统工作的结合，乃使工业得有今日之发达，使资本主义有完全的发展。

十八世纪以来，发达于英国，且将一切生产手段均集中于企业家之手的新生产形式上之补充劳动力的方法，曾用非常严峻的强制手段，且带间接性质的强制手段为之。其最著为依利萨伯女皇之《贫民条例》及《徒弟条例》。所以必要此种条例者，实因农业制度发生变革以后，产生了许多无产者，脱离农村之人。因大田农之排除小田农，以及耕地之改为牧场（后者有时被过于重视了些），使农村所必要之劳动力日益减少，且生出能服从强制劳动的过剩人口。故凡不能自动得一职业之人，就得被编入有严格规律的工场之内；如无主人或企业者之许可而退出劳动场所者，即被当做游荡者看待。对于任何失业者，除了强制加入工场外，即无他种的保护。工厂方面，最初即以此种方法获得了劳动力的补充。惟人民均认服从此种劳动规律为一大困难。但有产阶级之权力太大了；他们借治安法官而得政治权力的支持，治安法官在没有明文束缚之处，根据了含糊的训令或者竟独行其是的处理一切。至十九世纪后半期止，治安法官均照他们自己的意思处理工人，把工人插入新成立之产业中。他方面，从十八世纪初期以来，开始有根据企业者与劳动者之关系的近世劳动状况管理之先驱。安娜（Anna）女皇与乔治一世，颁布了最初的禁止物品工资制的条例。中世全期，工人均须以自己之劳动产物拿至市场；此项立法则保护工人，禁止以他人之生产物付工钱，而须用货币付之。

形成劳动力之另一根源，在英国，为小东主阶级（kleinmeistertum），其大部分均变成了工厂劳动无产阶级。对此新生的工业生产物之市场，先出现者有二大顾客，即战争与奢侈品的需要。换言之，即军事行政与高级的宫廷需要。

军事行政，随佣兵制（Soldheere）之发达而变成工业之顾客；特别是随军队教练、武器与战术之合理化之发达，日益成为有力的消费者。军队之制服，并非军队本身所生产，而只为编制统一上之教练的一种手段，对于纤维工业具有基本的重要性。枪炮与弹丸之需要则对制铁工业有决定之意义；兵粮之需要，对商业亦然。在陆军之外，又发生海军。军舰之增大，实为创造工业市场的要素之一。至十八世纪为止，商船之大小，只有极微之变化，一七五〇年时出入于伦敦的船舶，普通为一百四十吨；而军舰则在十六世纪时，已达一千吨；至十八世纪，则一千吨已为普通之标准。海军之需要，与陆军同样，因军舰航行之次数之增加及扩张（商船亦然）而日益增大，特别是十六世纪以后。至当时为止，东方贸易航海之范围，普通以一年为期者，在事实上，船舶已在海上作更长期的航行。在陆上，陆军为作较长距离的远征，必须大量的筹集兵粮弹药及其他。十七世纪以来，舰船枪炮制造之敏速，已以非常之速率前进。

桑巴德曾有此主张，以为战争之大量需要为近代资本主义之决定发达条件。此种主张，应缩减至适当的程度。的确，各国每年费莫大之金额于海陆军上，例如西班牙曾支出国库之百分之七十，其他国家亦曾支出三分之二或三分之二以上。但我们在西方以外的国家，如大蒙古国家，中国方面，亦曾发现（虽然还没有正式的制服）武装枪炮的大军，但此等国家，却并不曾发生使资本主义发达的刺激。且即在西方，军队需要渐次增加后，此种需要亦由军事行政当局用官营事业，即自己之工场及武器弹药工厂等充足之，与资本主义之发展相并行，即，用非资本主义的自己生产形态来满足自己的需要。故以战争引起军队之需要，因而谓战争能促进近代资本主义之成立者，实为错误的概括之论。不独在欧洲，战争诚为促进资本主义的因素，但它对于资本主义之发达，并无决定的意义。要不然则用国家之官营事业以充足军队需要立法次第增加时，资本主义即将衰退；然而事实上并没有发生这样的事。

法国为宫廷及贵族之奢侈需要上的典型的国家。十六世纪时，国王每年曾直接间接支出一千万银币供奢侈之用。因王室及上层社会阶级之支出，曾对一切产业与以强烈之刺激。其最重要者（除朱古力糖、咖啡之类的享乐品）为花边（十六世纪）、精制衬衣（为整理此等衣著[1]，又发达熨斗业。十七世纪）、长筒袜（十六世纪）、伞（十七世纪）、靛青染料（十六世）、哥伯林布（十七世纪）、瓷器（十八世纪）、罗纱（十七世纪）、毛毯（十八世纪）等。自贩路之规模而言，此等奢侈品工业中，以最后二者为最大。此为奢侈之民众化，对于资本主义实为决定的转机。

中国及印度宫廷之奢侈，其规模非欧洲所能跂及。然对资本主义并无何种重要性的刺激，并不由此发生资本主义之经营。这理由，即在于这种需要的满足，均用强制的贡献制度之故。此种制度，非常根深蒂固，直至现代，北京郊外之农民，尚必须如三千年前那样以同样的物品供纳宫廷，农民虽然已不知生产此类物品之方法，亦被迫必须要向制造者购买后贡纳。在中国与印度，军队需要亦由徭役（Robbott）与贡献供给。即在欧洲，亦并非全无东方的强制贡献，惟其形式稍有不同。例如欧洲诸侯，给土地与奢侈品工业中的工人，与之缔结年期契约，或与以特权，将该劳动者束缚于劳动地位上，使他们间接堕落

---

[1] 衣著，即衣服、穿着。——编者

为强制劳动者。惟奢侈工业之首要国家的法国，情形不同，仍旧维持着手工业形式的经营，一部分在委托工作制度之下，一部分在工场制度之下，因之，工业的技术与经济组织，均无何等根本之变更。对于转变为资本主义有决定的重要性者，厥为大量贩路之发达，而此则只在奢侈工业之一小部分上，由于奢侈品需要之民众化，特别是由于奢侈品代用品（Surrogat）之生产而发生的。这种现象的特征，为价格的竞争，而宫廷的奢侈工业，竞争则根据手工业原则为品质优劣的竞争。国家组织政策采取价格竞争的最初实例，为十五世纪末之英国，曾努力贬低法兰特人之羊毛价格，且为达此目的，曾禁止多量输出。

十六七世纪之价格革命，对于廉价生产，降低价格以举利得之资本主义的倾向，为一决定的动力。此实因海外之大发现，贵金属不断自海外流入所致。它自十六世纪之三十年代起，继续至三十年战争时，其所及之影响，因经济生活之各方面而不同。在农业生产物方面，一般为价格腾贵，使农业能推移至市场生产。在工业生产物方面，价格之变化完全不同。此种生产物，大体上为价格安定，即稍有腾贵，亦比较上甚少，故与农业生产物比较起来，反见下落。此种比较的低落，由技术与经营法之推移始为可能，并且孕育有由更廉价生产以增加利润的刺激。因之发达的过程，并非先有资本主义，然后价格低落；而是价格先相对的低落，然后发生资本主义。

为使与生产费相比时减低价格，因而使技术与经营法合理化之倾向，在十七世纪时，生出发明之狂势的追求。一切当时之发明家，都在谋生产低廉的目标之支配之下。如作为能源（energy）的永久自动机（perpetum mobile）之观念，即为这个普遍运动的许多目标之一。就发明者这一种人物而论，那自然可以推溯到更远的前代，但如我人检讨前资本主义时代之大发明家达芬奇（Leonardo da Vinci）之构想——因其实验最初发生于艺术的领域中而非科学的领域中——则知他的冲动，并非立于减低生产费之观点上，而是立于合理的完成技术问题本身的观点上者。前资本主义时代之发明者，均以经验劳作。他们的发明大抵多少均带偶然性质。唯一之例外为矿业，故有意识的技术发达，是在矿业问题上展开的。对发明界有积极改新之意义者，为一六二三年时英国最初的合理的特许法，它已含有近代特许法之一切特征。至当时为止，发明的利用视其生利的情形与以一种特殊的酬资，至一六二三年之法令，发明之保护乃限为十四年，企业者的利用与原发明者以充分之使用费。如无此特许法之刺激，则对于资本主义之发展有决定意义的十八世纪纤维工业领域中之各种发明，或系不可能。

如将西方资本主义之特性及其起源简单说明起来，则下述因素为最有决定的意义。只有西方的资本主义，产生出了一种在他处从未有过的合理的劳动组织。在各时代，在各地方，均曾有过商业，且可直溯至石器时代，同样，在各种时代，各种文化中，我们均可发现军事金融，国营分配，承办租税，承办官职等，但从来没有过合理的劳动组织。此外，我们到处发现如原始的互相固结的国内经济（binnemwirtschaft），故在同一部落或同一氏族内，经济行动的自由不能成为问题，而对外商业则绝对自由。国内道德与国外道德不同，对外的金融行动，常有不顾道德之事。无论何处均无如中国之氏族经济或印度之种姓阶级经济那样的严密规定；但无论何处亦不能有如印度对外商人的那样横霸。反之，撤废国内经济与国外经济、国内道德与国外道德之差别，将商人的原则（das händlerische Prinzip）引入于国内经济与劳动组织中，此实为西方资本主义之第二特征。最后，原始经济的束缚之弛废，虽他处亦有之（如巴比伦），然如西方之企业的劳动组织，则我们在各处均未见过。

如果此种发达过程只见于西方，则其根据应该在西方所特有的一般文化发达之特征中求之。只在西方，始有具备法治、专门官吏及国家市民权之近代国家。这个制度的萌芽，在古代与东方均未能有完全的发展。只在西方，有为法律家所制定，经合理的解释与运用的合理的法典。只在西方，有市民（Bürger, Civis Romanus, citoyen, bourgeois）之概念，盖也因只有在西方，才有真正的按照原意的城市之存在。此外，只在西方，始有现代意义的科学。如神学或哲学及关于人生最后问题之思想，中国与印度亦有之，或且较欧洲人所有者更为深远；然合理的科学与合理的技术，则为他们文化中所缺乏。最后，西方之文化，有合理的人生哲学之人类，此点亦与其他一切文化不同。魔术或宗教亦随处有之，但人生之宗教的基础，结果必归于明显的合理主义，这也是只有西方所有的特色。

第七节　市民阶级（Bürgertum）

在社会史的意义上，市民阶级（Bürgertum）一语，有三种不同之概念为其内容：第一，市民阶级可包括有特殊性质之经济利害关系的阶级所成之范畴。依照这个定义的市民阶级并非为统一之物。例如，富裕市民与贫乏市民，企业者与手工业者均可同样的称为市民阶级。第二，在政治的意味上，市民阶级包含享受一定政治权利的一切国家庶民（Staats bürger）。最后，在身份的意味上，市民阶级系指官僚阶级，无产阶级以外"有教养与财产"的社会层，例如企业者，借财产收益以生活之人，以及有学院教养，有身份地位，或有社会上优越地位之人物。

第一种概念，即经济的概念，为西方所特有。无论何处，均曾有手工业者即企业者，但无论何时何地，他们均未成为统一的社会阶级。国家庶民概念，在古代及中世都市曾有其前身。那个时候曾有享受某种政治权利的市民，然在西方以外，我们只见微弱的痕迹，例如只在巴比伦之贵族，在《旧约圣经》中行使完全权利之都市住民（jocherim）方面见其痕迹。愈往东方，其痕迹愈微薄。例如在回教各国，印度、中国，均无国家公民的观念。最后，把市民作为一种阶级，指有财产与教养之人，或有财产之人，或有教养之人，亦完全与资产阶级（bourgeoisie）之概念相同，为近世西方独特之概念。这种阶级，一方面与贵族对立，他方面则与无产阶级有别。在古代与中世，"市民"（bürger）为一身份概念，即，属于一定的身份集团者，乃得为市民。于此，有积极与以特权及消极的与以特权之不同。积极与以特权者，即准许彼经营一定的工业（如在中世之城市），消极与以特权者，即否认其某项权利，如封邑领有权、练武权、修道权等。

自身份性质上所见之市民，常为一定的都市内之市民，且在此种意味上之都市，只西方有之，其他地方，如在古代之米索波塔米亚方面，只有其萌芽之形态而已。

都市对于文化各方面之贡献是很广的。都市产生了政党与政治家。在历史上，我们固随处均可发现朋党（clique）、贵族党及猎官运动者间之斗争，惟在西方之都市以外，从无今日之所谓政党，更无作政党领袖及求取大臣位置的政治家。且只有都市产生艺术史上所有的特征现象。与迈雪尼（Myken）及罗马之艺术相对立的希腊与峨特的艺术，均为都市艺术。都市产生了现代意义的科学。在希腊之城市文明中，形成了能产生深远的科学思考之训练的数学，直至近代，仍继续发达。与此相同，巴比伦人之都市文化，建立了天文学之基础。都市亦为一定的宗教制度之基础。不独与回教不同的犹太教（Judentum）完全为都市之产物——一个农民是不能履行其祭祀礼义的——即古代基督教亦与都市有密切的关系，即，都市愈大，则基督教徒之比率愈多。清教（Puritanismus）及敬神教（Pietismus）亦完全相同。农民之能正式成为宗教团体之一分子，完全为近世之现象。在基督教之古代，所谓

Paganus，即兼指异教徒与村夫之意，正与放逐时代后，居于都市之巴利赛人蔑视不知法律之阿姆哈雷兹（Am-ha-arez）部落人相同。因之，即阿奎那（Thomas von Aquino），在论述各种身份阶级之社会的意义及其价值时，对于农民表示极端的藐视。最后，只有城市产生出神学之思考，同时，他方面，又创造不为僧侣所束缚的思想。将"我们应如何使人类成为有为的城市公民"之疑问为思想中心的柏拉图，离开城市即不能理解。

一处地方应否视为城市，并非以其空间之大小决定。自经济观点上视为，无论在东西，最重要者，城市为工商业之所在地，须自外部不断地输入食料品。工商业者自何处输入食料，与用何方法以付代价，这是用以区分广大场所之各种范畴的经济观点。不靠自己之农业生产物而生存的广大地域，可用自己之生产物，特别是工业生产物付输入货物之价值，或用商业，或用收益（此可为薪俸或地租），或用恩俸（如wiesbaden），于此，各种需要均由官吏或军人之恩俸（pension）支付。用何种资源以支付运入的食料品之代价，可用以区分广大地域的类别。惟此种状态，乃普及于世界各地，只能说明广大场所之一特性，并不能说明城市。城市之其他概念上的特征，为它在过去时大抵是一个城堡。因此，在极长期间，每认城市即为城堡，或只有城堡者始为城市。在这一方面，此种城市大抵为政治或寺院的行政之所在地。在西方，我们有时以civitas解作为大僧正驻在之城市。在中国，城市即为有官吏驻在的地方，城市之区别，以驻在官吏之官阶地位而异。当意大利文艺复兴时，城市亦以领主（signorie）之官阶作为区别。故在西方以外，诚亦有以城堡或政教区行政之处为城市者，惟在西方以外，从无有当作公共团体的城市。它的具决定性的特征，在中世时，为有自己固有之法律与法庭，在某种范围内有自治的行政组织。中世之市民，因其同处于此种法律之下与参与行政官吏之选举，始得为市民。此种政治团体式之城市，不存在于西方以外之原因，应加深究。以为基于经济的原因者，实甚可疑。同时，创成此种团结者，亦并非特殊的日耳曼精神，因为中国与印度，有较西洋更强固之团结，但并无城市的团体。因此必须进而探讨其根本的原因。我们不能以中世之封建的或政治的特权之给予，或亚历山大大帝远征印度时之建设都市，来解释这种现象。在以城市为政治单位之最初记述中，毋宁显示出它具有革命的特质。西方之城市，由一种兄弟会（Verbrüderungsakt）性质的团体发生，即在古代，由 σογοιησμσδ，在中世则由同盟团体（Coniuratio）发生。于此，法律上的往往与外表有关的形式（在中世，与此相关连的斗争在这种形式之下掩盖着），以及藏于形式背后之事实，实不可分。斯多福（Stanfen）时代之反都市制令，并未禁止市民权，但禁止同盟团体，即攻守同盟的武装的兄弟会，包括政权的篡夺。其最初之实例，在中世为七二六年之革命运动。它使意大利脱离东罗马帝国之支配，其中心则为威尼斯。革命运动起于反抗军力压迫下的破坏偶像，故宗教要素虽非唯一的要素，却为引起革命之契机。在革命以前，威尼斯的总督（dux，后来称为 doge），由皇帝任命，惟同时，他方面有豪族阶级，常世袭的被任命为军事护民官（tribun）或营区地方指挥官（Bezirkskommandeur）。此后，护民官与总督均由服军役义务之人，即能作骑士之人选任。于是这个运动便开始了。至一一四三年，经过了四百年。威尼斯自治市（Commune Venetiarum）出现了。古代之联盟（Synoikismos），例如纳黑密（Nehemia）在耶路撒冷所行之制度，与地方人民中的一部分缔结管理并防御城市的誓约团体。我们不能不设想，一切古代城市之成立，其背景均与此完全相同。城市（polis）常为联盟之产物，并非事实上的聚落所产，而为一种由誓约结成的团体之产物，它有一种共同的聚餐式，创设祭祀的仪式团体，规定只有在都市卫城（akropolis）上有墓地及居住于城市中者才得加入。

此种发展，所以只在西方发生者，其理由有二。第一为防御制度之特色。初期之西方城市，最初为防御团体（Wehrverband），即，能自行武装自行训练在经济上有防备力的人之团结。军队制度是否根据于自给的基础，抑由一位军事领袖来供给马匹、武器、粮食，这一种区别，正与经营手段为工人所有，抑为一资本主义的企业者所有之区别，在社会史上同为根本的问题。在西方以外，因诸侯军队之成立均在城市以先，故阻碍了城市之发达。在极古的中国叙事诗中，没有像荷马叙事诗中那样乘自己之战车以挑战的战士，只有统率军队之士官。亚历山大大帝在印度所遇者，亦只有由士官指挥之军队。在西方，由将帅供给武装的军队与兵士，与战争手段相分离者，正如工人之与生产手段相分离，同为近代之事。然在亚洲，此种分离，在历史之初期即已发生。巴比伦、叙利亚之军队与埃及之军队，均与荷马叙事诗中之兵团，西方之骑兵队，古代城市之城市兵，中世基尔特之军队不同。此种差异，由于在埃及、西亚、印度、中国等处，水利问题决定其他一切的作用。水利问题决定了官僚政治、臣下之赋役、臣民对国王的官僚政治之倚赖等的存在。此外，国王在军事独占的形式上行使他的权力，实因亚洲与西方间防御制度上之差异所致。在亚洲，国王之办事人与军官，开始便是此种发展过程中的中心人物；而在西方，原来并没有这两种人物。宗教的兄弟之谊的结合与军事之自给，使城市有成立与存在的可能。不错，在亚洲，亦有类似的发展之萌芽，在印度，亦曾有成立西方式的城市之状态，即武力自给与市民权之结合。例如能以一匹象供军用者，在自由城市梵加列（Vaicali）内，即为完全市民。在古代米索波塔米亚方面，武士相互战争，且建设实行自治政治的城市。惟在此等地方，亦与其他地方相同，此种发达之萌芽，在水利统制基础上发生大王国时，复归消灭。故只在西方，此种发达得臻成熟。

在东方，成立城市之其他障碍为一魔术有关的各种观念和制度。印度之种姓阶级不能形成为一个仪式团体，因而也就不能形成为一个城市，因为它们在仪礼上是互相疏远的。同样的事实也可以说明中世犹太人之特殊地位：教学与晚餐式为都市团结之表征，但犹太人不能在教堂中祈祷，亦不能参列晚餐式，因之，不能不另组织犹太族人团体（Diasporagemeinde）。反之，使西方能创设城市者，在古代为祈祷之广泛的自由（Priesterfreiheit），即与神之交涉，与亚洲不同，非为僧侣之独占权。在古代西方，城市之官员，处理与神之交涉，因之城市支配着神之资财与僧侣之身禄，以至于由竞卖以充补僧侣之地位，因为此处与印度不同，无魔术之限制妨害。在后来的西方，有下述的三大事实，具决定的重要意义。第一为犹太人间的预言，把犹太教中的魔术消灭了，因之，妖术虽仍视为实在之物，然成为鬼怪而非神圣的性质了。第二为圣灵降临之奇迹（Pfingstwunder），这是一种讲基督降神于信徒的仪式，这对于古代基督教信念之非常迅速的传布，实有决定的意义。第三为安提阿（Antiochia）之大会，保罗（Paulus）反对彼得（Petrus）而许不受割礼者共同祭祀。由此而撤废了当时尚残存于古代城市的氏族、部落及民族间之魔术的束缚，使西方城市的成立成为可能。

本其严格的意义，城市虽可称为西方所独特的制度，然自其发展视之，则在古代与中世，南欧与北欧之间有根本的差异。

在城市团体之发展初期，古代城市与中世城市是极类似的。无论古代与中世，均有生于骑士之家、过骑士生活的豪族，只有他们是都市团体中的积极分子，其他一切人等，只有从顺之义务。骑士豪族之成为城市居民，完全是出于有了参加商业机会之可能性的结果。意大利对东罗马帝国之革命成功以后，威尼斯豪族之一部分，遂聚落于Lialto岛，因为这是通东方贸易的地方。应该记住的，威尼斯在政治上虽已脱离东罗马帝国之国家组织而独立，然在海商与海战方面，依然形成该国家之一部。同样，在古代，豪族并非自作经营的商人，而为船舶主人或借贷主以参加商业。在古代，重要的城市从没有离海一日行程以上的，这是重要的一点。只有政治上或地理上有参加商业之强大机会者，始能繁荣。所以桑巴德所谓"土地之收益为城市与商业之母"者，原则上实不正确。事实恰巧刚相反，即，因为商人能并有利用土地收益的意图，故引起了都市之定住。因之，对于形成原始的城市，商业有决定的影响。中世初期时，威尼斯暴发户之形成过程是如次的：先为小商人（krämer），即小卖商人（detaillist），然后向豪族借货币或商品，出发海外，在东方贸易地运用此商品或货币，归乡后与贷与者分配其利得。如获成功，则数年后，即能在威尼斯内购置不动产或船舶。船舶或不动产之所有者，在一二九七年大会议（Grosser Rat）结束以前，便有得升为贵族的途径。以地租及资本利息——两者均由商业利润产生——为生的豪族之普通称谓，意大利语为 Scioperato，德语为 ehrsamer müssiggänger，即"高贵的惰民"之意。虽威尼斯之贵族，亦有营职业的商业者，一如在宗教改革时代，破落之贵族，亦有为普通商人过市民之生活，惟一般言之，则完全市民与都市贵族，均有土地与商业资本，靠其收益生活，而不自营工商业。

就此为止，中世之发展，与古代之发展是一致的，自民主政治的成立两者便互相乖离了。自然，最初在这一方面也有相同的地方：Δημos, Plebs, popolo, Bürgerschaft 等语，均表示民主主义之侵入；它们是用来指不作骑士生活的市民（bürger）大众。骑士阶级，以及封邑之领有者，被严重监视，剥夺其选举权，并失去其他权利，有如列宁之对付俄国资产阶级。民主化之根据，无论何处均为纯粹军事的性质；它有赖于长年教练的步兵，古代之重甲兵（Hoplit），中世基尔特军队之勃兴；于此，有决定意义的事实，便是军队的教练证明了比单枪匹马的交战更优越。

军队之教练，即等于民主主义之胜利，因为它包含要非骑士的民众服军役，给他们以武器，这样就把政治权力给了他们。同时，无论在古代或中世金钱皆有它的作用。在实现民主政治之方式中，亦有一致的地方。与初起的国家相似，市民亦以有固有的官员的独立同盟的姿态进行它的斗争。对抗国王的民主主义之代表者，即斯巴达之辅政大臣（Ephor），罗马之护民官，意大利中世之 Capitano del popolo 及 della mercadanzo 等官职均为此种官员。他们之特质，即最初他们都非法律上所认可之官员。意大利诸都市之执政官（Konsal），在其称号之前，尚有 dei gratia，而 Capitano del popolo 则已经没有。护民官的权力之根源，也是非法的；他之所以为圣职（Sacosanctus），正因为他是非法的官员，故只能由神明之护佑（或国民之复仇）来保护。就它们两者的目的而论，发达的过程亦自相同。占决定的重要性的，是身份阶级的利害关系，而非经济阶级的利害关系；其主要的问题在于对豪族之防护。市民知道自己的富裕，曾经与贵族一起参与城市的大斗争，而且已经胜利了；他们已经武装起来，他们感觉到被歧视，因而不复自满于前此受的隶属阶级的身份了。最后，独立同盟之违法官员所行使之手段，亦有相同之处。无论何处，他们都保有参与平民（Plebejer）对豪族的诉讼之权利。为此目的，罗马护民官有承办权（Interzessionsrecht），佛罗棱萨之民政官（Capitano del popolo）亦有相同的权利，且由执行这种权利〔或用毁破判决（Kassation）或用私刑（Lynchjustiz）〕，独立同盟提出要求，城市的法令只有经过平民的同意始生效力，最后建立了这个原则，只有他们所决议者，始得成为法律。《罗马法》之根本原则 ut guod tributim inssisset populum teneret 在佛罗棱萨之 Ondinamenti della ginstizia 方面，与在列宁之劳工专政排斥一切非劳动者方面得到了实施。此外，确立民主主义势力之他种手段，为强制加入平民阶级。在古代，贵族须加入部落（tribus）；在中世，须加入基尔特，虽则在许多例证中，其根本的重要性并没有被认识。最后，各处的官职均有急激而且非常的增多。因为占胜利的政党酬庸它的党徒，于是官僚阶级（Beamtentum）流于庞大的过剩。以上均为古代与中世的民主政治相同之处。惟同时亦有本质的差别。从开始，城市所分之部门便有一种根本的不同。在中世，基尔特为城市之构成员；在古代，从未有过基尔特的特色。

我人从此观点以观察中世之基尔特，可以注意到基尔特之各种阶层怎样的依次得势。在佛罗棱萨，古典的基尔特城市，此项阶层中之最早的，成为多数职业（arti mag-giori）之集合体，与少数职业（Arti minori）分开。前者包含商人、兑换者、珠宝商以及一般须要多量经营资本的企业者；他方面则包含法律家、医师、药剂师等，在近世资产阶级的意义上，即所谓"有财产与教养的人"。关于由企业者所组成的基尔特，我们可以假定至少一半的会员，是目下或不久即将靠收益为生的。这一类的有财产与教养的人即著称为惰民（Popol grasso），换言之即所谓"富足"的人（das fette Volk）。在《赞美诗》中亦有相同之称谓；《赞美诗》实在就是良善信徒反对靠年金生活的上层阶级者或"富足"的人的表示愤慨的诗歌，这种上层阶级的人物，在诗歌本身中一再被称为"富足"人。

在多数职业团体之下者，包括小资本家；在少数职业团体者，包括屠畜业者、面包师、织工等。至少在意大利，后者的地位，将降于劳动阶级之界限上（在德国，他们之一部分，亦曾变成为大企业者）。最后，纯粹劳动者，佛罗棱萨的人民党（Ciompi），则难得占有重要地位，通例只有在贵族对抗中层阶级而与下层阶级结合时，他们始得获取权力。

中世之城市，在基尔特支配之下，曾实行其特种政策，即所谓城市经济政策。其目的第一为维持传统的职业机会与生活机会；其次为用禁制权（Bannrecht）及强制使用市场，尽量的使周近农村屈服于城市的利益之下。它更努力于阻止竞争，防止大企业之发达。无论如何，虽有此种限制，仍发生了商人资本与工业基尔特劳动之对立，因之乃胚胎家内工业及近世无产阶级之先驱的职工阶级。在民主政治支配下的古代，即完全没有此种现象。不错，在上古，或曾有过这类情形的遗迹，例如罗马、塞弗拉斯（Severus）王军制度中之工人（fabri），家产手工业者，军用铁匠等，或即为其遗迹。惟在民主政治充分发展的时代，就毫无关于此种的任何记录，一直至后期罗马，始渐发现有若干痕迹。因之可知支配城市的基尔特与基尔特政策，在古代是没有的，亦没有直至中世末期才发生的资本与劳动之对立。在古代，虽无此劳资之对立，却有地主与没有土地的人间之对立。无产阶级（Proletarius）一词并非如蒙森（Mommsen）所谓指只能对国家生小孩之人；而指为土地所有者或完全市场的被剥夺继承权的后代，即有完备资格的公民（Assiduns）之后人。古代之一切政策，均在防止发生此种无产阶级，为达到这个目的起见，故限制因债务而堕于隶属地位，并和缓债权，古代之所谓对立，大抵为城市债主与农民债户间之对立。在城市内居有贷款的贵族（Patriziat），在乡村内则住有借款的穷人。就古代之债法之下，此种关系很容易使债务者丧失土地，变为无产化。为了这种种理由，古代城市并无中世之生计政策，只有确保一般人所赖以生活兼能使其作完全武装兵士的土地（κλη'ρos fundus）之军事政策。故革拉古（Graccus）之大改革，绝对非近世之所谓阶级斗争的方策；它们的目的完全是军事的，代表保持市民兵、废止佣兵的最后努力。在中世时反对豪族的分子一方面为企业者，他方为手工业者；而在古代，则常为农民。与对立关系之不同相应者，为古代城市与中世城市之分区的不同。在中世城市中，豪族须加入基尔特；在古代城市，须加入村落、部落、地主之管区——于此，地主受与自耕农相同的法律的支配。在中世，他们须手工工人化；在古代则须农民化。古代民主政治之发达过程，还有一个特征，即民主政治内各阶层之互相交替。最初，武士阶级（classis）占势力，为武人（ὅπλα παρεχόμετοι）的阶层，能够自行供给甲胄矛盾等充分的武装，因而可用之于前线的人。其后因舰队政策之结果，古代之某时期，尤其是在雅典，因为必须全体人民参加始能组成舰队之故，无产者阶层曾握着支配之权。雅典之军国主义，使在国民会议中，水兵得了优势。在罗马，至辛白列（Cimber）人、条顿人侵入时，开始发生此种同样的过程。但它没有发生以公民权给与士兵，只发展成了有元帅为首领的职业军队。

此种差异之外，在古代与中世之发达过程间，尚有身份阶级关系上之差异。

中世基尔特城市内之典型的市民，为商人或手工业者。如果他是一位住屋之所有者，即为完全的市民。反之，在古代，则地主为典型的完全市民。因之在基尔特城市中，是先有身份上之不平等的。非土地所有者如欲获得土地，必须土地所有者为自己之 Salmann（管理人，Trenhänder）。且他们在诉讼上多立于不利的地位，此种不利地位，仅渐渐的臻于平等，然并非到处都已做到。不过中世城市市民，个人的关系是完全自由的。"城市空气使一切自由"之原则，渐使领主丧失其要求送还已经一年又一天以上的逃仆之权。此种原则，虽非各处均如此，且因霍亨索多芬朝之立法而受限制，它实与都市市民阶级之法律观念相适应。因军事及租税关系，得使其强制实行此原则。因之，阶级之平等化，自由束缚之撤废，成为中世城市发达之一个主要的倾向。反之，在古代之初期，则有与中世同样的阶级差别。在古代，曾有庇护者（patron）及服从骑士战士作为他们家臣的投托者（klient）之分；此外也承认隶属的关系与奴隶。随城市权力与民主政治之发达，身份阶级之差别亦日益增大。因大规模的购入奴隶，或秘密输入奴隶，大城市形成日益膨大的下层阶级，加上被解放的奴隶。故古代之城市，与中世之城市相反，身份阶级的不平等有渐见增加的趋向。此外，古代城市毫无中世基尔特独占之痕迹。在雅典的民主政治支配之下，从关于制作雅典镇守神庙（erechtheion）庙柱之文献中，发现雅典自由人与奴隶在同一的承办团体（Akkordgruppe）中一起工作，而且作工头的奴隶较雅典自由人之位置更高。此种状态，在中世，因有一个强大的自由工业阶级之存在，实为不可思议之事。

总括以上所述，可作如下的结论：古代之城市民主政治，实为一种政治的基尔特。它有一定的被独占了的经济利益，但它们是受军事利益所支配的；如贡纳、战利品、同盟城市的入会费等只分配于市民之间。故与中世末期之手工业者基尔特完全相同，古代民主的市民基尔特，亦以不使加入太多的伙友为有利。由此发生之限制市民人数，实为希腊城市国家没落的原因之一。政治基尔特的独占，包括礼拜特权（kleruchie），所征服土地及战利品的分配给市民；城市更从其政治利得内支付剧场费、施谷费、陪审官费及参加人民集合（ekklesia）之费用。故亘久的战争，自希腊的完全市民看来，是一种常态。如克朗（Kleon）那样的煽动政治家，所以嗾使战争者，实亦因此之故。战争能使城市富饶，长时期之和平为市民所不能忍耐。凡以和平方法追取利得者，排斥于此等机会之外，他们包括被解放之人与外国侨民（metöke）等。他们虽没有土地，但在他们之间我们开始与近世资产阶级相类似的模型。军事的理由，可以解释为什么古代城市，只要保持它的纯粹形式，便不能产生手工业者基尔特或与之类似的组织；反之只有由市民阶级形成的政治军事的独占，发达为一个军人的基尔特。古代城市代表当时战术之最高发展。无论何种武力，均不能对抗重甲兵队（hoplitenheer）或罗马之步兵骑兵团（legion）。由此，可知古代营利经营之目标，完全向着战时利得或其他以纯粹政治方法所获得之利得。与市民对立者为贱民（Bananse）；凡今日之所谓和平营利者一概列为贱民。反之，中世初期时，战术之重心，移在城市外部之骑士。披戴甲胄之骑士队，所向披靡，因此，市民基尔特的军队，常只取守势，从不敢取攻势作战〔一三〇二年库尔特雷（Courtray）之激战为唯一的例外〕。故中世之市民兵，不能如古代之重甲兵或步骑兵那样，发挥营利的基尔特的机能。

在西方的中世期间，南部城市与北部城市间亦有显著之差异。在南部，骑士阶级大抵居于城市内部，在北部，则情形与此相反；骑士阶级非居住于市外，即渐次被逐出于市外。北部城市之特权，有拒绝政府官员或骑士长留城市之规定；同时，北方之骑士阶级，排斥并轻视城市贵族。这种差别的理由，由于城市之成立，因地域不同而时期有异之故。意大利之地方自治团体（commune）开始勃兴时，骑士战术正达于顶点；故都市不得不雇用骑士，或与骑士同盟。革尔孚（Guelfen）及吉勃林（Ghibellin）之城市战争，本质上实为各骑士团之战争。因之，城市坚持骑士移入都市，在严格管理（Inurbamento）之下；它不愿骑士自城郭前来威胁街市，同时希望保障城市市民之谋生生活。与此种状态极端对立者，为英国之城市。它与德国或意大利之都市不同，尚未形成城市国家，且除了极难得的例外，从未有能或想支配其相邻农村地方者，亦没有把它的支配权扩张到相邻的农村。它缺乏做到这一步的军事权力，也没有做到这一步的意思。英国城市的独立性，实基于城市向国王承收租税，只有参加城市所承收之租税者得为市民。造成英国城市之特殊地位的，第一因自威廉征服者以来，英国国家权力已有非常的集中，第二则因十三世纪以来，英国之地方自治团体已参加国会。贵族如欲与国王为难时，金钱上须依赖地方自治团体——此正如他方面，城市须依赖他们之武力相同。自城市得代表参与国会以来，它们已没有树立独立政策之意思或可能。城市与乡村之对立早已消失，城市给乡绅以市民权，大量引乡绅入城市。至最近为止，贵族在形式上虽握指导事业之权，然实际上城市的市民阶级已经获得优越之权。

如我人欲知这种关系对资本主义之发展有何结果，则须观察古代及中世的工业上之差异，以及资本主义本身之种种类别。

无论任何地方，任何时代，我人常可遇见各种不合理的资本主义。例如为承办租税的资本主义企业（西方、中国及亚洲）；为通融战费的资本主义企业（如战国时代的中国及印度），以及与商人投机有关的资本主义，盖无论在何时代，均非全无商人者；再则为乘他人之穷，贷款以实行榨取的高利贷资本主义。所有这些资本主义的形式，均以战利品、租税、官厅手续费、官厅高利等为目的〔如凯撒向克拉萨斯（Crssus）借款，以后只有滥用职权以筹还此金额〕或以进贡，现实之穷困状态为目标。不过，一切这些形式，均带有非合理性而出于偶然的经济活动的性质，由此，没有产生出劳动体制之合理组织。反之，合理的资本主义，则以市场机会（marketchance），即，狭义的经济机会为目标而进行者。资本主义愈合理，它同大量需要及大量需要的供给关系愈为密切。组织此项资本主义，实为中世末期以来，近世西方之事。在古代，唯一的资产阶级，只有罗马之骑士阶级，他们的合理主义，稍堪与近代资本主义相比拟。当一个希腊城市需要资金之通融，或赁借公有地，或预定租金时，它必须使各地方之资本家相竞争。反之，在罗马，自革拉古时代以来，即有一个合理的资产阶级，他们扮演极重要的角色。此阶级之资本主义完全以国家及政治的机会为目标，换言之，即以公地（Ager publicus）或征服地及王领地之赁租，以及对政治家及战争之金融接济为目标。它虽常须计及官僚贵族之经常的反抗，然有时，对罗马之政治，实有决定的影响。

古代及中世后期的资本主义间之差异——两者中之后者，已开始以市场机会为目标——对城市失去了自由权后之发达方面，亦有影响。于此，古代之发展与中世近世之发展间亦有根本的差异。在古代，城市的自由，因官僚组织之世界帝国的发生被一扫而空，在新国家内已无政治资本主义立足之余地。在最初，皇帝曾依赖骑士阶级之金融资本，但我们看见他逐渐把骑士阶级排除出承办租税之外，把他们排除于有利的富源之外，使他自己渐次脱离依赖的关系，这正与埃及国王使国家之政治军事需要脱离资本权力而独立，使租税承收人变成租税官吏同出一辙。在罗马的帝政时代，各处均因世袭继承的专有而王领地之贷借日益衰颓。承办国家的经济需要，竞争的契约制，渐为贡献制度与臣民徭役所代替。人民以职业的等别而分成各阶层，国家之负担，课之于此等新成立的职业阶级，阶级负连带的责任。此种发展，等于古代资本主义的窒息。代佣兵而发生者，为征兵制度（konskription），船舶由强制服役所供给。谷物的全部收获，就生产有剩余的地方而论，概排斥私人商业，而视各城市之需要分配之。道路建设之义务及一切比较重要之负担，大抵均由世袭的被拘束于土地或职业的一定阶层负担。到最后，罗马之都市团体，以财产的理由，向市长要求富裕的市参事会员回来——正如村落团体向村落会议要求在外的富裕村民回来相同，因为住民对国家之贡纳及服役原负有连带的责任。这种服役，遵守着模仿埃及普托勒米时代之 ιδια 而制成的"本地"（origo）原则，即，臣民强制的义务，只行之于他们的本乡。此种制度形成以后，资本主义获取政治利得之机会便断绝了。与埃及之赋役国家同样根基于强迫贡纳制的后期罗马即无资本主义立足之余地。

近世城市之命运，与此完全不同。于此，它的自治也逐渐的被剥夺。十七八世纪之英国城市只为基尔特一种团体（clique），只有金融的及社会阶级的重要性。同时代之德国城市，除了皇家城市外，均为地方城市，不过是一种地理的单位而已，一切权利皆由上级所颁给。此种发展，在法国城市中，亦早已有之。西班牙之城市，于市镇（communeros）暴动时，为查尔斯五世所破坏。意大利之城市，则落于贵族（signorie）之手。俄国城市，一般的尚未获得西欧都市所有之自由。无论何处，城市的军事权、司法权、工业权都是被剥夺的。在此情形中，形式上旧来之权力虽无何变化，惟事实上，则近世城市，与确立罗马支配的古代完全同样，已被剥夺其自由。所不同者，是近世城市常落入不绝的在和平及战争中争取权力的民族国家权力之掌握中。此种竞争的斗争，替近世西方的资本主义造出了极大的机会。各国均须为流通自由的资本而竞争，而此资本则为国家获得权力之前提。国家迫于必要，与资本结合，乃产生近代意味上为资产阶级的民族市民阶级。因之，狭隘的民族国家，供给了资本主义以发展的机会。只要民族国家未让位与世界国家以前，资本主义亦将继续存在。

第八节　合理的国家（Der rationale Staat）

A 合理的国家——法律与官吏阶级

合理的国家，只在西方有之。古代之中国，仅在氏族团体与行会的强固权力之上，有少数所谓官吏（mandarin）阶级。官吏是曾受人文教育的文学之士。他们领受俸禄，但无丝毫行政学识与法律知识，只能吟诗挥毫，精通古文。政治上之贡献，对于他并不重要。他们并不亲身执行行政工作，行政工作毋宁在幕僚之手。为防免官吏盘据一个行政区域起见，故时转徙，他们绝不能在本乡任职。他因不审其所治州县之方言，故不能与民众接触。保有此种官员之国家，与西方之国家是不相同的，实际上，在中国，一切均根源于一种神秘的观念，即，帝皇及官员能有好好的德操，即文学教养上之完备，即可使事物各安其所。一旦发生水旱天灾或其他不幸事件，即颁布更认真的考试的严令，或行鞠狱释囚，以平神灵之怒。中国是一个农业国家，故农业氏族之力量，非常强固，国民经济，什九赖农民氏族，其余十分之一为工商业行会，在本质上，一切均自由放任。官吏平常并不统治，只在发生骚扰或不合的事时，才出而干涉。

然而唯一能使近代资本主义长成的合理国家则与此大不相同。它是以专门的官僚阶级（tachbeamtentum）与合理法律为基础而成立的。

中国国家，曾于七世纪与十一世纪间行政组织曾自人文教养的官吏阶级推移至专门的官僚阶级，但这种变迁只维持了一时，其后，因月蚀之发生，认为天示变异，于是一切均复旧观。我们自然不可邃而断言谓中国的民族性，不能容纳专门的官僚阶级。专门官僚阶级之形成（或合理国家之成立）实因不能破除迷信而被阻碍。故在西方，城市之发达及基督教虽已破坏了氏族团体，而中国的氏族团体的权力则屹然未经破坏。

有专门教养的官僚阶级用以判事的近世西方国家之合理法律，自形成上视之，是由《罗马法》传来的，虽则自内容视之并不如此。此专门官僚阶级，虽为罗马城市国家之产物，然在此城市国家中，绝无希腊城市之民主政治与司法。希腊之法庭（heliastengericht），曾行低级的司法（Kadijustiz），二造[1]用感愤、流泪、谩骂对方以感动裁判官。此种方法，在罗马的政治审判中固亦有之，如西塞禄[2]（Cicero）的演词，民事诉讼并不采用。在民事诉讼方面，法官（prätor），选任判事（index），严密指示关于被告之判决或告诉者之驳斥。其后，在查

---

[1] 二造，相对两方面的人，法院里指诉讼的两方。——编者
[2] 西塞禄，马尔库斯·图利乌斯·西塞罗（Marcus Tullius Cicero，公元前106年1月3日—公元前43年12月7日），古罗马著名政治家、哲学家、演说家和法学家。——编者

士丁尼治下,拜占庭的官僚阶级,因欲有容易学习及利于有组织的法律,把它们编成了系统。西罗马帝国崩溃时,法律即落于意大利公证人(notare)之手。公证人——次为大学——诚心主张《罗马法》之复兴。他们保持《罗马法》之旧契约形式,且应时代之需要重加解释。同时,在大学中,发展了一个有系统的法律学说。惟发展之根本特色,在于诉讼手续之合理化。与一切原始诉讼手续相同,古代日耳曼的手续亦为严格的形式方法。各方只须样式上有一语之错,即将败诉,因为样式具有迷信的意义。日耳曼诉讼手续之迷信的形式主义与《罗马法》之形式主义混合了起来。同时法国王权之创定律师(türsprecher, advocate)制度亦有它的影响。律师之职务,主要的为正确论述法律上特别是与教会法(Kanonisches recht)有关的形式。教会之大规模的行政组织,对于俗人(laie)之修业,与教会自身内部之修业,必须确定的形式。它与市民阶级相同,不能与日耳曼之"神之裁判"(Gottesurteil)相融合。市民阶级不能容许他们商业上的权利,轻轻取决于公式的抗辩(kampfansage),故各处均发生对这种法律争执与"神之审判"求解放;教会当初虽经踌躇,终于即认这一类的诉讼手续为异教的,为不能容忍之事,且建立尽量合理的教会法之诉讼手续。此种世俗与宗教方面之二重的合理化,竟扩张到了西方各国。

在《罗马法》的复兴中,有人找到了农民阶级的没落及资本主义成立之根据。不错,《罗马法》原则之适用,有些确不利于农民,例如古代"马克"团体法关于地役(Servitut)之新解释,认立于上位的"马克"团体首长(obemärker)为《罗马法》上之所有者(eigentümer),课马克伙友以封建地役。但在另一方面,法国研修《罗马法》的法官(Legist),却能使庄园领主不易没收农民的土地。同样,《罗马法》不能强谓为资本主义之成立根据。资本主义之本土的英国,从未接受《罗马法》,因为与国王之法庭同时,已有保护国家法律制度不受腐败影响的律师阶级之存在。他们支配着法律学说的发展，因为法官即由其中产生（今日亦尚如此）。它阻止英国大学中教授《罗马法》，因之，非由他们中间出身者即将不能任为法官。

事实上，近代资本主义所特有的一切制度，多自《罗马法》以外之其他方面产生。例如收益证券（rentenbrief）——如债权证书或战时公债——乃自日耳曼法律思想所影响的中世法律产生。同时，股票（aktie）系自中世及近世法律产生，古代并不存在。汇票（Wechsel）亦如是。它的形成，阿剌伯、意大利、德国、英国等国之法律实与有力。商业公司亦为中世之产物，古代只盛行委托企业。用土地登记或典质证书的不动产抵押权（hypothek）及信托（stellvertretung）同为中世之产物，并非出自古代。只在创出形式的法学思想上，《罗马法》之接受乃有决定的意义。自其结构而言，每种法律系统或者根据于形式法学的原则，或者根据于实质的原则。实质原则，是指功利的及经济的打算，如回教判官（Kadi）即依此原则而行裁判。神权政治（Thokratie）或专制主义之司法，均以实质为目标，与官僚政治之司法的根据于形式正好相反。腓特烈大帝之所以讨厌法律家，即因他的根据于实质之法令，常为法律家以形式论方法引用之于与他不同的目的之上。于此（在其他处所亦同），《罗马法》成为适合于形式法而打倒实质法之手段。

不过此项形式的法律，是可以计算的。在中国，卖家屋与他人者，其后穷困时，有至买家请求扶助之权。如买家不顾同胞扶助的，中国古代习俗，即深惧将为鬼怪所祟。故贫穷的卖者，可不付房租强制搬入原屋居住。此类性质的法律，无论如何，不能实行资本主义的经济。资本主义所必要者为一种有如机械之可以计算的法律。祭祀的、宗教的、迷信的观念，须一概撤清。此种法律，由近世国家与法律家相结合，要求实现其权力时所制定。十六世纪时，国家曾努力与人文主义者相结合，预定在高等学校（gymnasium）受教育者有作国家官吏之资格，因而创设最初的希腊高等学校；盖因政治斗争大部分由交换国家公文而来，故只有曾受拉丁语、希腊语之教育者，始能作此斗争。此种幻觉，只继续了短期间。后来，一般人均知在高等学校所养成者并无实行政治之能力，于是只有法律家最后露头角了。为受人文教养的官员所支配的中国，国王并无供他指挥的法律家，各种哲学派别不断竞争，皆以能产生最优良的政治家自命，曾经种种论争，直至正统学派的儒家占胜利始止。印度也是有书吏而无专门的法律家。反之，西方则有为罗马之天才所产生的形式上完满的法律，学得此种法律之官员，其行政技术较其他一切人皆为优秀。国家与形式法学之结合，间接对资本主义有大帮助，故在经济史上，有重大的意义。

B 合理国家之经济政策

符合国家经济政策之名的政策，即继续而首尾一贯的国家经济政策，至近世始渐成立。国家经济政策之最初者，为所谓重商主义。在形成此种政策以前，各处曾有二种流行的商业政策，即国库财政政策与福祉增进政策，后者指维持传统的生活水准。

在东方，礼仪、种姓阶级及氏族之统制，根本上阻碍了有计划的经济政策之发展。在中国，政治组织曾有非常的变化，一时曾有过很发达的对外贸易，甚至与很远的印度通商。然其后，中国之经济政策改取闭关主义，一切输出入，均掌于十三行[1]之手，且以广东为唯一商港。国内之政策，完全置其目标于宗教，至发生可怕的天灾大变时，始考究其缺点。此时常考虑各省之意见，以之为准据。而其主要问题，

---

[1] 十三行，即广州十三行，是清代专做对外贸易的牙行，是清政府指定专营对外贸易的垄断机构。在"一口通商"时期，"十三行"的发展达到了巅峰，成为"天子南库"，与亚洲、欧美主要国家都有直接的贸易关系。——编者

为国家之需要，是否以租税或徭役来满足。在日本，封建组织，产生同样的影响，因之，结果实行完全的闭关政策。这里，目的在于阶级关系之固定；一般人均恐因国外贸易而发生财产关系上之变动。在朝鲜，宗教的考虑对闭关主义有决定的意义。外国人，是不洁的人，一旦跑来国内，深恐会激怒神灵。印度之中世，亦发现有希腊、罗马之商人（亦有罗马之佣兵），犹太人的移民且获有特权；惟此一切可能性均不能发展，因为把种姓阶级一切事物都刻板化了，使计划的经济政策根本不可能。同时，印度教之严禁旅行外国，亦为一种原因。旅行至外国者，归来之后，非行重新加入原来之种姓阶级的仪式不可。

在西方，十四世纪以前，计划经济政策，尚不能有大发展，且只能就城镇而言。不错，在诸侯方面，已有政策之萌芽。喀罗林时代，有评定价格与增进各方面福祉之政策。然此大部分皆为纸上之空文。除查尔曼大帝之货币改革，度量衡制度外，在次一时代，一切均已无迹可寻。他所乐于采取的关于东方商业的贸易政策，因无舰队，始终不可能。

诸侯国家放弃斗争之时，教会想以正义、诚实及教会伦理之最低限度应用于经济生活上，乃至干涉经济生活之范围。于此，最重要者为和平之维持。最初仅限于若干日，后来成一般的原则。大教会财产共同体，特别是寺院（kloster）维持着一种非常合理的经济生活。我们虽不能称此种经济为资本主义经济，但在当时则为最合理的经济。后来，因教会复活其原来之禁欲理想，且随时代而改变其解释，上述之努力渐次失坠其信用。皇帝方面，在腓特烈一世之治下，亦曾有多少商业政策之萌芽。例如评定价格以及对德国商人有利的与英国之缔结关税条约等是。腓特烈二世虽维持着公众和平，然大体上只采取对于富商有利的纯国库财政政策，且以各种特权（尤其是关税豁免权）给与他们。德国国王之唯一经济政策，为对莱茵关税之斗争。但此斗争，因割据莱茵地方之小领主为数过多，在大体上，可谓毫无结果。此外，便没有计划的经济政策。至于西祺门（Sigsmund）皇帝对威尼斯之封锁政策，或莱茵地方之封锁（对科伦之斗争）等各种方策，表面上虽似经济的性质，实际上则为政治的性质。关税政策操在地方诸侯之手中，除少数例外而外，他们均未实行有计划的经济振兴的政策。他们的主要目的是如次的：首先，为奖励本地的商业而反对与远方的商业，尤其鼓励城市与其近郊农村之交易，输出关税常较输入关税为高。第二，关税上使本地商人占有利的地位。因诸侯希望多使用自己的道路，俾增进国库的收入，故对交通路设差别关税（differentialzoll）。为达此目的，他们甚至采取强制使用道路与强制互市（stapelrecht）法律之系统化。最后，给与城市商人以特权，例如巴威略之路易（Ludwig）富王以废除一般乡村商人而自夸。那时亦尚未有保护关税，只有少数例外，如对于意大利之输入竞争所设定之提尔尔（Tirol）葡萄酒关税是。一切关税政策均立于国库财政与传统的生活标准之观点上。上溯至十三世纪为止，许多的关税条约，亦立于同样的基础之上，关税的技术亦生变化。起初曾行六十分之一的从价关税，至十四世纪时，因为关税同时曾发挥为消费税（akzise）之机能，曾升至十二分之一。昔时，无有如保护关税的近代商业政策，只实行间接的商业禁止。在必要保护国内手工业生业与批发商生业时，即实行此种禁止。有时，亦有只容许批发商业，禁止小卖商业者。

诸侯之合理的经济政策之痕迹，最初见于十四世纪的英国，此即亚丹·斯密（Adam Smith）以来之所谓重商主义（merkantilismus）。

C 重商主义

重商主义的本质，在于以资本主义之工业的观点推移到政治方面，国家的行政，类于完全由资本主义的企业者所组成。对外经济政策，完全立于可能中尽量占取对手的便宜，尽量廉价买入，尽量高价卖出之原则上。其目的为使国家之对外支配权强大。故重商主义代表近世权力国家之发展，此权力国家之形成，直接方面在于诸侯岁入之增加；间接方面，则在人民租税负担力之增进。

　　重商主义政策之前提，为尽量开发国内获得货币之资源。惟以为重商主义之理论家与政治家，混淆了贵金属与国富，则为错误。他们深知纳税力为富之根源。因此，为增进纳税力，他们曾尽一切手段，努力在国内保持有自流通界匿迹之虞的货币。重商主义之纲领之第二点——与此制度之获取权力政策有不可分离之关系的——为尽量增殖人口，为能赡养日益增殖之人口计，复尽量保障获得对外的市场。这尤其适用那种包含国内劳动之最大限的产物、即制成品，而非对于粗制原料。最后，为使商业能增进国内之纳税力，乃尽量使本国商人经营之。在理论方面支持这种制度的，那就是十六世纪在英国发达的贸易差额论，一种以输入过于输出将使国家贫化的理论。

　　英国显然为重商主义之发祥地。最初实行此制度者，为一三八一年。在羸弱的理查（Richard）二世治下，发生货币穷乏之时，国会曾设置了一个调查委员会，以有重商主义之一切特征的贸易差额概念从事工作。当时，委员会只制成了暂定应变的法案，即设定禁止输入，奖励输出之规定；当时，英国之一切政策并非皆采重商主义的方针。一般人常以一四四〇年为决定的转换期。以前偶尔适用的二个条文——见于匡正当时时弊而颁布的许多雇佣条例（Statutes of employment）之一之中——今则采为原则。第一，规定在英国贩卖商品的外国商人，应以其所得之货币全部购买英国商品；第二，赴外国之英国商人则最少须以其卖得金额（erlös）之一部分，用现金运回英国。在这两个原则之下，逐渐建立了直至一六五一年排除外国航运之《航海条例》为止的整个重商主义制度。

以资本主义之利害关系与国家相联的重商主义，曾以两种形态出现。其一现象为阶级独占的重商主义形态。此种重商主义，在斯图亚特王朝，及英国教会之政策上，特别是后被枭首的大僧正劳德（Laud）之政策上，表现出典型的形态。此制度欲于基督教的社会意味上，将一切人民编制为固定的各种阶级，建立根据基督之爱的社会关系。与视一切穷人为怠惰者或无赖汉之清教主义完全相反，它是深深同情于贫困者的。实际上，斯图亚特王朝之重商主义，主要由谋取国库财政上之收入目的而产生。故一切新创之产业，须有国王之独占特许始能输入，并且为谋取财政收入计，须受国王永远的支配。法国科尔伯特（Colbert）的政策，亦与此相似，虽然没有这么的一贯。他欲以受独占保护的人为方法奖励产业。对此，他与他所反对加以迫害的法国耶稣新教徒的意见一致。在英国，国王与国教会之政策，因长期国会上清教徒之反对，终归失败。他们对国王之斗争，在"打倒独占"之口号下，继续至数十年，因为独占权多半给予外国人或廷臣，而殖民地则多归于国王宠臣之手。其时，小企业者阶级——一部分在基尔特以外，大部分在基尔特以内，次第发展——对国王之独占经济，实行反对，长期国会并剥夺了独占者的选举资格。英国国民之反对"加特尔"及独占权的极端顽固的精神，在这种清教徒的斗争中即表现了出来。

重商主义之第二形态，为国民的重商主义。它不在独占创设的产业，而只在有组织的保护现存在的国民产业。

重商主义所创设之产业，至重商主义时代后尚继续存在者，几无一个。斯图亚特王朝所设者与欧洲大陆诸国及俄国于后期所创设者，同趋没落。因此，国民重商主义并非形成资本主义发达之出发点；资本主义之发展，在英国，与重商主义之独占的国库财政政策毋宁是并行的；且自其发展过程视之，乃在十八世斯图亚特王朝之独占国库财政政策破坏以后，因得国会之有组织的保护，由一个与国家权力无关的企业阶级所进行的。这是对立的非合理资本主义与合理资本主义之最后一次的冲突，那即是，以国库财政、殖民机会、国家独占为目标的资本主义，与以商人自动找寻的市场机会为目标的资本主义之冲突。两者冲突之处，即为英格兰银行。英格兰银行为资本主义的冒险者苏格兰人巴特孙（Paterson）所设立，由斯图亚特王朝与以独占权而产生的。但此外，清教徒事业家亦参加此银行。英格兰银行趋于投机的资本主义方向之最后事例，是与南海公司有关的。倘将此当作别论，即可看出巴特孙与其同类者之势力逐渐衰退，直接间接渐次接受清教徒之主张，而受清教徒影响的合理的银行会员则逐渐占取优势。

此外，重商主义所扮演的任务，在经济史上已经习知。在英国，实行自由贸易后，重商主义便结束了。这是清教徒之反国教者〔如哥布登（Cobden）与白来脱（Bright）〕与不受重商主义之支持亦能经营的产业利害关系者之协力所成的成就。

第九节　资本主义精神的发展

以为人口之增加，对西方资本主义之发展有决定的重要性者，实为一般普遍的谬见。马克思反对此说，以为各经济时期各有独自的人口法则。他的说法，就一般言之，虽非正确，然在此则实觉妥洽。西方人口之增加，十八世纪初至十九世纪末，最为急速。在此同时期中，中国之人口，最少亦与此有同程度的增加，即，自六七千万增至四万——估计上或有过于夸张处亦未可知——故其增加速度略与西方之增加速度相匹敌。然在中国，资本主义之发展，不独无进步，且反退步，因为中国人口之增加，在与西方不同的社会层内。人口之增加，只使中国变成小农密集的国家；类于西方无产阶级的那阶层人口之增加，只使外国市场的利用苦力（kuli）成为可能。——苦力原为印度语，乃邻人或同氏族者之意。欧洲之人口增加，一般言之，确有助于资本主义之成立，因如人口过少，则资本主义或将不能找到其所必要的劳动力。但它自身并没有引起资本主义的发展。同样，我们亦不能如桑巴德的主张，以为贵金属之流入，为成立资本主义之主要原因。自然，在某种情形之下，贵金属供给之增加，可引起价格革命（如一五三〇年后欧洲所发生的）。如此时更加上其他有利的条件，如形成一种固定形式的劳动组织，则因大量金银之贮集于特定的社会阶级手中，自能促进其进步。但印度的事例，证明单是贵金属之流入，并不一定能发生资本主义。罗马帝政时代，每年有二千五百万银币（Sesterzen）以上之大量贵金属流入印度，以作印度贸易货物之代偿。然此种流入，只唤起规模至小的商业资本主义。大部分之贵金属均藏于王侯（rajah）之宝库内，并不变为货币以创设合理的资本主义之企业。由此可知贵金属的流入将产生哪一种倾向，全视劳动组织的形式而定。发现新大陆后，美国之贵金属最初流入西班牙，然西班牙却随贵金属之流入而资本主义反为退步。结果，一方面，有城镇（Communeros）派之没落及西班牙贵族的商业利益之毁灭；他方面，则在战争上使用贵金属。因之，贵金属只通过而几乎全停留在西班发，只富裕了十五世纪以来已实行改革劳动关系的其他国家。由此，乃促进了资本主义之成立。

故人口之增加与贵金属之流入，均非唤起西方资本主义者。资本主义发展之外部条件：第一为地理关系。印度与中国，因内地交通，须巨大之运费，故阻碍了商业上能赚钱，且可由商业资本以树立资本主义制度的社会层之发展。反之，西方有地中海作内海之特质，及充分的河流连络，故能使资本主义发达。但这个因素亦不能作过大的评价。古代之文化，如前所述，乃沿岸文化。在此时代，因地中海之特性与有飓风的中国海相反，极利于商业的机会，然古代并未发生资本主义。即在近世，佛罗棱萨之资本主义发展，亦较热内亚或威尼斯者更完全。西方之资本主义并不在海商业中心，而是在内地之工业城市所产生的。战争上之需要虽亦促进资本主义，然并非战争需要本身，而为西方军队上独特的需要，使资本主义形成了独特的发展。奢侈需要虽对资本主义之发展亦与有力，然亦非奢侈需要本身。在许多情形下，奢侈需要反而产生非合理形式，如法国的小规模的工场（atelier），或德国诸侯宫廷内之工人强制聚落。产生资本主义者最后的因素，为合理的永久性企业、合理的簿记、合理的技术及合理的法律。然此并非其全部。除此而外，须补充者，为合理的精神（rational gesinnung）、处世之合理化、合理的经济伦理（rational wirtschaftsehos）。

一切伦理及由伦理所生之经济关系之开始，各处均为传统主义，即传统的神圣性，换言之，即固执由祖先所传下的行为（Handeln）与经济（Wirtschaften）。传统主义之根深蒂固，直至于今日。在一代以前，如果要增加二倍工钱，使契约上须刈一定地面上之草的西利西亚农业工人增加他的劳动能力，那是不可能的：他只愿供给其一半劳动，因为他以为他供给一半劳动，即能获得二倍以前的工资。不愿而且不能离开已习惯之轨道，此为固执传统的普遍原因。惟原始的传统主义，可因两种情形而变本加厉。第一，物质上的利害与传统之固执相结合。例如中国，如变更一定的运搬道路或采取合理的运搬手段或通路时，即将威胁某种官员的利益。西方之中世与近世敷设铁路时，亦有与此类似之现象。此种官吏、地主、商人之利害及手续费，阻碍了向合理化之发展。此外，尚有更强烈之影响者，为因迷信的理由而产生的商业的刻板化。因为恐惧迷信的不吉利，故深不愿在从来习惯传统的处世法上发生任何变化。在这种反对的内幕，一般虽藏有恐怕若干人的经济利益，但反对之是否有效，仍须视迷信的程度。

营利冲动本身，并未打破此等传统的障碍。以为合理主义与资本主义的现代，较其他时期有更强烈的营利冲动者，实类于儿戏之观念。近代资本主义，并不较东方之商人具有更强烈的营利冲动。没有任何束缚的营利冲动，每生出经济上的不合理结果。即如柯泰齐、辟萨罗（Cortez，Pizarro）等——他们也许是无限制营利冲动之最有力的代表——亦未想及合理的经济。假使经济冲动本身是普遍的，则将发生此问题：在何种情形之下能将营利冲动加以合法化或合理地而创造出资本主义企业性质之合理制度呢？

开始时，对于营利，有两种不同的态度并存。对内有传统之束缚，详言之，即在敬神所结合之人群中，不作无限制的营利，受部落、氏族及家族之敬神关系所束缚：此即对内道德（Binnemoral）。对外，视一切他国人均为敌人，完全不适用伦理的限制，营利冲动绝对无限制的发挥；此即对外道德（Aussemoral）。及至在传统团体内部亦须计算，古旧之敬神关系已被分解时，乃发生新的发展。一待家族共同体内亦须作差额会计时，已不能严密进行共产经营了，单纯的敬神及营利冲动上之障碍，乃被排除。此种发达，尤为西方的特征。在对内经济上实行营利主义（erwerbsprinzip）时，同时亦调整了无限制的追求利得。由此所生者，即确定营利冲动活动范围的"调整经济"（regulierte wirschaft）。

详细的说，其发达过程是各异的。在巴比伦与中国，对于共产主义经济，或组合经济的氏族以外的营利冲动，并无任何客观上的限制，然在此，并未发达出近代资本主义。在印度，营利之限制，只婆罗门与刹帝利（Radschpute）二上层阶级有之。婆罗门因身份高贵，故虽能作饮食店之主人，但如将钱放利时，则与刹帝利同样，将降低身份。

反之，商人阶级则许可其如此，且在印度之商人阶级中，我人发现世界无比的商业上之狡猾欺骗。在古代，只有法定利率之限制，保护卖主（caveat emptor）之条文乃表示罗马之经济道德者。然在此，亦未曾发达近代资本主义。

于是发生可作结论的如次之特殊事实：即近代资本主义之萌芽，应求之于与东方及古代经济之理论不同，公开上实行反资本的经济理论之领域中。

教会之经济道德态度，可在由阿里阿教（Arianismus）传来对商人之见解中，即 Homo mercaor vix aut nunqpuam potest Deoplacere 之见解中见之："他固可无罪的经营，但总非上帝所喜。"至十五世纪为止，均视此条文为正当。其后，在佛罗棱萨因经济关系推移之力，一般人始渐努力于更改这个条文。一切反对资本主义冲动之天主教伦理，与路德派伦理之深恶痛绝，本质上，均基于对资本主义内部诸关系之非人格性的恐怖。此非人格的关系，可自教会及其势力范围夺去一定的人类关系，或使此人类关系不能由教会在伦理上完成之或普及之。在伦理上，不难直接合于道德地统制领主与奴隶之关系；然抵押权者与作抵押品的财物间之关系，或证券与证券保人间之关系伦理化，则即非不可能，最少亦为非常困难。由此所生的教会意见之结论，即排斥减低价格及自由竞争的中世经济伦理，为基于公平价格（iustum pretium）的原则，保证各人生活的机会。

破坏此种观念领域者，并不能如桑巴德氏之所云，谓为犹太人之力。中世犹太人之地位，自社会学之见地视之，与印度种姓阶级之最下级者相埒，即，他们是一种卑贱民族（pariavolk）。两者不同之处，则在印度宗教之来世观视之，种姓秩序是有永久性者。各人虽能以轮回——以时间及其功绩测定——方法，往生于乐土，然此只限于种姓秩序之内部。种姓组织乃永远不变的，如有想脱离种姓阶级者，即将蒙永劫之罪，打入地狱之中。反之，犹太人之来世观，则以为在将来世界中，阶级关系将适与现况相反。在现世，犹太人或因其祖先罪业之报应〔如以赛亚（Denterojesaja）所说〕，或为普渡世界（即耶稣任命的前提）负上了卑贱民族之烙印；此种状态，由一种社会革命始能脱离之。中世时，犹太人为一外来民族（Gastvolk），他们立于市民社会之外，不能加入任何都市市民团体；因为他们不能参加圣餐典礼，因之，不能属于联盟。但他们亦并非唯一的外来民族。他们之外，尚有基督教商人（Kawers）亦为外来民族，与犹太人同样经营货币交易，占与犹太人相同之地位，在诸侯保护之下，缴纳贡租，享有经营货币交易之权利。惟犹太人与基督教外来民族之主要区别，为犹太人不能与基督徒贸易（commercium）及结婚（conubium）。基督教徒最初曾乐于受犹太人接待，与犹太人交好，但犹太人深恐他们的嘉宾不能遵守关于自己的食物方法的仪式。及至中世勃发反犹太主义时，宗教会议（Synode）乃戒信徒们勿作有失品位之行为，拒绝参与蔑视基督徒之厚待的犹太人飨宴。特别自爱斯拉（Esra）及尼希米亚（Nehemia）以来，即完全不能与基督徒结婚。犹太人之居于贱民地位的另一理由，则因犹太人手工业者的存在；在叙利亚，并曾有犹太骑士阶级，然犹太人之作农民者，则完全为例外，因为农业之经营与其礼仪的要求，格格不相容。宗教仪礼的考虑，使犹太人经济生活之重心，完全置于商业，特别是货币之交易。犹太人之信仰心，对于法律的知识，不啻是一种奖励，不断的研究法律，乃最易与货币交易结合。除此，教会禁止高利，严禁货币交易，然一方面因为货币交易为必不可缺乏之事，同时，他方面，犹太人不服从教会法的管辖。此外，犹太教中维持着原来的对内道德与对外道德之二元论。它容许向非同胞或非亲属的他国人征收利息，从这种二元论中，并可发生经济上之非合理的业务，特别是承收租税及各种国家的金融通融。数世纪来，犹太人习得了一种使他们成为有用与需要的妙计。但所有这种皆是贱民资本主义（Paria Kapitalismus），并非西方所发生的合理资本主义。因之，近世经济体制之创设者及大企业者中，几乎找不出有一个犹太人。这一种类型是基督教的，且只在基督教之地盘上始能有之。反之，犹太人的制造业者，为一种近世的现象。犹太人之所以对合理资本主义之成立无何等贡献者，自他们之立于同业组织以外此一理由视之，即已为当然之事。他们即使与基尔特并立，如在波兰，在他们作批发商或制造业者时，可以支配多数似已组织化的无产阶级之情形中，他们亦不能继续存在。如泰尔默特（Talmud）所示，固有之犹太伦理，为特殊的传统主义。虔敬的犹太人，恐惧任何改革，正如受迷信束缚的自然民族所有之恐惧同样的深刻。

但犹太教在传授基督教以反魔术的精神，此则对近世合理的资本主义亦有重大意义。除犹太教，基督教，与二三种东方宗派（其一在日本）外，无一有上述反魔术特质的宗教，此种反魔术性的发生，或者是由于下面的情形而来的，即以色列人自迦南（Kanaan）所见者为农耕神（Baal）之魔术，而耶和华（Jahve）则为火山、地震及疾病之神。此两派僧侣阶级之斗争与耶和华派僧侣之胜利，降低了农耕神派僧侣之丰收魔术，且使此魔术披上堕落及罪恶之特质。因此，犹太教使基督教成为可能，且与以根本上为不知魔术的宗教之特质，这样，从经济史的观点看来，犹太教完成了一个重大的任务。在基督教通行的范围外，魔术之支配，对经济生活之合理化，是一种最顽强的障阻。魔术使技术与经济关系成为刻板化。在中国着手建设铁道或工厂时，必与勘舆家（Geomantik）发生纠葛，因为他们要求注意一定的山岳、森林、河川、墓塚等，以为不如是，则将扰乱已死祖先灵魂之安静。印度之种姓阶级亦妨碍了资本主义。印度人之采用新技术，在采用者视之，为失去其自己的种姓，贬入更低的新种姓之事。因其相信轮回

（Seelenwanderung），故在他看来，他的最重要事，在于轮生以前能精进斋戒，俾将复生于原来之地位。因之，几无有企业图采用新技术者。此外，各种姓各以他种姓为不洁，亦妨碍了资本主义之发展。结果不能使异种姓阶级的工人在同一工场内共同作工。英国占领印度经过几乎已一世纪之久，始渐除去这个障碍。此种为魔术所束缚的经济集团，显然不能产生出资本主义。

打破魔术，实行处世之合理化，无论在任何时代，均只有一种手段：此即一种伟大的合理的预言。自然，并非一切预言均能破坏魔术的势力。惟用奇异或其他手段，能得"证明"的预言者，乃能打破传统的神圣秩序。预言把这个世界从魔术中解放了出来，创造了近世科学、技术及资本主义的基础。在中国，并无此种预言，但一般所传者，具自外国传来的，如老子、道教均是。反之，在印度则有一种普度众生的宗教；印度与中国不同，有伟大的预言。但它是模范式的预言，即典型的印度预言家如佛陀，他虽提介普度众生的生活，然并非自命为神所遣命，来强制执行此种生活；他只将其作为自由的目标，凡希求普度众生者须如此生活而已。而且并非一切人均愿于死后入涅槃，只有所谓哲人者，因厌世而欲逃避生活，乃实行此项决心，故一般人亦可拒绝普度众生之事。结果，印度之预言，只对有知识的社会层有直接的意义。他们成为居于森林之隐士或无产的僧侣。其对民众，则佛教宗派之成立，几有完全不同的意义，只多了向圣者礼拜之机会而已。因此，发生了视为奇异不可思议的生活之圣者，一般人向他们礼拜，祈望他们佑福后生，使之富贵寿考，即由今世之积德，希种来世之善根。故纯粹的佛教，只存在于少数僧侣阶级中。俗人中并没有形成一种生活遵循的伦理范畴；佛教虽有戒律，然此与犹太之戒律不同，并无强制性质，只带劝告的性质。其最大的贡献，仅为僧侣之自然生活，今日亦尚如此。此种宗教的精神决不能驱逐魔术，至多只能以另一种魔术来代替旧魔术而已。

与印度禁欲的普度众生之宗教及其对民众只有极少的影响者相较，犹太教或基督教即完全不同。此等宗教，从最初起即为平民宗教，而且永远没有改变作平民宗教之意思。古代教会对诺斯替（Gnostiker）教徒之斗争，无非在于防止知识阶级、贵族之篡夺教会支配权，对此等贵族所作之斗争。——这种现象在一切禁欲的宗教中所共见。基督教对于民众之影响，此斗争实有决定之意义。在此斗争中，魔术只在民众之间，苟延其残喘。不错，直至今日亦尚未完全征服魔术，不过它已成了多少含有罪恶或恶魔的东西。在古代犹太之伦理中，已有此种对魔术态度之萌芽。此种伦理，与埃及人之格言集及预言中所见之人世观，颇有类似之处。但既有这类的魔术，如死后，只须置一甲虫于死人心部，即能欺骗神明，生前罪业均可逃过而往生乐土，则埃及纵有最好的伦理规则，亦即毫无用处。犹太之伦理中一如基督教，完全无此种诡辩之遁术。虽在最后之晚餐中，将魔术醇化，成为圣餐礼，然基督教之信仰者，并不能如埃及之宗教，有改变神明前最后审判之手段。如我们欲研究一般宗教对于生活之影响，则非将其公共教理与祈求现世或来世之善报——此恐与宗教之原意相反——的方法分开不可。同时，更应分开天才达人之宗教心（virtuosenreligiosität）与民众之宗教心（massenreligiosität）。达人之宗教心，对日常之生活，只为一种模范，其宗教要求，虽为最高的要求，但并不能决定日常的道德。此两者之关系，因各宗教而异。在天主教内，达人宗教之要求，当作consilia evangelica与俗人之义务相并，其两者间有一独特的结合。本质上，完全之基督教徒为僧侣。惟僧侣之某种德行，对日常生活，虽可作为模范，却不能要求一切人均作僧侣所行之行径。此两者结合之好处，可不致如佛教中之道德各自分裂。僧侣道德与民众道德之区别，使宗教上最高贵之人，形成特别的共同体，遁出世外。

不独基督教有此现象，且在宗教史上曾不断的返复出现，此实可说明禁欲苦行之重大意义。禁欲为实行一定方法的处世之意。在此意味上，禁欲之影响颇广泛。一种禁欲的处世法有如何可惊之贡献，可以由西藏的例证来说明。西藏，造物似乎判定它应有永久的荒野的命运；然出家的禁欲修行者之共同体，在拉萨建筑了宏大的建筑物，以佛教之教理教化全国。西方之中世，亦有类似的现象。当时，僧侣为唯一合理生活的人，努力以合理手段达其目的，即彼岸是。只有他们听到钟声，只有他们有祈祷之时间。僧院团体之经济，为合理的经济。在中世初期，僧侣曾供给当时官员的人才；僧正会议将总督（古代威尼斯共和国之首长）在海外企业方面利用僧侣之可能夺去后，曾使威尼斯总督之权力归于瓦解。但合理的处世法仍限于僧侣阶级。修道教（Franziskan）派之运动，虽欲用将僧侣分为三阶级之制度（Institution der Tertiarier）使一般人均能作合理之处世法，然忏悔制度实阻碍了此种努力。教会以赎罪及忏悔之法，驯化了中世之欧洲。然因可用忏悔之法以宥恕已犯之罪过，故对中世之人，教会伦理规范上所唤起的责任自觉及罪恶之感反以弛缓。由此，事实上破坏了组织的处世法之统一与严格性。教会之洞察人性，不以各个人为自成的统一的伦理人格，而以为各人虽有忏悔之诉告或严峻的赎罪，然终将在伦理上再堕落，即，教会将其慈惠普及于正直者及不正者。

宗教改革，与此制度作断然的决裂。因路德之宗教而consilia evangelica被废止，已使二重道德（即有一般拘束力的道德与只适合特别人们的达人道德）之区别崩溃。同时亦即停止了超世的禁欲。以前僧院中之严格的宗教事件，现在，一般俗人间亦须履行。新教之禁欲宗派，对此凡世之禁欲，创定了适当的道德。不再要求独身主义了，结婚视为一种合理的生男育女的制度。贫困虽不奖励，但不许以富之获得，作沉溺的享乐。故法朗克（Sebastian Franck）说："你们相信已自僧院逃出，但今后，各人应毕生守着僧侣的生活。"这句话综括了宗教改革的精神。此禁欲概念变革之重要性，在新教禁欲的宗教精神之古典的国家中，今日尚继续存在。在美国诸宗派之意见中特别可以明白看出。国家与宗教虽已分离，然在十五、二十年前，银行家或医师欲住于某处地方或缔结其他关系时，尚有询问其属于何宗教团体者，须视其答复如何，而定其前途之否泰。盖一个人的加入宗派，他的道德行为须经过严格的考问。如果他不属于犹太人那样有对内道德与对外道德之分的宗派者，可保障其业务上有正直与信用，因而得成功。于此，有"诚实乃最善的政策"（Honesty is best Policy）之原则，教友派、浸礼教（Baptist）派、美以美教（Mesodist）派等亦不断的反复"神为信神者祝福"之经验律，即，"不信神者不能信任之。不信神者如欲营商，则他们将靠我们。敬神为致富的安全之道。"此并非口头禅（cant），而实为宗教心与非宗教心原来所期望，而为意外得来的结果之合流。不错，由信神之庇荫而获得财富曾陷于进退两难之难题中。它与中世僧院所常常陷入者完全相似，即由宗教基尔特而获得财富，由财富又使宗教基尔特归于崩溃，崩溃后即有重行恢复的需要。喀尔文派曾以"人只是神赋与人的一切事物之管理者"一观念，解脱此困难问题；喀尔文派禁止享乐，不许遁世，而以共同协力合理的制止遁世为各人之宗教任务。由此思想而产生今日之所谓职业（beruf）一语，此语只存在于受新教圣经翻译之影响的语言中。它表示合理资本主义的营利活动之价值及神的任务之履行。最后，它是清教徒与斯图亚特王家之对立基础的最后的分析。此两者均以资本主义为目标。但新教徒视犹太人为一切憎恶之结晶，因为犹太人与宫廷之宠臣同样，参加战费高利贷，承收租税，承办官职等类非合理而且违法的业务。

此种职业概念的发展，迅速地把一种良善的良心观念给与了近世的企业者以及工业工人；企业者以期待永远之幸福，给了劳动阶级，作为他们献身职业和供给资本主义利用之报酬，这种永远的祝福，在教会之规律及于一个全部生活的时代，是不像现在这样而是具有完全不同的现实性的。天主教会与路德派教会均各实行他们的教会之规律。惟在新教徒之禁欲团体中，则加入圣晚餐团体与道德之圆满有不可分离之关系，而道德之圆满又与业务上之正直相一致，同时，对于信仰之内容，亦无人以此为问题。对于资本主义的个性之训练，如斯有力，且在不知不觉之间，此为其他任何教会任何宗教所没有的。文艺复兴对于资本主义所成就之一切，比起这个来真是渺不足道的。文艺复兴期之艺术家，埋头于技术问题，故为最高级的实验家。于此，由艺术与矿业而将实验引入了科学之领域以内。在世界观方面，文艺复兴虽能决定诸侯之政策，然并未变更人类之精神，有如宗教改革之更新那样。十六世纪与十七世纪初之一切伟大科学发现，均发育于天主教之地盘上。哥白尼（Kapernikus）乃天主教徒，而路德、梅兰克吞（Melanchton）都否认他的发现。一般言之，科学之进步与新教不应无疑问的视为一致。天主教会虽亦常妨害科学之进步，然新教之禁欲宗派，除日常现实所必要者之外，概不欲研究纯粹科学。反之，新教则使技术与经济能利用科学，此为其独特的贡献。

　　近世经济中，人间性之宗教根蒂早已枯萎。今日，职业概念，成为蒸馏的残滓而继续存在于世界。禁欲的宗教心已变为纵欲的世界观，即连个人之罪恶，有时亦视为与全体有利者，如孟第维尔（Mandevilles）之蜜蜂寓言中所代表的。一切宗派之原始的非常宗教的情操所传下之一切遗物，均已消失，相信利害心可以调和的启蒙主义的乐观论，在经济之精神领域上，已继续新教禁欲主义之遗产而起来。此乐观论曾领导十八世纪末及十九世纪初的诸侯、政治家及著作者。经济之伦理观，发生于禁欲理想之地盘上，但现在则已脱离了它的宗教之意义。对劳动阶级只要能给以永远之幸福的预约，则劳动阶级即能安于其命运。如无此种慰藉，则在社会之内部，正在那里不断成长的紧张，将日益发展。初期资本主义告终而进于十九世纪钢铁时代之黎明期，就在此时达到了。